高等院校工商管理专业系列教材

服务营销管理

张立章　主编

清华大学出版社

北　京

内 容 简 介

本书共分为3篇，合计13章，内容包括：服务概论，服务消费决策，顾客感知价值，服务战略与文化，服务营销策略概论，服务产品策略，服务定价策略，服务分销与沟通，服务人员与内部营销，服务流程与有形展示，服务质量评价，服务质量差距与测量，服务补救管理。本书每章除正文内容外，还设有学习要点及目标、核心概念、引导情景案例、本章小结、案例实训课堂以及思考题等特色栏目。

作为一本定位通俗易懂、精要式的服务营销管理教材，着重突出了教材的本土化和实用性特点。本书适合作为高等院校经济与管理类专业本、专科学生的教材，也可供企业服务人员及管理人员学习、培训之用。

图书在版编目(CIP)数据

服务营销管理/张立章主编. —北京：清华大学出版社，2019（2022.2重印）
(高等院校工商管理专业系列教材)
ISBN 978-7-302-52749-7

Ⅰ. ①服… Ⅱ. ①张… Ⅲ. ①服务营销—营销管理—高等学校—教材 Ⅳ. ①F719.0

中国版本图书馆 CIP 数据核字(2019)第 067171 号

责任编辑：汤涌涛
封面设计：刘孝琼
责任校对：周剑云
责任印制：沈 露
出版发行：清华大学出版社
     网 址：http://www.tup.com.cn, http://www.wqbook.com
     地 址：北京清华大学学研大厦 A 座   邮 编：100084
     社 总 机：010-62770175   邮 购：010-62786544
     投稿与读者服务：010-62776969, c-service@tup.tsinghua.edu.cn
     质量反馈：010-62772015, zhiliang@tup.tsinghua.edu.cn
     课件下载：http://www.tup.com.cn, 010-62791865
印 装 者：天津鑫丰华印务有限公司
经 销：全国新华书店
开 本：185mm×230mm   印 张：15.25   字 数：328 千字
版 次：2019 年 7 月第 1 版   印 次：2022 年 2 月第 2 次印刷
定 价：45.00 元

产品编号：075752-01

前　　言

当前，国内高校使用的服务营销教材大致可以分为两大类：一类是引进到国内的国外服务营销学者的翻译教材；二是国内学者主编的服务营销类教材，这类教材数量较多。编者作为一名从事服务营销一线教学多年的高校教师，对服务营销类教材有着切身认识：引进国外学者的服务营销教材各具独特的结构体系和写作风格，大多能够紧跟服务营销学术领域动态，具有良好的学术性与实践性；但也存在明显的水土不服问题：纯西式的语言表达方式，不注重逻辑清晰度和严谨性，加之中文翻译常常不到位，语句晦涩生硬而使读者难以理解。总之，原版引进教材不太适合中国学生的思维方式与阅读习惯。而国内学者编写的该类教材精品数量较少，大多属于模仿型和拼凑型，无论是理论与中国服务企业的融合性还是语言深加工上都明显功夫不足，导致教材内容质量和文字质量不高。模仿型教材不如直接使用国外学者经典教材，拼凑型教材往往整体质量难如人意。

因此，我们本着编写符合中国学生思维方式和阅读习惯的本土化服务营销管理教材的美好初衷，唯求语言简洁、通俗易懂、贴近中国服务企业实际，目的在于为高校经管类专科和本科在校生、企业服务人员及管理人员提供一本学习服务营销知识与服务管理技能、简洁精要式的实用性教科书。

在教材编写过程中，我们始终秉承三个同等重要的基本标准：一是中国基准。中国式思维、中国式语言、中国本土案例，努力将服务营销领域相关理论与中国服务业现实情况相结合，用实例解释服务营销理论，以案例说明服务营销理论的应用价值，凸显本土化与实用性。二是服务企业基准。突出在企业服务营销与管理过程中比较重要、具有实用价值的相关内容，淡化服务行业宏观性内容。三是读者基准。本教材内容的选择和安排是针对中国本、专科经管类学生群体定位的，以满足其专业课程学习的基本需求。本教材注重引导学生进行思辨性学习，以推动服务营销理论的传播及其在企业运营管理中的应用。

本教材在结构上分为 3 大部分：第 1 篇，服务营销基础理论，共 4 章，主要介绍服务概论、服务消费决策、顾客感知价值、服务文化与服务战略等内容。第 2 篇，服务营销策略管理，包括 6 章内容，主要介绍服务营销 7P 组合策略，涉及服务营销策略概论、服务产品策略、服务定价策略、服务分销与沟通、服务人员与内部营销、服务流程与有形展示等基本内容。第 3 篇，服务质量评价与管理，包括 3 章内容，重点介绍服务质量评价、服务质量差距与测量、服务补救管理等相关内容。本教材每章具有相同的内容结构化设计，除正文内容外，还设有学习要点及目标、核心概念、引导情景案例、本章小结、案例实训课堂以及思考题等特色栏目，以便于读者的学习与训练。

简言之，本教材具有以下基本特点：

(1) 精要式教材。目前市面上多数外版教材体量厚重，多适合于 MBA 学员或硕士研究生及以上层次人员使用，而不太适合中国高校本、专科 32～48 学时的教学安排。另有一些国内的教材，一般性的理论叙述占去较大篇幅，语言难以引起读者兴趣；内容结构设计上多追求面面俱到，导致内容泛而浅的问题突出。编者希望给读者奉献一本通俗易懂、精华浓缩版的服务营销管理简明教材。

(2) 本土化教材。本教材在编辑宗旨与理念、内容逻辑体例编排以及企业案例选择上都十分注意中国读者的特定性，在提供基本理论知识点的同时，注重联系中国服务企业在这方面的实际操作。每章引导情景案例都在中国社会文化情境下设定；案例实训课堂涉及的服务企业案例，我们尽量选取中国本土服务企业、跨国服务企业的中国分公司或在中国开展业务的国外服务企业。

(3) 实用性教材。本教材面向本、专科在校大学生，使我们在编写过程中力求讲清楚理论、说明白应用。编者认为，一个优秀的企业家和管理者，更需要加强对服务营销的直觉和悟性的培养，因此本教材尽量减少复杂的理论模型，而强化对企业服务营销管理决策原理和结论的感悟，强调其实际应用能力的提高。

本教材由张立章主编，全书力求构建的逻辑体系科学合理，能够反映国内外最新服务营销管理领域研究成果，同时体现编者本人从教 16 年来对服务营销的基本学术观点。

值此教材出版之际，特别感谢国内外同行的相关研究成果和文献著作为本教材提供了理论基础和案例来源，同时感谢清华大学出版社及各位编辑老师的鼎力支持！

由于编者能力、实践经验和知识结构等多方面因素影响，本教材难免有错误、不妥之处，恳请读者批评指正。

编　者

目　　录

第1篇　服务营销基础理论

第 2 篇　服务营销策略管理

第3篇 服务质量评价与管理

第1篇　服务营销基础理论

第1章　服务概论

- 重点掌握服务的基本概念；
- 了解相对于实物产品的服务的基本特征；
- 了解服务分类的常见依据，掌握有现实价值的主要服务的分类及其典型企业。

【核心概念】

服务　服务经济　服务业

【引导情景案例】

卖大米 OR 卖服务

贾丁是一位广西籍大学生，在东北某大学度过了四年大学时光。当他毕业回到家乡的小山村，偶然间发现一个商机：当地人祖祖辈辈吃大米，但南方的两季或三季稻米远远比不上自己在东北吃的五常大米好吃。于是他就租了三间临街店铺，在村里开了一家专卖东北优质大米的小店，让父亲一个人经营。刚开业的前十天，村里的每户人家都可以免费领到2斤大米品尝。

全家人都没想到生意是如此的好。正当贾丁暗暗得意，以为自己的创业可以获得第一桶金时，意想不到的情况发生了：一个月内，村里人竟又开了5家同样的店铺。然后是各家米店竞相降价，最终所有店铺都没有了利润。贾丁的父亲坐在店里常常一天等不来两个客人，生意惨淡至极。

贾丁非常着急，苦苦思索生意的出路在哪里。有一天，他恍然大悟。他让家里人逐户拜访村民，了解村民的需求，并记录每个家庭的人口总数、每天的大米消费量以及米缸的容量。得到这些数据后，贾丁向村民郑重承诺：定期不定期地免费送米上门，并可以预定其他种类粮食。

同时，贾丁还给家庭成员进行了分工：母亲守店并负责现金管理，妹妹负责记录进货、销售数据以及客户信息管理，自己和父亲负责进货和送货。

在对手的惊讶和迟疑中，贾丁原先流失的老顾客又回来了，他的生意重新兴隆了起来。

这次，贾丁并没有盲目乐观，他知道竞争对手很快就会模仿他的一切行动，该如何一直领先于竞争对手呢？他又一次陷入了深深的思索之中……

思考： 你觉得贾丁米店生意重新红火的原因是什么？米店的核心竞争优势在哪里？

1.1　服务及其特征

1.1.1　服务经济、服务业和服务企业

无论是在现实社会生活中还是服务营销学界，服务及其相关概念人们已司空见惯，但是绝大部分人都不能准确地区分其差异性。在此，我们将服务领域的基本概念进行有效界定和区分，例如服务经济、服务业、服务企业等。

1. 服务经济

首先，服务经济是经济学范畴中一个宏观性概念，它是近几十年的新兴概念。其次，对于服务经济这个概念，国内外学者目前尚无一统天下的权威定义。国外学者多以定量方法来界定该经济类型，如"服务业在 GDP 中占比达 50% 且解决社会 50% 以上就业即为服务经济"。另有学者从人类社会经济发展演化不同阶段来界定服务经济阶段，如"服务经济是与农业经济、工业经济相对比，在此两个经济发展阶段之后的新阶段"。

在这里，我们尝试将"服务经济"定义为：以科技、信息和智力因素为主要投入要素，以服务产品生产提供为社会价值交换主要方式，在 GDP 创造和解决社会就业人口方面居于主导地位的经济形态。

近年的世界银行数据显示，全球经济正在加速步入服务经济时代。中等收入国家服务业比重为 53%，高收入国家服务业比重为 72.5%，低收入国家服务业比重为 46.1%。中国的服务业比重与发达国家相比还比较小，但服务业在国民经济中比重越来越大的趋势十分明显，而且不可逆转。中国 2012—2016 年三大产业比例状况如图 1-1 所示。

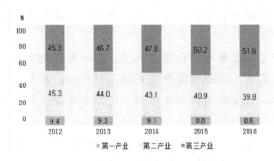

图 1-1　2012—2016 年三大产业增加值占国内生产总值比重

(资料来源：中国国家统计局官网)

2．服务业

服务业的概念有广义和狭义之分。狭义服务业主要指商业、餐饮业、修理业等传统的生活服务业。而当下，人们更多地将其泛指为社会提供各类型服务，生产和提供所有服务产品的经济部门和经济组织。

服务业在我国更是有着特定的内涵和外延。服务业的概念源于"第三产业"，也就是说，在一般的中国研究和社会语境中，服务业与第三产业意义等同。如表 1-1 所示为三大产业的划分。

表 1-1　世界经济合作与发展组织对三大产业的划分

产业划分	产业范围
第一产业	农业、林业、畜牧业、渔业、狩猎业
第二产业	制造业、建筑业、自来水、电力、煤气、采矿业
第三产业	商业、餐饮、仓储、运输、交通、邮政、电信、金融、保险、房地产、租赁、技术服务、职业介绍、信息、咨询、广告、会计服务、律师服务、旅游、娱乐、装修、美容、修理、洗染、家政服务、教育、医疗、卫生、文化艺术、科学研究、新闻、传媒、出版、体育、环境保护、宗教、慈善事业、政府服务、军队、警察等

3．服务企业与服务产品

关于服务企业的概念，在我们日常生活和学术研究中极为常见。但是，却少见严格而准确的定义。在大多数情境下论及服务企业，多是依据企业提供的服务类型对其描述，如金融企业、物流企业、餐饮企业，等等。

为了便于掌握服务企业的内涵和本质，我们套用企业的定义模式来定义"服务企业"：以智力、知识、科技和人力为主要投入要素，为个人或组织提供各式服务以获取利润，实行自主经营、自负盈亏、独立核算的具有法人资格的社会经济组织。

那么，什么是服务产品呢？其实这是一个非严格意义上的学术概念，属于生活化概念。它在学术研究领域直接对应"服务"概念，即"服务产品"与"服务"同义。在服务企业中，人们往往直接称呼本企业提供的服务为"产品"。因此，为了区分服务与实物商品的区别，人们习惯把服务称为"服务产品"。

关于服务或服务产品的具体内涵，我们会在后面相关章节进行详细介绍。

1.1.2　服务及其内涵

在工作和生活中，人们常常会对身边的事物，尤其是熟悉的事物熟视无睹，缺少认真而深入的思考。许多人身处服务行业、从事服务工作，却可能没有好好思考过"什么是服务"这个基本问题。

从 20 世纪五六十年代开始，西方市场营销学界就开始系统性开展对服务的研究。中国学者对于服务的系统性研究主要集中在最近 20 年，但是鲜有创新性研究成果。

中外相关机构和学者关于服务的定义数量不少，内容也各有差异。在此仅介绍一些有代表性、有一定影响力的服务定义(参见表 1-2)。

表 1-2　部分机构与学者对服务定义一览表

机构或学者	服务定义
美国市场营销协会 (AMA，1960)	服务是用于出售或同产品连在一起出售的活动、利益或满足感
Regan(1963)	服务是直接提供满足或者与有形商品及其他服务一起提供满足的抽象性活动
Stanton(1974)	服务是可独立识别的不可感知活动，为消费者或工业用户提供满足感，但并非一定要与某个产品一起销售
Lehtinen(1983)	服务是与某个中介人或机器设备相互作用并为消费者提供满足的一种或一系列活动
美国市场营销协会 (AMA，修订)	服务可区分界定，主要指不可感知却可使欲望得到满足的活动，这种活动并不需要与其他产品或服务的出售联系在一起。生产服务时可能需要或不需要利用实物，即使需要借助某些实物协助生产服务，这些实物也不涉及所有权转移的问题
Kotler(1997)	服务是一方能够向另一方提供的基本上是无形的任何功能或利益，并且不会导致任何所有权的产生。它的生产可能与某些有形产品密切联系在一起，也可能毫无联系
Cronroos(1990)	服务是由一系列或多或少具有无形性的活动所构成的过程，这种过程通常发生在顾客与服务提供者及有形资源的互动关系中，这些有形资源(商品或系统)是作为顾客问题的解决方案提供给顾客的
国际标准化组织(1990)	服务是为满足顾客需要，供方与顾客接触的活动和供方内部活动所产生的结果
Christopher Loverlock (2010)	服务是由一方向另一方提供的经济活动，大多数是基于时间的行为，旨在对接受者本身或对象及购买方负有责任的其他资产产生期望中的结果

不同学者和机构对于服务的定义各有侧重、各不相同。但从时间顺序来看，会发现从最初的定义到今天的认识，明显感受到人们对服务的认识在不断地深化与拓展，对其本质的把握更加准确。我们认为，在诸多学者或机构对服务的定义中，美国市场营销学会修订后的服务定义对服务的界定比较全面；克里斯廷·格罗鲁斯(1990 年)对服务的定义则更好地把握住了服务的本质。

此外，服务的概念也存在广义和狭义之分。广义上的服务应该泛指人类社会各个领域具备服务特征的行为或活动，例如政府的行为、社会组织的公益行为，等等。狭义的服务一般是指服务企业提供的服务性产品或制造型企业提供实物商品所附加的服务内容。

在服务营销研究领域一般是指狭义的服务概念。在本教材中，我们基本采用著名服务营销学者克里斯廷•格罗鲁斯对服务的定义："服务是由一系列或多或少具有无形性的活动所构成的过程，这种过程通常发生在顾客与服务提供者及有形资源的互动关系中，这些有形资源(商品或系统)是作为顾客问题的解决方案提供给顾客的。"

1.1.3　服务的基本特性

顾客为享受一定的服务而付费时，会承担比实物商品更大的心理风险，不仅因为服务好像看不见也摸不着，而且每一次服务，即使完全相同的服务人员和服务条件，也可能会产生完全不同的服务结果。所有这些问题都体现了服务的特殊性。只有清楚认识服务的基本特性，才能更好地设计服务产品，有效地提升服务质量，提高顾客满意度。这也是服务性企业追求的根本目标。

服务的特性是相对于实物产品而言的，所以服务的特性实际上是服务相对于实物产品表现出来的差异性。我们对两者的差异性进行了归纳，如表 1-3 所示。

表 1-3　实物产品与服务的差异性对照表

有形产品	服　务
一种物体	一种活动或过程
有形	无形
同质	异质
生产、传递与消费过程分离	生产、传递与消费过程同时发生
核心价值在工厂中生产	核心价值在买卖交互过程中实现
通常顾客不参与生产过程	顾客必须参与生产过程
可以存储	无法存储
涉及所有权转移	不涉及所有权转移

从服务与实物产品的差异可以归纳出服务的基本特性：无形性、品质差异性、生产与消费同步性、不可存储性和所有权不可转移性等。

下面，我们对服务的基本特性作简要解释。

1. 无形性

服务作为一系列活动或过程，不像实物那样能够看得见、摸得着。例如，一位顾客买了一台时尚的品牌智能手机，那么手机的型号、颜色、体积、形状、重量、材质、功能键等都能很清楚地看到或反复观察、试用。而服务却是无形的，顾客看到或接触到的只是服务过程中的有形设施，如座椅、宣传单、账单、计算机、办公场所布置以及服务人员等。

服务的无形性特征主要是强调服务作为一个过程表现出来的基本特性。有学者把不可感知性作为服务的基本特性是不准确的。任何服务，顾客都应该能感知到，而且感知越明确、越强烈，说明服务提供者的服务水平越高。

现在，几乎所有的中国人都是移动通信企业的客户。从事基础电信业务的移动通信企业向顾客提供的核心服务是顾客看不见的可移动、不间断、全天候的信息传递服务。但是顾客对其服务及其质量有其清晰的感知和评价。

2. 品质差异性

服务品质差异性是指在服务过程中，由于各种因素的影响，服务内容及其完成质量是动态变化的。也就是说，服务品质会因时间、地点、环境等所有外在因素，甚至是偶然因素，以及服务人员和顾客的不同而不同。

世界上找不到完全相同的两片树叶，服务亦是如此。理论上来说，即使是同一个服务人员在相同的服务条件下，提供的服务质量也不可能完全相同。导致服务差异的因素可能是服务过程中的任何因素以及外来的突发偶然因素。就人的因素而言，如果服务人员或者顾客的生理状况、心理状况发生变化，也可能使其在服务交互过程中发生自我难以察觉的心态和行为变化。

3. 生产与消费同步性

实物产品的生产与消费是分离的，如最新款智能手机的生产是在工厂车间中完成的，通过销售商家实现实物转移，顾客可以在办公场所或家庭生活中反复使用这部手机。而未销售出去的手机则存放在仓库之中。

而服务的生产过程与消费过程则同步进行，当服务人员提供服务于顾客之时，也正是顾客消费、享用服务的过程，如在北京音乐厅听交响音乐会，当演奏者演出完毕，顾客也随之消费结束。

4. 不可存储性

实物产品可以存放到仓库，也可以转卖、退货等，但服务却无法存储下来，已经完成的服务过程的质量也是不可逆转的。

很难想象，一位遭受了服务人员几次白眼的顾客把这次服务转让给其他顾客或要求退还服务。这位顾客的选择只能是中止此次服务，未来用脚投票，不再接受该企业的服务而已。

5. 所有权不可转移性

实物产品通过价值交换可以实现所有权的转移，财产所有权是受法律保护的，不受非法侵害。而无形的服务，即使消费者支付了服务费用，该项服务也不涉及所有权转移，也无法进行所有权的转移。

例如，一位北京的顾客购买了华为的某一款最新型号智能手机，当交易完成，这部手机的所有权就由商家转移到了顾客；要想使用这部手机，这位顾客还必须选择一家移动通信服务商——中国移动、中国电信或中国联通——来为自己提供无线通信服务。这位顾客与移动通信商之间的服务是不涉及所有权转移的。

1.2　服务常见分类

分类是人类认识世界的一种重要的基本思维方法。由于服务的多样性和复杂性，对其进行明确的分类较为困难。但是，如果能够对服务进行科学合理的分类，不仅有利于服务企业细致、完整地设计规划自己的服务产品层次与构成内容，还有利于服务提供者制定合理有效的服务营销策略。

学者们提出了多种服务分类方案，比较有影响的有：理查德·蔡斯根据顾客在服务中参与程度高低，将服务分为高接触度服务、中接触度服务和低接触度服务的分类方案；G.林恩·肖斯塔克将服务分为纯粹实体产品、附带服务的实体产品、伴有产品的服务和纯粹服务的分类方案；克里斯廷·格罗鲁斯将服务分为显性服务和隐性服务的分类方案；以及美国服务营销学家克里斯托弗·H.洛夫洛克提出的多个具有实用价值的分类方案等。

在此，我们简要介绍几种较具实用价值的常见服务分类方案。

1.2.1　根据实物与服务结合程度的服务分类

在现实生活中，服务与实物往往是相随相伴、难以截然分开的。纯粹形态的服务或实物产品反而是较少的存在状态。如果根据服务与实物产品相结合程度来对服务加以区分，可以分为以下四类：纯粹实物产品、附带服务的实物产品、附带产品的服务和纯粹的服务。

下面我们就具体介绍一下这种服务分类的基本内容(见表1-4)。

表 1-4　服务与实物产品相结合四种基本状态

服务与实物产品结合基本状态	举　例
纯粹实物产品	盐、洗涤剂、牙膏、面巾纸等
附带服务的实物产品	房屋、汽车、家用电器、服装、外卖快餐等
附带产品的服务	航空服务、旅游服务、教育培训等
纯粹的服务	心理咨询、法律服务、信息中介服务等

1. 纯粹实物产品

这类产品往往具有价值小、用途单一、使用简单的特点，例如盐、洗涤剂、牙膏、牙刷、面巾纸、曲别针，等等。

2. 附带服务的实物产品

这一类是以实物产品为主体，服务属于附加服务。如果缺失了服务内容，可能会使消费者无法获得产品的功能价值。常见产品有房屋、汽车、家用电器、服装、外卖快餐，等等。

3. 附带产品的服务

附带产品的服务，望文即可以生义：服务为主导，实物产品是附属性质。这类服务产品常见的如航空服务、旅游服务、教育培训等。航空服务过程中，航空公司会提供食品、饮料、报纸杂志等实物产品作为服务的附加产品。教育培训服务过程中，培训企业一般会提供图书资料、笔记本、笔、饮用水等附加产品。

4. 纯粹的服务

常见较为纯粹的服务有心理咨询、法律服务、信息中介服务等。例如常见的房屋买卖出租中介服务，这类企业为顾客提供的就是出卖或出租房屋的信息。当下我们常见的婚恋交友中介机构，如世纪佳缘网、珍爱婚恋网、百合交友网、非诚勿扰网等，都是搭建了一个婚恋信息交流平台，其本质就是凭借信息不对称的特点与现状，为男女双方提供对方所需要的信息而已。

这四种分类的划分是依据服务在结合状态中的比例确定的。中间状态的两种情况，附带服务的实物产品和附带产品的服务如何区分是比较困难的。对于这个问题，可以从两方面来把握：一是看谁在整个产品组合中占主导地位；二是从顾客的角度，看顾客消费的主要价值是什么。

例如，一个家庭购买了一套上海郊区的别墅。这套住宅附带相应的物业服务。对于住宅与物业服务这一混合包，住宅产品显然是产品服务包的主导产品。同时顾客最看重的应该是住宅本身带来的价值，而不会仅仅因为物业管理水平高而购买一所房子的。物业服务只是顾客购买住房时应该考虑的一个影响因素而已。

1.2.2 根据顾客对服务参与程度的服务分类

根据顾客在服务过程中的参与程度高低，我们可以将服务分为高接触度服务、中接触度服务和低接触度服务三类。

1. 高接触度服务

高接触服务指的是那些顾客较高程度参与，主要依靠服务人员来完成服务过程的服务。例如我们现实生活中的美容美发、餐厅就餐、礼服定制、中医针灸等服务。简单而言，生活中需要我们亲自参与的传统服务项目，大多数属于这一类。

2. 低接触度服务

低接触服务则是主要利用自动系统、信息技术条件或其他有形要素来完成服务过程的服务。在这个过程中，服务人员可能不需要出现，而顾客参与程度较高。

例如我们现实生活中的自助银行服务、自助售卖机、自助汽车加油、网络商城购物等，以及最新出现的无人机送货、无人餐厅、小区智能人脸识别出入系统等。所有这些服务都属于低接触服务。

3. 中接触度服务

很显然，中接触服务就是介于高接触服务和低接触服务之间的服务类型。这类服务的完成，既有服务人员参与，也有技术系统或有形设施辅助。我们常见的这类服务，比如目前北京地区的地铁安检系统，就是人机共同完成安检过程。

不同接触程度的服务，需要服务提供商有不同的服务管理方案，需要从服务产品、服务价格、服务渠道、服务促销、服务人员、服务流程和有形设施等方面设计差异化、有针对性的营销计划。例如高接触度服务需要服务人员面对面完成服务过程；而低接触度服务，服务人员多是幕后工作，顾客大多数情况下看不到服务人员，主要依靠系统和技术实现服务过程。那么，这两种服务类型对服务人员的外形仪表、服务态度、服务技能等方面的要求就有巨大差异，也会涉及企业的服务成本高低问题。

1.2.3　基于服务对象不同的服务分类

根据学者洛夫洛克的观点，依据服务对象的不同可以将服务划分为四类：人体服务、所有物服务、精神服务和信息服务。其中前两类服务属于有形活动，后两类服务属于无形活动。

这类服务划分方法的直接依据是，谁或什么是服务的直接接受者。针对人的服务又分为针对人体的服务和人的思想的服务；针对所有物的服务又可以分为针对实物的服务和无形资产的服务。

1. 人体服务

人体服务是指主要针对人体所提供的服务内容。常见的服务项目有医疗服务、运输服务、食宿服务、美容美发服务、定制服装等。总之，那些解决人们衣、食、住、行、病痛等需求的有形服务几乎都属于这类服务范畴。

2. 所有物服务

所有物服务主要指的是直接对顾客所拥有的实体商品和其他具体财产提供的服务。我们生活中经常消费的小件快递服务、大件货物运输、住宅物业管理、家用电器维修与保养、办公设备维修、熨烫与干洗服务、家庭保洁、汽车保养、园林设计与草坪维护、宠物就医，等等，都应该归为所有物服务一类。

这类服务与其他服务的显著不同在于，顾客在这类服务的完成过程中，参与较少或者可以选择不参与。也就是说，这类服务中的很多项目，顾客可以委托服务提供者自行完成，而不需要顾客参与其中。例如房屋主人聘请保洁人员定期进行家庭清洁工作，主人可以留在现场也可以不在现场。

3. 精神服务

精神服务，简言之，就是为满足人们精神需求的服务类型。这类服务可能会重塑人的认识观念或改变人的行为，主要包括教育学习、新闻信息、专业顾问、心理治疗、文化娱乐以及宗教活动等。

值得注意的是，这类服务有时可以转化为有形产品形式出现，如音乐 CD、电影 DVD、课程学习软件或光盘，等等。

4. 信息服务

信息服务，顾名思义，是服务提供者为顾客生活、工作、财产管理等需要提供有价值信息的服务。例如金融会计服务、婚恋服务、法律服务、市场调查服务、管理咨询，以及数量众多的工作、生活中介服务等。我们熟知的律师事务所和婚恋中介机构都是典型的提供信息服务的企业。

实际上，信息服务和精神服务的边界是比较模糊的。因此，洛夫洛克把这两类服务合称为"基于信息的服务"。

作者观点是，可以依据某一类服务的性质和根本目的来区分精神服务和信息服务。主要以满足人们娱乐或成长等精神需求的服务归为精神服务；为顾客提供客观性、专业性信息内容的服务应归为信息服务范畴。

除此之外，对于服务的分类还有很多种。例如根据服务的连续性对服务进行分类：连续性服务和间断服务；根据服务定制化程度对服务进行分类：个性化服务和标准化服务；根据服务供应与需求的关系进行划分的服务类型，等等。

本 章 小 结

(1) 与服务相关的基本概念：服务经济、服务企业和服务产品。

- 服务经济：以科技、信息和智力因素为主要投入要素，以服务产品生产提供为社会价值交换的主要方式，在 GDP 创造和解决社会就业人口方面居于主导地位的经济形态。

- 服务企业：以智力、知识、科技和人力为主要投入要素，为个人或组织提供各式服务以获取利润，实行自主经营、自负盈亏、独立核算的具有法人资格的社会经济组织。

● 服务产品：属于生活化概念。它在学术研究领域直接对应服务概念，即服务产品与服务同义。在服务企业中，人们往往直接称呼本企业提供的服务为"产品"。因此，为了区分服务与实物商品的区别，人们习惯把服务称为"服务产品"。

(2) 学者克里斯廷·格罗鲁斯对服务的定义："服务是由一系列或多或少具有无形性的活动所构成的过程，这种过程通常发生在顾客与服务提供者及有形资源的互动关系中，这些有形资源(商品或系统)是作为顾客问题的解决方案提供给顾客的。"

(3) 服务的基本特性：无形性、品质差异性、生产与消费同步性、不可存储性和所有权不可转移性等。

(4) 常见的服务分类：

● 根据服务与实物产品相结合程度，可以把服务分为四类：纯粹的实物产品、附带服务的实物产品、附带产品的服务和纯粹的服务。

● 根据顾客在服务过程中的参与程度高低，我们可以将服务分为高接触度服务、中接触度服务和低接触度服务三类。

● 依据服务对象的不同，可以将服务划分为四类：人体服务、所有物服务、精神服务和信息服务。其中前两类服务属于有形活动，后两类服务属于无形活动。

案例实训课堂

云服务或颠覆传统产业(志高空调)

空调产品具有"三分产品、七分安装"的特性，再加上服务网点社会化，消费者付款后，就失去了对产品质量和服务质量的主导权，而厂家由于管理失效或鞭长莫及，对产品质量和服务质量引起的纠纷，只能采取事后救火的方式处理，乱收费、不专业、服务不及时是售后投诉中集中反映的"三难"问题。随着当今移动互联网迅猛发展、IT 平台及软件不断创新，志高公司顺势推出的变频空调以及云服务中心，可以从根本上解决空调产业的痼疾。

1. 在线服务破解售后难题

志高创新路线很明显，就是通过互联网思维，借助云计算力量，建立起一条透明快捷的信息通道，使消费者、售后服务商、厂商三者之间信息对称。

(1) 志高改变客服被动呼叫的做法，建立起一个强大的云平台，并为每台机器分配了唯一的 IP 地址。在这个平台上，用户与志高售后服务部门进行即时直接联系，由志高官方认可的服务提供商提供服务，从根源上切断"李鬼"财路。同时，志高云服务中心也能够全天候监控用户机器运行状态，主动提供服务。

（2）由于消费者对空调产品专业知识的了解非常有限，志高精心打造了机器智能诊断及自我修复功能。消费者可通过智能终端让机器进行自我诊断和自我修复，用户化身为空调维护、管理专家，同时也有效防止个别售后网点人员利用专业壁垒忽悠消费者。

（3）志高使静态产品变成动态升级产品。在云服务中心支持下，消费者可通过云升级功能，对空调软件系统进行在线升级，使家中空调常用常新，共享制造商持续进步的技术成果。

2. 在线服务创新商业模式

一直以来，空调厂商主要靠硬件盈利，空调从市场流通到消费者手中意味着交易结束，至于售后服务，实际上是搭配硬件的"额外奉送"，是制造商需要额外付出的运营成本。可以想象，在这种传统模式下，产品质量问题或服务质量问题就是潜在的风险与隐患。原本应由厂家或服务商做好的事情，却要消费者来承担风险，自然难有好的顾客体验。志高充分利用云平台优势，把产品的研发、设计、管理、销售、售后服务和产品使用通过互联网连为一体。

志高对政府机关、学校等尝试空调租赁业务，其实质就是"通过提供服务向目标消费者收费"。由于云空调普及率低，而且各方支持和兼容还未形成生态链，所以目前"收取服务费"的模式只能在厂家和大客户之间进行。未来，随着智能空调生态链的不断完善，厂家、物流配送商、服务商、消费者可以有效连接，空调不仅是一个功能产品，也是一个即时沟通和即时交易的业务操作平台。

从卖产品到卖服务，这种革命性的颠覆意味着服务不到位的企业将颗粒无收。企业为了让消费者长期购买服务，必须不定期地增加新的服务内容，提升服务品质。当今市场上，消费者掌握了绝对主导权，厂家必须把消费者真正当作上帝来对待，而且必须有非常强大的综合实力和服务保证能力。

（资料来源：中国贸易报，

http://www.chinatradenews.com.cn/html/2014-0325//content_46696.htm?div=-1)

思考讨论题：

1. 空调制造企业的产品属于产品与服务结合程度的哪一种情况？

2. 服务为志高空调产品带来什么样的竞争优势？

3. 为什么说云服务会颠覆传统制造产业的业态？

分析要点：

1. 传统制造企业产品附加服务成分越来越大，许多企业依靠附加服务来提高产品附加值，提升产品竞争力。

2. 现代互联网信息技术为传统企业由产品制胜战略转向服务导向战略以及商业模式的转变提供了技术支持和保证。

思 考 题

一、基本概念题

服务　服务经济　服务产品

二、思考训练题

1. 相对于实物产品，服务的基本特性有哪些？请结合具体的服务项目分别说明这些特征。

2. 举例说明常见的服务分类类型。

第2章　服务消费决策

【学习要点及目标】

- 了解服务消费的概念;
- 掌握顾客服务消费决策的一般过程;
- 重点掌握服务消费决策各阶段的基本内容和关键影响因素。

【核心概念】

服务消费　服务消费决策　搜寻属性　经验属性　信任属性　服务期望　服务感知
服务消费评价

【引导情景案例】

小翠的左右为难

小翠是北京某大学的大一新生，这两天正忙碌着入学报到的事情。从湖南老家陪同她来京的父亲建议她尽快更换一张北京的移动电话卡，以方便联系家人而且会省钱。小翠也觉得换手机号是必需的。现在，校园内三家移动通信服务商——中国移动、中国电信和中国联通——都使出浑身解数在设摊促销，以吸引刚刚到来的新生们。

在三家电信商的帐篷前，小翠有些不知该如何选择？她原先在老家使用的是中国电信的手机号码，效果还比较满意。因此，她首先来到中国电信设立的临时摊点前，可能是因为人多或者是自己的声音太小，等了很久才有人招呼她，小翠心里有些不痛快。小翠了解了中国电信北京公司专门为大学新生定制的多款优惠套餐，觉得其中一款非常中意。可是她转念一想，还是应该把三家的套餐对比一下再决定。

于是，她分别来到了中国移动和中国联通的服务摊点前，详细地了解它们的套餐信息，在心中暗暗比较各家套餐的内容以及性价比。当她看完最后一家的情况后，有些左右为难。因为这三家的新生套餐大同小异、互有优劣。

这时已经到了晚饭时分，小翠觉得还是先和父亲到食堂就餐，换手机号的问题明天再说。晚饭后，小翠把父亲送回学校附近的宾馆。在去宾馆的路上，父亲建议她还是选用中国电信的手机号码，并尽快完成这件事，然后告诉妈妈，以便以后相互联系。小翠答应了，说明天一早就去办理。

晚上，小翠回到学校安排的新生宿舍，宿舍内共 6 人，都是外地生。小翠与大家互相介绍后，就打开自己的笔记本电脑上网查询、对比各电信商的手机服务套餐信息。没想到其他同学都做完了这项工作，其中三人是中国联通的，一人是中国移动的，一人是中国电信的。当大家听说小翠还没做出决定，就纷纷给她建议，搞得她更加难以决定。经过回想自己白天的了解，加上同学的建议，她综合衡量，决定使用中国联通的一款套餐。主要的原因是这款套餐价格实惠，网络流量大，比较适合自己，而且同学说联通的网络质量最好。

做出了决定的小翠不再纠结了，觉得一身轻松，准备好好睡一觉，明天办理手机换号，然后用新号码给妈妈打电话。

思考：小翠换手机号码的决策过程受到了哪些因素的影响？

2.1 服务消费阶段

2.1.1 服务消费特点与类型

1. 服务消费特点

服务消费是我们日常生活的一个重要内容。服务消费不同于实物产品消费，它是一种过程消费，而不是结果消费。

实物产品消费则与服务消费恰恰相反，它属于典型的结果消费。无论是美味可口的水果、食品，还是可心便利的手机、计算机，它们给顾客带来的是实实在在的结果利益。顾客进行价值交易主要购买的就是这种实物产品自身的功能价值。

服务消费主要是一种过程消费，虽然服务产品的消费需要有服务结果的实现，而服务结果的实现也是依靠服务过程来完成的。例如，不管你购买哪家航空公司的机票，都会到达预定的目的地，但不同航空公司的服务差异主要来源于服务过程的各个因素，顾客的消费体验好坏也主要来源于整个航空旅行服务过程中各个环节。

传统市场营销理论认为，顾客有四种典型的购买行为，即复杂型购买、和谐型购买、多变型购买和习惯型购买。这种分类方式主要是依据消费者行为表现、产品品牌差异以及消费风险感知等因素划分的。很显然，这四类行为主要是针对实物产品的购买而言的。由于服务的特殊性，这种分类不太适合服务消费行为。

2. 服务消费行为类型

我们根据消费者参与购买程度、投入情况和购买频率，将顾客的服务消费行为划分为三大类：经常性投入的购买、有限投入的购买和大量投入的购买。

1) 经常性投入的购买

经常性投入的购买是指顾客无须收集大量服务信息，也无须太多思考就可以决定的服务消费。例如，上班选择乘坐哪种交通工具；空闲时间要去社区美发店理发，等等。

2) 有限投入的购买

有限投入的购买是指顾客在购买时需要收集一定的相关信息，但无须大量思考来决定的服务消费。例如，某位企业人士到国外参加一个行业贸易展会，他就会事先收集一定时间内不同航空公司多次航班的信息，从而选择最佳航线：或者是最短时间，或者是最少换乘，或者是最低票价，等等，需求因人而异。

3) 大量投入的购买

大量投入的购买是指顾客需要收集大量信息，决定过程比较复杂，投入较多的时间、精力和其他资源的服务消费。这类服务的购买比较典型的有购买收益较高、风险较大的私募基金，住宅装潢装修等。

2.1.2 服务消费的基本阶段

1. 服务消费决策的广义过程

广义而言，顾客是如何决策一次服务消费的呢？也就是说，顾客服务消费的过程会包括哪些基本环节。理解顾客行为是市场营销的核心内容。完整了解、理解顾客服务消费的决策过程对于服务提供商设计服务产品，制订服务营销计划具有重要、不可替代的价值。

基于广义的过程视角，我们把顾客服务消费决策划分为如下几个基本环节：①需求唤醒并确认；②服务信息搜寻；③服务替代品比较性评价；④做出服务购买决策；⑤服务消费后评价(影响下一次消费决策)，如图 2-1 所示。

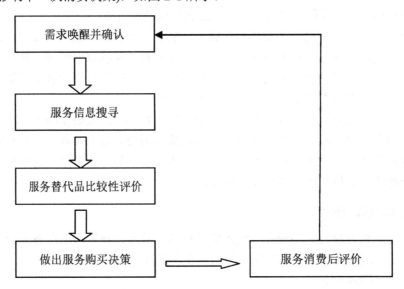

图 2-1　广义服务决策过程示意图

2. 服务消费的三个阶段

我们常常习惯性地把服务消费划分为三个基本阶段：服务购买前阶段、服务接触阶段和服务购后评价阶段。

当然，每个阶段又包含了诸多的环节和因素，每个环节和因素都有可能影响服务消费者的服务消费决策或其服务体验(参见表 2-1)。

表 2-1　服务消费三阶段划分及内容

三个阶段	步骤或内容	主要概念
购买前阶段	(1) 需求唤起 (2) 信息搜寻 · 明确需求 · 寻求解决方案 · 识别可选择的服务产品与服务供应商 (3) 评价备选方案(包括解决方案和服务供应商) · 浏览供应商信息(如广告、宣传册、网站等) · 浏览第三方信息(如公共评论、评价、网络评论、博客、公共机构投诉、企业满意度评价、企业荣誉等) · 与服务人员的沟通、讨论等 · 征求第三方、其他顾客的意见 (4) 做出服务购买决策、服务预定	需求唤起 诱发集合 搜寻性、经验性与信任性 感知风险 形成顾客期望 · 理想服务水平 · 预期服务水平 · 恰当服务水平 · 容忍区域
服务接触阶段	(1) 向选定服务供应商提出服务请求，或者进行自助服务(先支付，后开票据) (2) 人员传递服务或者自助服务	关键时刻 服务接触 服务生产模型 角色与脚本理论 服务剧场
购后评价阶段	(1) 服务绩效的评价 (2) 顾客意愿	感知与期望是否一致 不满意、满意、愉悦 重复购买 口碑

2.2　服务购买前准备阶段

服务购买前阶段，起始于顾客需求被唤醒，然后采取各种行动为消费决策做准备，结束于服务消费决策(狭义上)。具体而言，服务购买前阶段主要包括如下几个分阶段：①需求

唤醒；②信息搜寻；③评价备选方案；④做出服务购买决策(或进行服务预定)等。

2.2.1 服务需求唤起

任何人或组织对服务的购买和使用均由个人或组织的现实或潜在需求引发。但是，个人与组织的需求激发根源和机制是有根本性区别的。

在此，我们主要探讨个人层面的需求唤醒。简单而言，人的需求可能由以下因素引起。

(1) 潜意识因素：基于个人身份地位、理想抱负、志趣爱好等内在因素，但表现却并不清晰的一些需求唤醒因素。

(2) 明确意识因素：例如，一名应届大学毕业生毕业前夕感受到明显而强烈的就业压力，形成个人明确的就业危机意识。

(3) 身体或生理需求：这可能是我们需要服务的最直接、最强烈的唤醒因素，如饥饿、寒冷、病痛，等等。

需求支配消费行为，这是基本规律。人的潜在需求或直接需求一旦被激发或被确认，人就会采取相关行动以满足自己的需求。在正式接受服务前，人们的行为主要是进行信息搜寻、评价备选方案、做出消费决定。

2.2.2 服务信息搜寻

当人的某项服务需求得以确认，人就会驱使自己寻求解决问题的方案。消费者的脑海中可能会出现多种备选方案，这些备选方案就形成方案库。学术上称为"诱发集合"，也称为"考虑集合"，即顾客在决策过程中可能会考虑的产品、品牌的集合。

因此，服务提供商的服务营销努力不仅存在于服务消费过程中，而应该始于服务消费前。市场领先者的营销计划，还有刺激唤醒、强化消费者服务需求的功能；一般服务企业也应该努力使自己的服务进入到顾客的"考虑集合"中，才有被顾客选中的可能性。

顾客对于产品或服务的信息搜寻要基于产品或服务的基本特性，对于产品或服务评价的难易程度也取决于以下属性是否显著：搜寻属性、经验属性和信任属性。

1. 搜寻属性

搜寻属性是指顾客在购买前就能收集到，可以评价的产品特点。例如一般实物产品的风格、颜色、材质、手感、味道、品牌标识、包装等特征，具备搜寻属性比较典型的实物产品如食品、饮料、家电、汽车，等等。当然，有些服务也具备搜寻属性，主要表现在服务种类、服务地点、服务环境、设施设备等方面。

企业经常采用鼓励潜在顾客对其产品进行品尝、试用或"试驾"等措施。实际上就是帮助顾客在决策前获悉产品的有形特征，以降低顾客感知不确定性和消费风险。

总体而言，服务没有实物产品的搜寻属性显著，尤其是一些纯粹的过程性服务。

2. 经验属性

经验属性是指顾客在购买前无法评价的产品属性，例如产品的可靠性、耐用性、舒适性以及售后服务等属性，顾客只有使用过产品或体验过服务过程，才能对其客观评价。

我们日常的服务消费，例如休闲度假、现场演出、生日餐会、医疗就诊等，都具有非常显著的经验特征。朋友或其他顾客的口碑固然重要，但都比不上自我消费的体验来得强烈，无论是正面的还是负面的。

就经验属性而言，产品或服务都表现出显著特点。无形服务的经验属性对顾客而言，可能会对其购买决策影响更大一些。

3. 信任属性

信任属性是指顾客在实际消费后也很难对其进行评价的产品属性，主要由顾客根据各种相关条件进行信任度判断。例如一位上海锦江大饭店的顾客，他并不能准确了解该饭店的后厨的卫生条件，以及食材的有机性、安全性等。但他是基于饭店品牌、顾客口碑、行业标准与评价等因素而相信该企业在这些方面达标。

此外，还有些情况是顾客不具备评价产品或服务特定属性的行业知识和专业技能。例如一些高难度的外科手术、专业咨询、法律咨询、高科技产品技术指标，等等，顾客对其进行评价，只能基于对产品或服务提供者的技能和专业性的信任做出。

无形服务没有实物产品的搜寻特征突出，而顾客的服务认知与评价主要依靠经验属性和信任属性的特征，若这两点缺失可能会导致服务消费者的感知风险较高。因此，服务提供商在服务营销计划中应该更加重视服务经验属性和信任属性的表现和传达，以吸引、唤醒服务潜在顾客的消费需求，如图 2-2 所示。

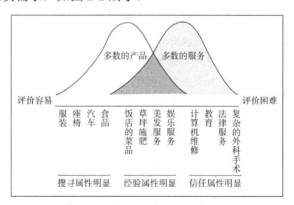

图 2-2　产品特性对评价难易程度的影响

[资料来源：Adapted from Valarie A.Zeithaml，"How Consumer Evaluation Processes Differ

Goods and Services，" in J.H.Donnelly and W.R.George, Marketing of Services(Chicago:

America Marketing Association, 1981)]

2.2.3　评价服务备选方案

当人的某项服务需求得以被唤醒并确认，通过信息搜寻形成个人的"考虑集合"，顾客就会对集合中的服务选择方案进行比较和评价，以选出最中意的服务方案。

顾客在评价服务替代物或备选方案时，风险认知程度、服务预期水平以及服务性价比是其最重要的影响因素。

1. 风险认知与评价

服务消费顾客对于服务的感知风险大小与服务的无形性和服务质量难以评价紧密相关。尤其是初次消费，顾客会担心服务消费产生负面结果。由于服务的无形性和过程性等基本特性，使得顾客对于服务的风险认知较实物产品要高得多。虽然有些服务也可以重新实施，但绝大部分服务项目不像实物产品那样退换货方便，对服务质量的评价也不像实物产品评价那样客观可见。

顾客感知到的服务风险主要体现在哪些方面呢？著名服务营销学者洛夫洛克经过研究，将服务感知风险总结为七大类：功能风险、财务风险、时间风险、物理风险、心理风险、社会风险和感官风险。具体内容参见表 2-2。

表 2-2　服务感知风险类型

服务感知风险类型	顾客感知举例
功能风险 (不满意的表现结果)	·培训课程会向我传授如何找到好工作的技能吗 ·这张信用卡在任何时间、任何地点购物都能有效吗 ·干洗能去除夹克上的污渍吗
财务风险 （金钱损失、不可预期成本）	·如果我听从证券经纪人的建议进行这项投资是否会亏损 ·在网上购物，我的身份证号码是否会被窃取 ·如果去那里度假，我是否要承担许多额外的费用 ·修理汽车的费用是否比预先估计的要高
时间风险 （浪费时间、时间延迟的影响）	·进入展览会场参观之前是否会排队等候 ·这家餐厅的服务效率是否很低，致使我下午开会迟到 ·浴室的装修是否可以在朋友拜访我前完工
物理风险 （人身伤害、财产损害等）	·在度假胜地滑雪会不会受伤 ·包裹里的东西会不会在邮寄过程中受到损坏 ·去国外度假是否会生病
心理风险 （担忧、情绪损失）	·我怎么知道这架飞机会不会坠毁 ·咨询顾问会不会让我觉得自己很愚蠢 ·医生的诊断会不会让我感到心烦

服务感知风险类型	顾客感知举例
社会风险 （其他人的想法和反应）	·如果朋友们知道我住在便宜的汽车旅馆会怎么看我 ·亲属们会满意我为家庭聚会选择的餐厅吗 ·我的生意伙伴会赞同我选择了一家不知名的法律事务所吗
感官风险 （对五官感觉的负面影响）	·从我就餐的餐桌向外望，看到的会不会只是停车场，而不是海滩 ·旅馆的床舒服吗 ·我会不会被隔壁客人的鼾声吵醒 ·我住的房间是否有霉味和烟味 ·早餐的咖啡会不会令人作呕

　　[资料来源：(美)克里斯托弗·洛夫洛克，约亨·沃茨.服务营销(第 7 版·全球版)[M].北京：机械工业出版社，2016：35.]

2. 顾客降低服务感知风险主要方法

　　顾客在感知到各类风险后，会采用各种办法降低自己的感知风险。如果不能消除这种风险担忧，顾客或放弃该项服务消费或转向购买其他替代服务。

　　顾客降低服务感知风险的主要渠道和方法有以下几个方面：

　　(1) 向家庭成员、好友、同事、同学等可信任的人际圈求助，征集相关信息或建议。

　　(2) 利用网络，搜寻以往顾客的评价信息或独立第三方的评价信息。

　　(3) 锁定信誉良好、知名度高的品牌企业的服务。

　　(4) 亲自现场考察服务企业信誉、实力、专业性等方面。

　　(5) 试探性小额消费服务，以作为是否正式决策购买服务的依据。

　　(6) 向相关专业人员或机构咨询，等等。

3. 服务商降低顾客感知风险途径与措施

　　服务提供商应该针对顾客降低自我感知风险的有效渠道，帮助顾客降低或消除其感知风险，以促成其消费决策。

　　服务企业可以通过以下途径和措施来有效降低顾客感知风险：

　　(1) 在企业官网、网络平台销售店、行业宣传平台等常见信息渠道，通过文字介绍、情景图片、服务过程视频等多种形式介绍、宣传企业服务内容与特色、典型服务案例等，以此使顾客认识企业服务，降低风险意识。

　　(2) 在企业服务实体店，要充分展示企业实力、荣誉以及服务特色，鼓励或邀请潜在顾客亲自前来参观或体验。

　　(3) 向顾客提供一些免费体验项目或一定时段的服务体验，来增加顾客消费经验，以消除顾客感知风险。

(4) 广告宣传也是降低顾客感知风险的有效手段。对于那些具有高信任属性、顾客参与度高的服务项目而言，广告应重点介绍关键服务维度、客观的服务结果和服务绩效。广告还可以针对顾客普遍感知较高的风险提供明确承诺，以消除顾客担忧。

(5) 有形证据有效展示。例如诊所、律师事务所等服务企业在显眼处悬挂企业或从业者的专业证书或资质证明等文件。有些对服务空间、设施要求较高的服务项目，企业可以通过视频或实地向顾客展示符合企业形象和服务产品定位的服务有形要素等。

(6) 有些企业还会聘请文艺明星、社会名流等特定人作为企业代言人，利用公众明星知名度和信誉来降低顾客感知风险。

(7) 企业建立顾客知晓服务进程的便利信息渠道，以消除顾客不必要的担心。如在快递业，顾客会很方便地监测快递的进度，并且快递人员的联系方式也非常清楚。

(8) 对于消除顾客的风险意识，最有力的措施应该是企业建立明确、公开、有力度的服务保障保证制度。例如一些家庭装潢企业公开承诺，实施建材产品假一罚十、先行赔付制度，就有效消除了一些顾客关于建材质量的担心。

服务企业的类似措施不一而足，不同服务企业可以根据自身具体情况具体分析，科学系统地设计降低顾客感知风险措施。

2.2.4　服务预期及其影响因素

顾客对于服务质量的评价取决于顾客的服务体验与服务预期的对比结果。顾客的初次服务预期主要形成于服务信息搜寻、服务属性评价与服务方案对比过程之中。而对于重复消费的顾客而言，其服务预期的形成主要来源于之前的消费经验。

顾客的服务预期实际上是一个有上下限的区域，并非是一条界线。服务营销学者把这个区域称为"容忍区域"，容忍区域的上限部分被称为"理想服务"，下限部分被称为"适当服务"。

所谓"理想服务"是指顾客希望得到的理想服务水平，即顾客根据个人需求主观上认为服务提供者有能力做到并应该提供的服务水平。而"适当服务"则是顾客对于服务水平的最低接受标准。如果企业的服务低于该水平，顾客会产生不满情绪。

总体而言，影响顾客服务预期的因素主要来源于环境、顾客和服务提供商等三个方面。

1. 来自环境方面的因素

来自外部环境的诸多因素会影响顾客的服务期望。这方面的因素主要是来自于服务行业或服务市场，包括以下具体因素。

(1) 行业整体服务水平如何。

(2) 行业或产业间的竞争程度。

(3) 可替代服务的选择空间。

(4) 其他阶段性偶然因素等。

一般地，顾客可选择替代服务越少，其服务预期就越低。相反，如果选择越多，则期望水平越高。服务企业间竞争愈激烈，顾客对服务会更加挑剔，稍有不满就有可能转向竞争者的怀抱。

当然，顾客的服务预期还会随着行业服务水平的高低而发生相应变化：当行业整体服务水平较高时，顾客服务预期水平也会水涨船高；当行业整体服务水平较低时，顾客的服务预期也会适当降低。

除此之外，顾客的服务预期还会受到一些环境中偶然因素的影响。如地震、洪水、火灾等灾害期间或重大节日期间，人们对于一些服务机构的服务速度和服务完善度会降低其预期水平。而在另一些重大事件期间，如 2022 年北京冬奥会期间，北京和张家口地区的人们则可能对出行交通保障服务有较高的期望。

2. 来自顾客自身的因素

服务作为一种活动或过程，其顾客感知到的质量高低与顾客自身因素形成的服务预期水平密切相关。来自于顾客自身影响其服务预期的因素主要包括：

(1) 顾客需求的重要程度，该需求是主要需求还是次要需求。

(2) 顾客受教育程度、职业类型、经济状况、性格类型等自身背景。

(3) 顾客性质，是老顾客还是新顾客、忠诚顾客还是非忠诚顾客等。

(4) 顾客以往消费经验，是否具有以往消费经历等。

顾客在同一项服务中的需求是多元的，有主需求与次需求之分。顾客的主需求与次需求的重要程度往往是不同的。一般而言，顾客对主需求的服务预期较高，对次需求的服务预期较低。

顾客的受教育背景、职业背景、经济状况、社会地位、性格类型等自身因素也会对顾客服务预期产生较大的影响。试想，一位主管旅游行业管理的政府官员和一位长期从事客户服务的企业高管，他们对某旅行社的服务预期相对于一位农民工客户会有什么差异呢？答案不言而喻。

不同性质的顾客，如新老顾客、忠诚顾客与非忠诚顾客等，对服务的容忍程度会有不同。至于差异程度如何，应视具体服务项目和服务内容而定。

3. 来自服务提供商的因素

无论是环境方面的因素，还是顾客方面的因素，对服务提供商了解、掌握顾客服务预期非常重要，但对于这些因素，服务提供商的影响力、控制力却极其有限。服务提供商可完全掌控的因素只是自身因素。这些因素主要包括：

(1) 在服务提供商进行广告、宣传、人员促销过程中对顾客的公开承诺。

(2) 服务提供商在服务定价、企业环境营造、有形设施的配置过程中对自身服务的暗示性承诺。

(3) 服务在目标顾客群中的口碑。

(4) 服务品牌形象、服务人员因素等。

企业完全可以有针对性地在一定时间段内对以上因素加以控制或影响，使之成为企业营销的有利因素。

2.2.5 服务性价比评价

服务的性价比评价可以说是服务消费决策过程中最重要、最关键的环节，因为这个环节直接决定了顾客是否"拍板"购买服务。顾客根据自己从各种渠道获得的服务及其提供商信息，形成该项服务的服务效果预期(包括过程质量与结果质量)，然后评价该项服务的定价是否处于合理水平，以及消费该服务是否还产生其他间接支出成本等。这就是服务消费的"性价比"，即服务的功能效果值与服务价格的比率。

如果顾客认定该项服务的性价比高，就会采取消费行动；如果认定性价比低，就可能放弃该项服务，终止服务消费行动或转向竞争对手提供的同类服务。

影响顾客对于一项服务性价比评价的维度主要有两个方面：其一是顾客判断该服务预期的服务效果与标示的服务定价是否合理；其二，如果有可比的服务替代选择，顾客还要将此项服务的性价比与彼项服务的性价比进行整体对比，选择感知性价比最优的服务。在这里，替代服务可能是同一服务提供商提供的服务产品，也可能是竞争对手的服务产品。

经过消费前的需求唤醒、信息收集、服务备选方案评价等必要行动步骤，消费者基本可以做出决策行动或进行服务预定了，从而进入下一个消费阶段——服务接触阶段。

2.3 服务接触与购后评价阶段

在广义服务消费决策过程中，正式服务接触前，主要是服务预期形成阶段。服务接触阶段是顾客实地感知服务状况、形成服务体验评价的阶段。而购后评价阶段则是顾客服务消费结束后，将实际的服务体验与之前形成的服务预期进行对比，得出主观结论的阶段。

2.3.1 服务接触阶段

虽然顾客在不同的服务消费中，与服务企业的互动时间有长有短，接触程度差异悬殊，但是顾客就是在这个阶段形成自己对于该项服务的实际体验评价。对于服务提供商而言，根据服务接触度的高低设计服务流程，构建舒适的"服务剧场"空间，把握服务中的"关键时刻"以有效提升顾客的美好体验，是设计并管理好服务接触阶段的主要任务。

1. 高接触度服务与低接触度服务

在日常服务管理过程中，应该把服务区分为高接触度服务和低接触度服务。如此区分，对于有效地设计规划服务流程、关键瞬间、服务人员与顾客互动以及各项服务子系统，提升顾客的服务体验从而提高顾客的服务质量评价水平，意义非凡。

过去一段时间，我们区分服务接触程度高低的主要标准是看服务过程主要由服务人员完成还是由机器系统或技术、程序来完成。现在，我们区分高接触度服务和低接触度服务，除了看顾客与服务人员的接触程度外，还应重视顾客与服务组织的有形要素的现场接触与互动程度。

高接触度服务过程表现出顾客与服务人员、服务系统或服务有形要素之间直接接触、互动程度高的特点。而在低接触度服务中，顾客与服务提供商之间不存在或很少存在直接的有形接触，少量的接触往往是通过电子媒介或其他第三方传递渠道完成。

例如，一位顾客到一家知名的西餐厅就餐，其过程犹如步入一家"食物加工厂"。顾客与服务人员需要大量的互动环节，还需要与服务设施设备、场所装饰等有形要素直接接触，所有这些因素都可能影响该顾客的服务体验。这属于典型的高接触度服务。顾客直接接触的既有人，也有有形物要素。而有些高接触度服务则主要侧重于人员或有形实物其中一个方面，例如一对一的心理咨询服务与健身房里的自助器械健身运动。

在现代信息技术社会，很多服务的完成已经摆脱了对服务人员的依赖，也不需要特定的现场服务空间。例如，在中国的大城市中几乎所有的个人银行服务项目，一名年轻人都可以通过银行网上营业厅或手机银行终端自助完成。如此，个人银行业务项目就由过去的高接触度服务转变为低接触度服务。而与此同时，许多老年人，由于学习成本、学习困难度、消费习惯以及个人身体等多方面原因，选择去银行营业厅柜台办理业务，仍然使用银行的高接触度服务。也就是说，许多服务提供商在同项服务上可能会同时提供高接触度服务和低接触度服务选项，如图 2-3 所示。

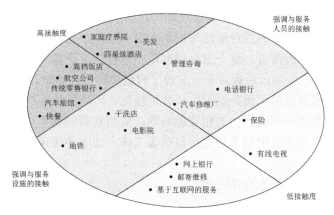

图 2-3 顾客与服务组织不同的服务接触水平

[资料来源：(美)克里斯托弗·洛夫洛克，约亨·沃茨.服务营销(第 7 版·全球版)[M].
北京：机械工业出版社，2016：40.]

但就其总体趋势而言，越来越多的服务商倾向于更多地提供低接触性服务，甚至以提高高接触度服务的价格来鼓励顾客选择自助程度更高的低接触性服务。

2. 服务接触的"关键时刻"

在一个完整的服务过程中，顾客与服务组织存在一系列的接触，在这些接触中有一些是"关键时刻"，正是这些"关键时刻"决定性地影响了顾客的服务体验感受，从而确定了顾客的服务质量评价。学者理查德·诺曼借用斗牛比赛中斗牛士迅速将剑刺入公牛要害部位的那一"关键时刻"来比喻服务企业与顾客之间的关键性接触点。

对大多数服务项目而言，服务接触中的这些"关键时刻"指的是顾客与服务人员之间的直接接触机会，对顾客的服务感知影响较大。

设计和管理好这些"关键时刻"是服务企业服务管理的重要任务，其主要的工具应该是包括服务规则、服务程序、服务标准等在内的企业服务管理制度。提升"关键时刻"顾客的服务感知质量，关键在于服务人员，服务人员的服务意愿、服务技能、服务礼仪以及与顾客的恰当互动等等都会影响顾客的服务感知质量。

其实，这些"关键时刻"并不一定特殊，相反可能很平常、很普通。例如西餐厅，在顾客进门时受到迎宾人员的迎接与问候，点餐时服务人员的需求问询与菜品解释，顾客需要追加餐品时服务人员的应诺，结账时收银人员与顾客的互动，等等，都属于服务接触的"关键时刻"。当然，在这个服务过程中，"关键时刻"远不止这些，在此仅列举一二作为例证。

3. 服务的系统理论

法国学者皮埃尔·艾格里尔和埃里克·兰吉尔德认为，应该将服务企业界定为一个有机系统，称之为"服务生产系统"。该理论认为，服务的生产与传递是一个系统工程。这个服务生产系统由顾客不可视的服务运营系统和可视的服务传递系统组成。

服务运营系统是指企业的后台运营与技术支撑。企业在这里处理各种服务生产投入以创造服务产品要素。一般而言，这个部分顾客是不可视的。正像一家餐厅的后厨，顾客不可见也缺少关注意愿。但是，后厨对于一家餐厅的重要性不言而喻。

而服务传递系统则包括了服务组织中顾客可视化、可体验的有形环境，顾客与服务人员的互动，以及顾客之间可能产生的相互影响等。借用戏剧的要素来比较的话，服务运营系统就是戏剧开始前与进行中的幕后支持与准备工作；而服务传递系统则是演员在戏剧舞台上的表演传达。

下面我们就来说一说服务的戏剧理论。

4. 服务的"戏剧理论"

许多服务营销学者都认同服务与戏剧高度相似的理论观点，服务的过程及其所有要素都可以在戏剧中找到恰当对应。甚至连两者的根本目的也相同，服务与戏剧的根本目标都是追求"顾客"的美好体验。

从管理与学习的角度来看，对照戏剧过程与要素来认识、管理服务过程与要素不失为一个捷径。下面就为大家列举服务与戏剧相似的基本要素，参见表 2-3。

表 2-3　服务与戏剧的基本要素对比

服务要素举例	对应戏剧要素举例
服务产品规划	剧本与脚本
服务价格	戏剧门票
服务场所	戏剧舞台
服务设施设备	舞台道具
服务流程	表演过程
服务技能	演员演技
服务质量	戏剧效果
服务顾客	戏剧观众
服务员工角色：	戏剧人员角色：
老板/股东	投资人
总经理	导演
前台服务员(不同工种)	演员(不同角色)
后台技术与运营人员	剧务人员
……	……

也许有人会产生这样的疑问：为什么服务与戏剧如此相似？其实，从本质上看戏剧本身就是一种特殊类型的服务。认识到这一点，对于服务企业认识、管理服务及其要素具有重要的现实价值。

2.3.2　服务购后评价阶段

顾客在消费服务后，无论结果如何，总会对服务产生一个总体性评价。对于一般顾客而言，其评价是感性的、总体性的。一般人难以具体说清是哪些因素影响了自己的评价，除非在服务过程中发生了特殊的正面或负面事件直接影响了顾客的情绪，也使顾客清楚地认识到这个事件对自己的影响程度。

服务购前阶段，顾客所获得的所有服务信息都或多或少地影响着顾客服务预期水平的形成。在服务接触阶段，会形成顾客实际的服务体验水平。在完成服务消费后，顾客会将这两者进行对比，其结果就是顾客对于此次服务消费的评价结果，可以用顾客满意度来衡量这个评价结果。

当顾客在服务消费结束后会对两者进行比较，然后就可能产生以下五种比较典型的结果状态：当顾客的实际服务感受与个人服务预期水平基本相当时，这时顾客应该处于一种既没有满意也无不满的中性状态；当顾客的实际服务感受高于个人服务预期水平时，这时顾客应该处于比较满意的状态；当顾客的实际服务感受远远高于个人服务预期水平时，这时顾客应该会产生惊喜；当顾客的实际服务感受低于个人服务预期水平时，这时顾客会产生不满情绪；而当顾客的实际服务感受远远低于个人服务预期水平时，这时顾客会产生愤怒情绪。

当然，这样的结果只是理论上的典型状态，实际上还存在不同程度的诸多中间状态。此外，顾客对于服务质量的评价还有可能受到个人对竞争对手同类服务预期与体验的影响。

本 章 小 结

(1) 根据消费者参与购买程度、投入情况和购买频率，可以将顾客的服务消费行为划分为三大类：经常性投入的购买、有限投入的购买和大量投入的购买。

(2) 基于广义的过程视角，顾客服务消费决策分为如下几个基本环节：①需求唤醒并确认；②服务信息搜寻；③服务替代品比较性评价；④做出服务购买决策；⑤服务消费后评价(影响下一次消费决策)。

(3) 服务消费可划分为三个基本阶段：服务购买前阶段、服务接触阶段和服务购后评价阶段。

服务购买前阶段主要包括如下几个分阶段：①需求唤醒；②信息搜寻；③评价备选方案；④做出服务购买决策(或进行服务预定)等。

顾客对于产品或服务的信息搜寻基于产品或服务的基本特性：搜寻属性、经验属性和信任属性。

- 搜寻属性是指顾客在购买前就能收集到，可以评价的产品特点。
- 经验属性是指顾客在购买前无法评价的产品属性。
- 信任属性是指顾客在实际消费后也很难对其进行评价的产品属性，主要由顾客根据各种相关条件进行信任度判断。

(4) 当人的某项服务需求得以唤醒并确认，通过信息搜寻形成个人的"考虑集合"，顾客就会对集合中的服务选择方案进行比较和评价，以选出最中意的服务方案。顾客在评价服务替代物或备选方案时，风险认知程度、服务预期水平以及服务性价比是其重要影响因素。

(5) 服务营销学者将服务感知风险总结为七大类：功能风险、财务风险、时间风险、物理风险、心理风险、社会风险和感官风险。

顾客降低服务感知风险的主要渠道和方法有以下几个方面：向家庭成员、好友、同事、同学等可信任的人际圈求助，征集相关信息或建议；利用网络搜寻以往顾客的评价信息或独立第三方的评价信息；锁定信誉良好、知名度高的品牌企业的服务；亲自到现场考察服务企业信誉、实力、专业性等方面；试探性小额消费服务，以作为是否正式决策购买服务的依据；向相关专业人员或机构咨询等。

(6) 影响顾客的服务期望因素主要来自环境、顾客和企业三个方面。

● 来自环境方面的因素主要包括：行业整体服务水平如何；行业或产业间的竞争程度；可替代服务的选择空间；其他阶段性偶然因素等。

● 来自于顾客自身影响其服务预期的因素主要包括：顾客需求的重要程度，该需求是主要需求还是次要需求；顾客受教育程度、职业类型、经济状况、性格类型等自身背景；顾客性质，是老顾客还是新顾客、忠诚顾客还是非忠诚顾客等；顾客以往消费经验，是否具有以往消费经历等。

● 服务提供商可完全掌控的因素只是自身因素，这些因素主要包括：在服务提供商的广告、宣传、人员促销过程中对顾客的公开承诺；服务提供商在服务定价、企业环境营造、有形设施的配置过程中对自身服务的暗示性承诺；服务在顾客群中的口碑；服务品牌形象、服务人员因素等。

(7) 顾客的服务性价比评价：服务的性价比评价可以说是服务消费决策过程中最重要、最关键的环节，因为这个环节直接决定了顾客是否"拍板"购买服务。

影响顾客对于一项服务性价比评价的维度主要有两个方面：①顾客判断该服务预期的服务效果与标示的服务定价是否合理；②如果有可比的服务替代选择，顾客还要将此项服务的性价比与彼项服务的性价比进行整体对比，选择感知性价比最优的服务。

(8) 在日常服务管理过程中，应该区分高接触度服务和低接触度服务。①高接触度服务过程表现出顾客与服务人员、服务系统或服务有形要素之间直接接触、互动程度高的特点。②在低接触度服务中，顾客与服务提供商之间不存在或很少存在直接的有形接触，少量的接触往往是通过电子媒介或其他第三方传递渠道完成。

(9) 服务的系统理论：该理论将服务企业界定为一个有机系统，称为"服务生产系统"。该理论认为服务的生产与传递是一个系统工程。这个服务生产系统由顾客不可视的服务运营系统和可视的服务传递系统组成。

(10) 服务的"戏剧理论"：许多服务营销学者都认同服务与戏剧高度相似的理论观点，服务的过程及其所有要素都可以在戏剧中找到恰当对应，甚至连两者的根本目的也相同。服务与戏剧都追求"顾客"的美好体验。

(11) 顾客的服务质量评价：服务购前阶段，顾客所获得的所有服务信息都或多或少地影响着顾客服务预期水平的形成。在服务接触阶段，会形成顾客实际的服务体验水平。在完成服务消费后，顾客会将这两者进行对比，其结果就是顾客对于此次服务消费的评价结果，可以用顾客满意度来衡量这个评价结果。

案例实训课堂

2016 中国电商消费行为报告

由京东联合 21 世纪经济研究院发布的《2016 中国电商消费行为报告》对 2016 年电商消费趋势、用户画像、购买行为、支付行为、品牌偏好等维度进行分析，展示了消费升级、关注品质、理性健康、农村崛起等消费新动向。

报告显示，2016 年我国电子商务交易市场规模稳居全球第一，预计电子商务交易额超过 20 万亿元，占社会消费品零售总额的比重超过 10%。

1. 消费趋向健康理性，更关注品质

从电商消费人群来看，26～35 岁的 80 后是线上销售产品的主要购买者，是电商消费的核心主导型用户。这类人群的消费特点是注重商品品质，注重多元的精神和文化体育消费，对国外品牌接受度高。

职业方面，白领与一般职员群体占比最高，同时，学生和教师群体的购买用户也相当庞大，占据全平台近 1/3。

从母婴、体育以及全球购等品类的数据来看，越来越多的中国人注重品质消费，对品质的关注度越来越高。而对品质的进一步追求，则被认为是电商消费模式成熟的另一大体现。

报告指出，从消费心理分析，理性用户数较 2015 年有显著上升，用户消费观念正走向理性。一方面，近年来，消费者对品质关注度持续上升，浙江、上海、北京、江苏等发达地区，成为消费者对品质最关注的省市；另一方面，价格仍然是电商消费的吸引力之一，促销对消费作用明显。

此外，移动端消费成为主流，这为未来场景化消费奠定了基础，嵌入场景中的移动购物或许会成为潮流。

2. 一线城市电商消费"轻快化"，中小城市潜力爆发

从全国范围看，消费人数前五名的省市为广东、江苏、浙江、北京、山东，均为经济较发达地区。而西藏、青海、宁夏等西部地区人口少，收入水平相对较低，用户数占比靠后。网购消费用户数与地区经济发展水平呈正比。

在一线城市，电子商务渗透率高，物流相对便捷，已经形成了较为成熟的电商消费观念和模式，在消费结构特征、品类选择上显示出多元化、全品类的特征。网上超市在这些区域发展迅猛，消费频次高，购买量大的食品饮料、个护化妆、母婴等百货商超品类，开始取代服饰与数码手机，成为销量最大的品类。同时，生鲜、图书等品类，在一线城市的占比往往较高。

二、三线城市互联网消费市场与一线城市的差距正在缩小。二、三线城市相对一线城市来说，生活压力小，可支配收入比肩一线城市，消费能力和购买力潜力正在显现。二、三线城市的中产人群将是电商品质消费的中坚，有望诞生更多未来的新一线消费城市。

三线以下的中小城市和乡镇虽然没有一线城市多元化和全品类的电商消费，但在部分品类上如家电、通信产品等大宗物件上，其消费实力直逼一线城市。但在生鲜电商类消费方面，冷链物流等基础设施的建设在一定程度上制约了发展的速度。而文体消费方面，一线城市引领风潮，中小城市精神文化层面的用户习惯和消费趋势仍在培养中。

值得注意的是，大城市的人口老龄化和压力日增的快节奏生活，将会催生一些新的消费业态，个性化小众品牌在一线城市会越来越有市场。

报告还研究了各地不同的电商消费偏好。如天津是全国最偏好购买化妆品的地区，直辖市的消费者最不喜欢网购奢侈品，东南地区男性更注重穿着，北方省份比南方更喜欢网购食品酒水，山西、河南、广东、山东、黑龙江、青海和安徽在手机购买上花费最多，而上海、北京、西藏、浙江四省市则在计算机及办公用品上花费更多，体现了当地中小型企业和创业的兴起，显示了区域文化与经济发展水平差异对电商发展的影响。

3. 服装逆袭，手机通信产品成"首单王"

从京东消费者的首次购买数据来看，过去三年，京东新用户首次购买的品类中，订单量前三十位的二级品类为样本，男女装和男鞋完成了对手机通信产品的超越，而网络产品也已掉出前五，这体现了京东对新用户的主要吸引力已经从过去的手机数码等电子产品，发展成为服饰、消费品类为主，这是京东向全品类电商发展转型的一大标志，也代表着消费者对电商的依赖性越来越重。

在所有省份中，男装和女装均占据了首次购买的前两名。有 9 个省的男装击败女装成为首次购买的第一，分别是安徽、福建、海南、河南、江苏、江西、山东、西藏和浙江，而在安徽、福建、湖北、江苏、江西和浙江 6 省，不仅男装用户数排名第一，流行男鞋用户数则排名第三。这些省份的新用户中，男性用户比重较大，也更注重自己的衣着打扮。值得一提的是，浙江首次购买物品为男、女装的用户比例合计超过 60%，为全国网购新用户中最青睐服装的省份。

4. 国有品牌全面发展，电器通信类快速崛起

从报告的数据分析可以看出，消费供给侧结构性改革取得了一定成效，但国有品牌发展不均衡问题也开始显现。京东大数据显示，电器类与通信类品牌快速崛起，手机通信设备、家用电器等销售前十的品牌中，国产品牌保持绝对的市场占有率和销售增速，但母婴产品、化妆品等则多被进口品牌垄断。随着城市新中产的消费升级，国产品牌还有很大的市场待挖掘。

国产手机行业无论在软件还是硬件的技术上，都已和国际厂商成比肩之势，甚至某些品牌已在技术上处于国际领先的地位。手机销售额 TOP20 品牌中，有 17 个品牌是国产品牌，同时这 17 个国产品牌在手机整体销售额的占比达 55%。华为和荣耀、小米、魅族、OPPO、vivo 成为手机国产前 5 名的品牌。

国产品牌冰箱销售增长强劲。冰箱销售额 TOP20 品牌中，有 15 个品牌是国产品牌，同时国产品牌在冰箱整体销售额的占比高达 75%；国产品牌电视销售增长强劲，平板电视销售额 TOP20 品牌中，有 13 个品牌是国产品牌，同时这 13 个国产品牌在平板电视销售额的占比达 74%。

在近年来兴起的智能穿戴热潮中，国产品牌成功占据了智能手环市场，销量排名前五的品牌均为国产品牌。其中，自身拥有包括手机、手环在内的完整产品体系的小米和华为，和专注于医疗领域的乐心手环，成为智能手环市场的赢家，在销量排位中包揽前三。

5. 移动端购物成主流，一线占比相对最低

总体来看，移动端订单量占所有电商消费的近八成，在购买方式上处于主导地位。从一线到六线城市，消费者大多使用移动端购买商品。其中，六线城市移动端购买比例最高，超过八成，其次是五线城市。

随着智能手机等移动端设备普及，让中西部地区更大范围的消费者触网购物。贵州的移动端消费占比接近九成，领跑全国。前七名的贵州、宁夏、青海、西藏、甘肃、新疆、陕西均为西部城市，移动端占比均在 85% 以上。

同样，在支付形式上，基于移动端的线上支付开始成为主流。移动支付的发展，使得线上付款方便快捷，微信成为最受消费者青睐的支付方式之一。京东白条支付在订单量中的使用占比较高，消费者对消费金融产品已经形成消费习惯，用户培养和拓展空间较大。

报告认为，中国将长期保持全球电商龙头地位。随着 80 后和 90 后一代消费的崛起，以及中产人群比重的增长，国人的消费能力和需求还会继续增长，未来仍是全球电商消费最大的市场。

报告预计，随着电商消费继续下沉，未来在一、二线城市电商消费依然强劲的同时，三线以下的中小城市和乡镇消费潜力将迎来爆发，中小城市成为布局重点。电商用户消费总体趋向健康理性，品质越来越受关注。因此，品牌化和高品质应是商家关注的重点，满足中产人群的消费需求。随着中国城市化进程加快，大量人口仍集中在大城市，同时移动互联网、社交媒体等急速发展，人口的老龄化、单身化等都在重构消费场景，把握消费大数据以及社会变迁逻辑，为特定人群提供新型消费，有很大的市场。

(资料来源：新华网，http://www.xinhuanet.com/tech/2017-01/12/c_1120298952.)

思考讨论题：

1. 阅读报告材料，尝试总结出当前我国电商消费的区域和人群特征。
2. 网络电商为什么能够在较短时间内冲垮实体销售店？
3. 尝试总结未来电商服务消费的总体趋势。

分析要点：

1. 掌握市场动态和顾客消费行为特征最有效、最便捷的手段是利用现代云计算和大数据技术。

2. 万变不离其宗，谁的产品和服务更好，谁给顾客提供了更大价值，谁就会成为行业王者。

思 考 题

一、基本概念题

搜寻特征 经验属性 信任属性 高接触度服务 低接触度服务 服务戏剧理论 服务系统理论

二、思考训练题

1. 根据消费者参与购买程度、投入情况和购买频率，可以将顾客的服务消费行为划分为哪几类？

2. 从广义过程角度看，顾客服务消费决策过程包括哪些基本环节？

3. 简要回答顾客的服务感知风险主要有哪些？基本内容是什么？对于这些风险，顾客是如何降低服务感知风险的？

4. 影响顾客对于一项服务性价比评价的因素主要来源于哪里？

5. 试着说明高接触度服务与低接触度服务对于服务管理可能产生哪些影响。

6. 选择一项你非常熟悉的服务，找出服务要素，并寻找戏剧中与其对应的戏剧要素，列表显示你的结果。

第3章　顾客感知价值

- 重点掌握顾客满意、顾客忠诚和顾客感知价值的基本概念；
- 了解顾客的常见主要分类；
- 理解顾客满意、顾客忠诚与顾客感知价值创造之间内在的逻辑关系；
- 掌握顾客满意、顾客忠诚与企业绩效的相关性及其基本结论。

【核心概念】

顾客满意　顾客满意度　顾客忠诚　顾客忠诚度　顾客感知价值

【引导情景案例】

助理的困惑：坐高铁还是乘飞机

吴铭是国内某知名咨询公司的资深咨询师，主要从事企业战略和文化建设领域的咨询业务。小云是刚刚从某知名高校毕业加入公司的新员工，被分配担任吴铭的助理，现在还在实习期。

助理小云的主要工作内容就是负责吴铭和其他团队成员的保障性服务工作，例如预订机票和车票、安排食宿、规划日程以及与客户沟通对接等。

工作了一个月，小云有了一些新认识。她发现上司吴铭十分喜欢乘坐高铁出行，她原本以为像吴铭这样不差钱的资深咨询师一般会乘坐飞机出差。可是，没过多久，一次从北京到广州的出差，小云也还是给吴铭预订了高铁车票。没想到，吴铭大发雷霆，说小云没长脑子。小云委屈极了，不知道自己错在哪里。最后，吴铭要求小云退掉高铁票，预订最近时间的机票。

在飞往广州的飞机上，吴铭觉得自己的行为有些过火，就主动向助理小云做了解释，并检讨自己事前没有对小云进行这方面的岗前内容培训。他说，自己平时如果业务不紧急，路途时间在6小时以内，他倾向于乘坐高铁。因为高铁会更便利：出发地的火车站在市区，目的地的火车站一般情况也位于市区或市区附近。而乘坐飞机出差，则往往是出发地的机场就位于远郊区，目的地的机场位置也是这样。虽然飞机飞行的时间短，但是加上出发时前往机场和从机场到客户办公地点的时间，往往比乘坐火车的时间还长。不止于此，乘飞机的话，来去机场需要换乘交通工具且距离较远，会搞得人比较疲惫。还有一点，不仅火车票价要低于飞机票价，而且前往和离开机场需要打车，费用不菲。

最后，吴铭告诉小云，如果遇到紧急业务是不能计较这点成本费用的，应该以最快速度到达客户处开展工作。而有些项目不是很紧急，而且需要临时准备一些背景资料，可以选择乘坐高铁作为交通工具，乘坐高铁的另一个好处就是在途中可以使用笔记本电脑、手机上网查询、准备相关资料等，而航班上是不允许的。总之，选择哪种交通工具出行应视业务情况而定，而不是考虑个人偏好或成本费用因素。

小云至此才恍然大悟，原来上司不是偏爱高铁出行，也不是因为抠门才舍飞机而选高铁的。助理小云心里的疙瘩解开了，心情也变得像云层之上的天空一样晴朗无比。

思考：作为一名高铁或航空公司乘客，个人的成本除了支付车票或机票价格外，还有哪些构成内容呢？

卓越服务之始，在于充分认识和理解顾客，这也是服务企业和服务人员的必修课之一。下面简要介绍常见的顾客类型划分与顾客感知价值创造模型的内容。

3.1　服　务　顾　客

3.1.1　服务顾客常见分类

1. 按气质类型划分不同类型顾客

根据传统的体液质理论，人主要有四种体液：血液、黏液、黄胆汁和黑胆汁，从而确定了人们的四种体质类型：胆汁质、多血质、黏液质和抑郁质。

不同体质类型的人往往具有不同性格特征，表现出不同的思维方式与行为方式。对待不同类型的顾客，服务人员应该采取不同服务原则和服务策略。具体内容参见表 3-1。

表 3-1　四种气质类型顾客主要行为特征和基本服务原则

顾客类型	顾客特点	服务原则
胆汁质	该类型顾客脾气火爆，喜欢直来直往。在服务过程中容易着急、不耐烦；对人热情有余，容易激动，喜欢大声说话，毛手毛脚，常常丢失东西；遇事往往不能克制自己，易发怒发火，一旦被激怒不容易平息；精力充沛，情绪发生快而强，言语动作急速而难以控制	以柔克刚，提高服务效率，避免与顾客发生争执；如果出现矛盾或争执，应该注意避其锋芒，安抚顾客情绪，切忌激化矛盾
多血质	该类型顾客活泼大方，富于同情心，善于交际，容易结交新朋友；对各种新闻感兴趣，好打听消息，难耐孤独与寂寞；生性好动，富于生机，情绪发生快而多变，表情丰富多样，言行举止敏捷，乐观、亲切、浮躁、轻率等	以诚恳态度热情相待，服务主动性要强，速度快、有变化。切忌平静、冷淡，多沟通以满足其好交际、爱说话的需求

续表

顾客类型	顾客特点	服务原则
黏液质	该类型顾客情绪平稳,情感少外露,不善表达需求;温和稳重,沉着冷静,做事慢而谨慎,无创新;情绪发生慢而弱,思维、言语、动作迟缓,坚忍、执拗、淡漠	服务基本原则以静为宜。安静服务,不过多打扰;服务说明应直截了当、简单明白,不要过多催促
抑郁质	该类型顾客喜欢独处,不苟言笑,不凑热闹,不爱言说,语速慢;自尊心强,会因小事而生气;情绪发生慢而强,易感慨而富于自我体验,言语、动作细小无力,胆小、扭捏、孤僻	尊重与低调照顾。服务态度温和诚恳,不命令指示、不开玩笑、不说无关事项;说话要慢,把服务介绍清楚、完整,尽量不打扰他们

在实际生活中,多数人都属于混合型气质,且以两种类型混合者居多。因此,服务企业和服务人员应该根据顾客实际情况而灵活掌握,确定服务原则和服务方案。

2. 根据心理性格划分顾客类型

1) 按心理过程类型划分顾客

根据顾客心理过程来分类,顾客可以分为理智型、情绪型和意志型三种。

(1) 理智型顾客。该类型顾客以理智来衡量一切,并且能够理性地采取行动。

(2) 情绪型顾客。该类型顾客情绪体验深刻,其行为主要受情绪影响,决定易反复。

(3) 意志型顾客。该类型顾客意志坚定,有明确的目标,行为主动不易改变。

2) 按性格类型划分顾客

根据顾客性格类型来分类,顾客可以分为内向型、外向型两种。

(1) 内向型顾客。该类型顾客重视自我主观世界,常处于自我欣赏和幻想中,仅对自己有兴趣,对别人则较冷淡或看不起。

(2) 外向型顾客。该类型顾客重视客观世界,对客观事物和他人均感兴趣。

3. 不同消费行为模式顾客划分

根据顾客的行为模式可以将顾客划分为四种类型:要求型、影响型、稳定型和恭顺型。

(1) 要求型顾客。该类型顾客好表现,对自己身份很敏感,消费时一般挑选最好的高端产品;喜欢与了解他们、坚强自信的人打交道。

(2) 影响型顾客。该类型顾客一般热情洋溢,健谈,富有魅力。他们非常乐观,有说服力,有鼓动性,对人非常信任,面带微笑。

(3) 稳定型顾客。该类型顾客有耐心,比较随和,有逻辑性和条理性,不愿变化,比较忠诚,乐于帮助别人。

(4) 恭顺型顾客。该类型顾客往往是完美主义者,他们希望一切遵守秩序,有条理,准确无误；天性认真，做事讲求策略。

对于服务人员而言，其对应的主要服务原则是：首先正确区分不同顾客的消费行为习惯模式，然后通过服务语言和细节差别来提升服务针对性。简单地说，主要是顺应顾客的消费心理和习惯，顺利完成服务。

4. 顾客中的"普通客户"和"大客户"

企业的顾客可能是人，也可能不是人。这里所说的人是指自然人。也就是说，企业的客户可能是自然人，也可能是工商企业、机关团体、事业单位等组织机构。不同性质的客户对企业而言，价值与意义差异巨大。因此，恰当区分不同性质的顾客，有利于提升企业服务针对性，更好地满足顾客需要，从而提高顾客满意度。

从客户为企业创造价值大小的角度，我们可以简单地将客户分为"普通客户"和"大客户"。普通客户无须解释，下面重点介绍和认识一下"大客户"。

所谓"大客户"，是指企业所辖地域内使用服务产品量大或其单位性质特殊的客户，是根据其消费水平、社会地位及发展潜力等指标对市场进行细分的结果。有些企业把大客户又分为 VIP 客户、机构大客户、集团大客户和战略潜力客户等。不同企业划分不尽相同。

数据显示，某国内电信运营商话费业务的大客户仅占该通信企业客户十万分之一，而其消费值却占该通信企业话费业务量的百分之十。由此可见，大客户对于企业的价值非同一般(参见表 3-2)。

表 3-2　国内电信运营商的大客户类型划分举例

客户类型	客户界定及其特点
VIP 大客户	VIP 大客户是指产品使用量大、使用频率高的自然人客户。 该类客户主要是自然人客户，他们可能是企业重要部门人员、营销人员、公司高管、公务员或消费意见领袖等
机构大客户	机构大客户是指党政军、公检法、文教卫生、新闻媒体等国家重要部门客户。 机构大客户一般承担重要的政府和社会管理职能，需求大且稳定，对于企业形成良好社会形象和口碑具有较大影响力
集团大客户	集团大客户是指与本企业在产业链或价值链中具有密切联系，使用本企业电信业务量大、消费额高的工商企业等。 这类客户主要分布在金融、保险、证券等以及资源垄断型行业，多为大中型企业集团
战略潜力客户	战略潜力客户则是指经过市场调查、预测、分析，具有发展潜力，可能会成为竞争对手重点突破对象的客户。 这类客户目前可能消费不足，但其消费潜力巨大，未来有发展成为 VIP 大客户群或集团大客户的可能

3.1.2 顾客的两面性

1. 顾客的美好性

绝大多数企业信奉"顾客就是上帝"。的确，是顾客给予了企业全部的利润，是顾客间接地给予企业每个员工工作的机会。因此，大多数服务企业都无比地重视顾客及其需求。从这个角度来看，企业和服务人员无论怎样重视顾客都不为过。

可以肯定顾客给予了企业现在所拥有的一切。同时，我们也应该全面地认识顾客，顾客也有丑陋的另一面，即顾客具有两面性，如图 3-1 所示。

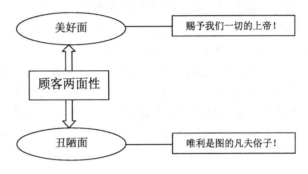

图 3-1 顾客两面性示意图

2. 顾客的丑陋性

几乎所有人忽略了顾客的另一面。顾客是谁？顾客就是你我，就是所有可能消费的普通人，有血有肉、趋利从俗的凡夫俗子们。我们企业的顾客并不是那存在电脑中的一堆冷冰冰的客户数据，而是有血有肉，会有偏见、学识不足、教养不够、贪图蝇头小利，也会犯错误的一群普通人。

现实服务过程中，服务人员会经常遇到一些或蛮横不讲道理，或庸俗缺乏教养，或因缺乏常识而偏激，或鸡蛋里挑骨头，或故意想占点便宜的顾客。

在服务市场上，他们缺乏对市场弱者的同情怜悯之心，"唯利是图"，很可能会因为竞争对手的服务比这一家企业便宜几分钱或因为企业服务人员的一次偶然失误而无情地抛弃他们。这就是现实的顾客的另一面。

服务人员既然认识到顾客是凡夫俗子，有喜怒哀乐，也经常会做出一些无理偏激的举动，也就不难理解顾客的不当言行了。认识顾客"丑陋性"的目的正在于强化企业服务人员的服务意识和服务理念，即提前做好服务的心理准备，宁可自己受些委屈，也努力让顾客满意。

3.2　顾客满意与顾客忠诚

3.2.1　顾客满意是服务的基本目标

对于服务企业而言，服务质量是企业生存与发展的根本。那么，什么样的服务是高质量？服务质量的高低又由谁说了算呢？

实际上，服务质量的高低，不应该由服务企业自己去评判。因为服务质量的评价权掌握在顾客手中，顾客满意不满意、满意程度如何才是评判企业服务质量最直接、最有效的评价标准。

美国密歇根大学的研究人员发现，顾客满意度每增加 1%，企业的投资回报率(ROI)就会增长 2.37%。针对美国顾客满意度指数(ACSI)的得分分析发现，在公开上市的公司中，平均 5%的满意度变化与公司普通股的价值 19%的变化相关。

因此，许多企业十分关注顾客满意度，采用各种方法在顾客接受服务过程中或服务结束后对顾客满意度进行监控、测量和分析，以便提高自己的服务水平。

毋庸置疑的是，顾客满意是企业服务追求的一个基本目标。

1. 顾客满意与顾客满意度

1)　顾客满意

营销学者菲利普·科特勒认为，顾客满意(customer-satisfaction)是指顾客通过对一个产品或一项服务消费后感知到的效果与他(她)的期望值相比较后，所形成的愉悦或失望的感觉状态。

2)　顾客满意度

顾客满意度是用来衡量顾客满意水平的尺度，它是服务可感知效果与期望值之间的差异函数。如果顾客感知效果低于期望值，顾客就会产生不满；如果可感知效果与期望值相匹配，顾客就基本满意；如果可感知效果超过期望，顾客就会高度满意或惊喜。

2. 顾客满意的价值及顾客不满的后果

1)　顾客满意的价值和意义

美国学者在长期调查基础上归纳出这样一个公式：1∶25∶8∶1。其具体含义为一个满意的顾客可以直接或间接影响 25 个消费者，并可以诱发其中 8 个人产生购买欲望，而在这 8 个人当中至少有 1 人会采取购买行动。

让顾客满意几乎是所有服务企业的服务目标，因为顾客满意会给企业带来多方面的巨大价值：

(1) 顾客满意是对企业员工服务努力的认可，可提高其工作成就感，激发员工工作积极性。

(2) 高满意度可促使顾客反复消费，形成顾客忠诚，为企业不断带来稳定的收入和利润，是企业生存发展下去的保障。

(3) 顾客成为企业无偿的口碑传播者，不断提升企业整体形象。

2) 顾客产生不满的可怕后果

如果服务企业为顾客提供的 100 次服务中，哪怕只有一次服务顾客不满意，那么企业在顾客心目中的形象、声誉就会被全面颠覆。因为顾客一般不会认为这是一次偶然的极其特殊的服务经历，而是认为这次糟糕的服务就代表了该公司的整体服务水平。

美国学者调查显示，如果有一位顾客向企业投诉，表达不满，实际上却意味着可能有 24 位顾客会有同样的感受但并未向企业表达，因为他们会认为向企业抱怨也无济于事，没有人会在意他们的感受。但这些人会向自己周围的人倾诉自己的不满，不满情绪逐层传播，最终将意味着会有 250～500 人听到关于该企业的不良口碑。

由此可见，顾客满意与不满意对企业的正负影响是严重不对称的，正负效应的影响是显著的。

3. 顾客服务满意度的影响因素

顾客满意的来源和形成机制十分复杂。但从较为宏观的角度分析可以看出，顾客对服务满意与否主要取决于顾客服务预期水平与实际服务体验水平的对比。从顾客价值的角度看，顾客满意与否主要取决于顾客感知到服务价值的大小。企业顾客满意的形式和来源示意图，如图 3-2 所示。

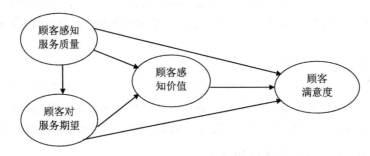

图 3-2　企业顾客满意的形成和来源示意图

由图 3-2 可见，以下关键性因素影响并决定了顾客的满意度。

(1) 顾客感知服务质量：顾客消费服务过程中对服务过程和服务结果的体验与评价。

(2) 顾客服务预期：服务开始前，顾客对服务各个方面的期望值总和。

(3) 顾客感知价值：顾客对所消费服务为其带来的各种利益与付出成本的对比差值。

3.2.2 顾客忠诚是服务追求的根本目标

1. 顾客忠诚及其类型

顾客忠诚是指因为顾客对企业品牌或其某项产品和服务具有情感偏好而发生持续反复消费的意愿或行为。顾客忠诚大致可以分为情感忠诚和行为忠诚。

(1) 情感忠诚。情感忠诚是指顾客对企业产品或服务形成一种消费偏好，从而产生对同类其他产品或服务的主观排斥。而仅有情感忠诚却未能采取行动的顾客对企业而言也不能创造现实价值。

(2) 行为忠诚。行为忠诚是指所有可能原因所引发的重复购买行为。行为忠诚可能是由于企业的垄断、服务的便利、价格记忆和顾客情性等所引发的顾客重复购买行为。仅有行为忠诚而缺少情感忠诚的顾客是不可靠的，很容易"叛变"投向"敌人"的怀抱。也就是说，行为忠诚仅是顾客在一定条件下的行为表现，不一定是真正的忠诚。

因此，真正的顾客忠诚应该是情感忠诚与行为忠诚的统一。

2. 顾客的忠诚程度区分

根据顾客的态度倾向和重复购买行为两个考察维度，可以将顾客大致划分为以下四种类型。

(1) 非忠诚顾客。该类顾客对企业产品或服务缺乏忠诚度，表现为低情感依恋且低频次随机购买。

(2) 虚假忠诚顾客。对企业产品或服务高频率重复购买，但却缺乏情感依恋。因此，顾客的忠诚是虚假的，可能是一些客观原因使顾客暂时性采取了重复购买行为。而一旦有购买替代品的条件，这类顾客就会流失。

(3) 潜在忠诚顾客。高情感依恋伴随低频次重复购买的顾客。主要是由于环境因素、行为习惯、转换成本等非情感客观因素的关系，导致顾客不能光临本企业，而一旦这些限制条件消失，潜在忠诚顾客就会付诸行动，重复购买行为。

(4) 理想忠诚顾客。情感忠诚与行为忠诚的完美统一。这类顾客的忠诚度最为稳定，对企业而言，这类顾客为企业创造的价值最大。

3. 顾客忠诚与顾客满意的关系

顾客忠诚与顾客满意的关系不像我们想得那么简单，而是一种比较复杂的关系。简单地说，两者有如下关系。

(1) 顾客忠诚度与顾客满意度联系紧密。一般而言，顾客满意是形成顾客忠诚的基础。顾客满意度提高，忠诚度也相应提高。但是相关研究显示：只有高等级的满意才能产生顾客忠诚(见表 3-3)。

表 3-3　某行业满意度与忠诚度研究(使用 5 分制满意度的测量度)

顾客满意度	1	2	3	4	5
顾客忠诚率			23%	31%	75%

备注：对应顾客满意度的顾客忠诚率是指选择该满意度的所有顾客中是忠诚顾客的比例。

(2) 顾客满意不一定忠诚，顾客不满意不一定不忠诚。美国学者研究发现，90%的"跳槽顾客"对他们以前获得的服务表示满意。另据《哈佛商业评论》报告显示，有 65%～85% 表示满意的顾客会毫不犹豫地购买替代品或竞争对手的产品。由此可见，满意甚至完全满意的顾客也不一定忠诚。

同时还有研究表明：不满意顾客也不一定不忠诚。如在银行业，忠诚顾客对企业服务感到不满意，但仍有 75%的顾客会保持其忠诚。

4. 顾客满意、忠诚与服务质量之间的关系

学者哈特与约翰逊经多年研究，得出以下关于顾客满意、顾客忠诚与服务质量之间基本关系的结论(如图 3-3 所示)。

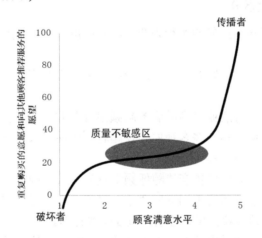

图 3-3　顾客满意度与重复购买意愿、口碑传播的关系示意图

[资料来源：(芬兰)克里斯廷·格罗鲁斯.服务营销与管理——服务竞争中的顾客管理[M].

北京：电子工业出版社，2008：106.]

(1) 仅仅让顾客满意是远远不够的，只有让顾客感到深刻愉悦感受，才能强化顾客忠诚度，才能重复购买。

(2) 高度忠诚顾客，在服务过程中，企业的服务应让顾客感觉"服务质量零缺陷"，因此对企业服务形成高度信任，即优质服务的标准应该是"信任零缺陷"。

(3) 只有极其满意的顾客才会成为企业好口碑的传播者；相反，对服务质量非常不满

的顾客会成为企业坏口碑的传播者。

5. 忠诚顾客的价值

我们先来看一个事例：假定甲、乙两人居住同一个区域内，该区域内有 A、B、C、D 四家超市。甲对 C 超市忠诚，乙对四家超市均未形成忠诚，随机采买。甲乙两人每周平均到超市消费 200 元，每月采购四次，顾客忠诚期限约为 10 年。

那么，甲乙两人分别给超市贡献的货币价值是多少呢？结果如下：

甲为超市 C 的贡献收入为：

$$200×4×12×10=96000(元)$$

乙为四家超市贡献平均收入为：

$$6000÷4≈24000(元)$$

从甲乙两人的事例就可以清楚地得出忠诚顾客为企业创造了巨大价值的基本结论：

(1) 忠诚顾客是企业长期利润最重要的源泉。在服务行业中，顾客忠诚度提高 5%，利润上升的幅度将达到 25%～85%。

(2) 老顾客相比新顾客而言，企业交易时间与交易成本较低。也就是说，维护一个老客户比开发一个新客户要合算得多。研究数据表明：开发一个新客户的成本至少是保留一个老客户成本的 5 倍。

(3) 忠诚顾客会积极传播对企业有利的信息，成为企业无薪的营销宣传人员。

(4) 忠诚顾客对企业产品或服务的价格敏感度低，对产品质量承受能力强。忠诚顾客能够宽容企业偶然的、短暂的失误。

3.2.3 提高顾客满意度和忠诚度的战略举措

服务企业应该从战略和战术两个层次制定系统科学的制度和措施，以提高顾客满意度，从而提升顾客忠诚度，最终建立企业的服务竞争优势。

对于一般服务企业而言，战略性措施主要包括以下方面。

(1) 建立合理而完整的服务规则与服务制度。具体包括以下内容：服务流程，服务程序，顾客投诉与建议制度，服务补救机制，各种行政规章制度。

(2) 建立顾客数据库，对重点客户进行重点关照。并建立与顾客沟通渠道，认真关注顾客的需求变化，定期或随机访问客户。

(3) 设计出人意料的服务细节，强化顾客的服务体验，提高顾客满意度，从而强化顾客忠诚度。

(4) 对服务人员定期或不定期进行专业知识和服务技能的培训，以使服务人员能够迅速及时地提供服务或解决顾客的问题。

(5) 服务企业应该持续地向服务人员灌输企业的服务理念与经营宗旨。服务人员则应该自觉无条件地树立"顾客至上"的服务理念。

(6) 倡导视顾客为亲人朋友的理念，实行零距离服务，建立服务人员与顾客朋友式的情感关系。

(7) 企业促销等活动要做到超越顾客服务预期，让顾客感到惊喜和感动，促进形成顾客忠诚。

3.3 顾客感知价值创造

在同一市场中提供相同服务的企业，之所以会出现经营业绩差距悬殊的情形，究其根本原因，在于企业为顾客提供了不同的顾客价值。虽然个别顾客的消费选择可能是非理性的，但就顾客整体而言，其消费行为具有追求利益最大化的群体理性。

3.3.1 顾客感知价值基本来源

一般认为，顾客感知价值是顾客感知利益与顾客感知成本两者之比。在顾客消费心理中，价值是一种主观感受，也就是说，顾客感受到的价值本身就包含利益与成本两个方面的对比。

根据营销学家菲利普·科特勒的顾客让渡价值理论，顾客让渡价值大小取决于顾客总价值与顾客总成本之差。顾客总价值包括产品价值、服务价值、人员价值和形象价值。顾客总成本则包括货币成本、时间成本、精力成本和体力成本等。但科特勒的顾客让渡价值分析显然是针对传统的有形产品而言的，并不适合服务。

3.3.2 服务企业顾客感知价值模型

我们根据菲利普·科特勒顾客让渡价值理论基本框架，结合服务企业实际情况，得出一个服务企业顾客感知价值示意图(参见图 3-4)。在此，赋予"顾客感知价值"的明确含义为顾客感知利益与顾客感知成本两者之间的对比，即顾客能够感知到的服务总价值。

1. 顾客感知到的主要利益

1) 功能利益

无论是产品还是服务，其为顾客创造最基本的价值就是功能利益。功能利益也正是顾客付钱消费的根本理由。服务的功能利益基本与服务组合层次中的核心服务相对应。也就是说，服务的功能利益一般由核心服务内容而产生，该利益也是企业创造的主要顾客价值。

例如，中国电信、中国移动、中国联通等基础电信运营公司为客户提供的主要功能利益就是帮助客户能够实现异地不间断的交互通信联系与信息传递服务。

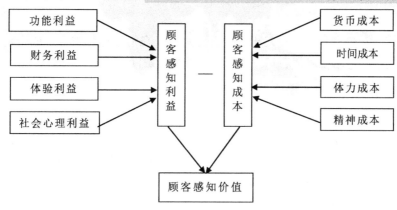

图 3-4 服务企业顾客感知价值示意图

2) 财务利益

相对于服务过程与服务结果质量，对于所支付的货币多少，顾客会产生有"服务超所值""服务有所值""服务有所不值"的基本评价。当顾客认为"超所值"和"有所值"时，就会获得一种财务利益——即此次服务消费为自己省了钱。

许多企业服务费用实行包年或包月的套餐优惠制度，实际上就是在同水平服务质量条件下以提供更大的财务利益来吸引顾客。

3) 体验利益

体验利益是顾客在消费服务(包括核心服务、支持服务和附加服务)过程中所体验到的感受与情感变化。在服务过程中，顾客视觉、味觉、听觉、嗅觉等感觉器官得到愉悦刺激从而获得体验利益。在中国社会文化环境中，顾客认可的体验利益多以新颖、独特、变化、刺激、有吸引力为基本特征。体验利益会形成和强化顾客的消费偏好，进而形成高度顾客满意甚至忠诚。

当下，很多服务企业采用一些高新技术手段来强化顾客全方位感官体验。例如一些旅游企业使用虚拟现实设备让顾客体验模拟旅游情景。

4) 社会心理利益

除核心服务功能利益外，获得一定的社会心理利益，也是顾客消费的重要驱动力之一。顾客接受一项服务时，所获得精神层面的满足感主要包括个人良好体验和心理社会利益。

顾客服务消费的满足感还受到另外一种心理因素影响，即该项消费是否强化了顾客一种自身理想的社会形象。这种理想社会形象为顾客带来的心理满足感，其影响因素主要包括自身因素与外界因素，但主要来自于外部环境因素，如大众的认可与追捧等。

例如，某顾客消费一项价格昂贵、贵宾式个性化服务，顾客除自我享受外，还会看重他人的看法，该项服务有助于形成自己尊贵、高雅的形象，意味着一定的社会地位和财富实力等。而当这种消费处于一种完全封闭、无须他人介入的环境中时，这位顾客的选择可能会发生变化，倾向于更实惠的服务项目。实际上，这种情况的变化主要原因是缺失了社会心理利益。

一般而言，一位贵宾客户相对于一位普通客户，在消费过程中会形成一定的消费心理优势。这种利益满足感足以使客户掏出更多的钱来消费同项服务。

2. 顾客感知到的主要成本

1) 货币成本

服务的货币成本是指顾客为享受企业所提供服务直接或间接支付的货币数量。该项成本主要部分为该项服务的市场价格，此外，还应包括获得或使用该服务的其他货币支出。

如果要消费某项服务业务，需要前往服务企业设定的营业网点，就应包含其往返交通费用、停车费用等，这也是顾客需要支付并考虑在预算之中的货币成本。例如，一位商务人士需要从北京到湖南长沙市出差，购买了南方航空公司的机票。那么，这位顾客此次航程的货币成本不仅仅是这张机票的价格，还应包括出发去机场和目的地机场到入住酒店的出租车费用等。

此外，购置服务消费配套的设备或物品的费用等也会对顾客感知该项服务货币成本大小产生影响。

2) 时间成本

关于顾客付出的时间成本，主要包括三个部分：一是服务前准备时间；二是接受服务前的等待时间——许多服务企业服务营业高峰期往往需要排队等候；三是服务过程时间(包括财务结算与服务补救时间)。

假如一名顾客要从住处到汽车 ETC 营业厅办理业务，他选择自行驾车前往，从住处到达营业厅花费的时间为服务前准备时间；营业厅内等候办理业务为服务等待时间；在柜台窗口办理申请、付款业务以及 ETC 电子标签现场安装花费的时间为服务过程时间。无论以上哪类时间花费，顾客花费时间越长，其时间成本就越大，超过一定限度，顾客就会产生不满情绪。

3) 体力成本

服务作为一系列活动与过程，必须有顾客参与才能实现。因此，顾客需要付出一定的体力，这也是顾客需要付出的非货币成本之一。

4) 精神成本

顾客的精神成本除精力成本外，还包括顾客对服务风险的感知与评估，主要包括服务质量及后续服务如何，替代服务信息掌握是否充分，能否带来预期的社会心理利益、功能利益、财务利益、体验利益，服务耗费的时间、精力、体力等是否能够保证限制在可接受程度之内，担心服务场所是否有充足的停车位，等等。

简单地说，顾客能够感知到并会形成心理负担的因素都应该包括在精神成本的范畴之内。

例如，顾客变换不同通信服务商手机号码的成本，就包含了货币成本、时间成本、体力成本和精神成本等各种成本因素。

在此，我们所讨论的顾客利益与顾客成本，更准确地说，应该是顾客感知利益与顾客感知成本。顾客感知价值大小主要取决于顾客主观上感知利益与感知成本大小的模糊性对比。

在顾客实际购买决策时，顾客对服务企业提供顾客感知价值的大小评判较为复杂，还要受到另外两个方面因素的影响：

(1) 顾客对本企业创造顾客感知价值的预期状况。

(2) 顾客对竞争对手顾客感知价值的预期与感知状况。

总之，顾客感知价值才是顾客满意度和顾客忠诚度高低的内在根本原因。一个不能为顾客创造比竞争对手更高顾客感知价值的企业是无法获得顾客高满意度和忠诚度的，更无从谈起什么企业核心竞争力了。

本 章 小 结

(1) 常见的顾客类型划分。

- 按气质类型划分不同类型顾客。根据人的四种体液确定了人们的四种体质类型：胆汁质、多血质、黏液质和抑郁质。
- 按心理过程类型划分顾客；分为理智型、情绪型和意志型三种。
- 按性格类型划分顾客，可以分为内向型、外向型两种。
- 根据顾客的行为模式，可以将顾客划分为四种类型：要求型、影响型、稳定型和恭顺型。
- 从客户为企业创造价值大小的角度，我们可以简单地将客户分为"普通客户"和"大客户"。

(2) 顾客具有两面性：①顾客的美好性。顾客给予了企业全部的利润，是顾客间接地给予企业每个员工工作的机会。②顾客的丑陋性。企业的顾客并不是那存在电脑中的一堆冷冰冰的客户数据，而是有血有肉，会有偏见、学识不足、教养不够，贪图蝇头小利，也会犯错误的一群普通人。

(3) 顾客满意是企业服务追求的一个基本目标。

顾客满意会给企业带来多方面的巨大价值：①顾客满意是对企业员工服务努力的认可，可提高其工作成就感，激发员工工作积极性。②高满意度可促使顾客反复消费，形成顾客忠诚。为企业不断带来稳定的收入和利润，是企业生存发展下去的保障。③顾客成为企业无偿的口碑传播者，不断提升企业整体形象。

影响并决定顾客满意度的关键性因素：①顾客感知服务质量。顾客消费服务过程中对服务过程和服务结果的体验与评价。②顾客服务预期。服务开始前，顾客对服务各个方面的期望值总和。③顾客感知价值。顾客对所消费服务为其带来的各种利益与付出成本的对比差值。

(4) 顾客忠诚是指因为顾客对企业品牌或其某项产品和服务具有情感偏好而发生持续反复消费的意愿或行为。

顾客忠诚大致可以分为行为忠诚和情感忠诚。行为忠诚是指所有可能原因所引发的重复购买行为。行为忠诚可能是由于企业的垄断、服务的便利、价格记忆和顾客情性等所引发的顾客重复购买行为。

我们根据顾客的态度倾向和重复购买行为两个考察方面，将顾客大致划分为以下四种类型：非忠诚顾客；虚假忠诚顾客；潜在忠诚顾客；理想忠诚顾客。

(5) 关于顾客满意、顾客忠诚与服务质量之间关系的基本结论：①仅仅让顾客满意是远远不够的，只有让顾客感到深刻愉悦感受，才能强化顾客忠诚度，才能重复购买。②对高度忠诚顾客，在服务过程中，企业的服务应让顾客感觉"服务质量零缺陷"，因此对企业服务形成高度信任，即优质服务的标准应该是"信任零缺陷"。③只有极其满意的顾客才会成为企业好口碑的传播者；相反，对服务质量非常不满的顾客会成为企业坏口碑的传播者。

(6) 在顾客感知价值模型中，服务企业顾客感知到主要利益有：

- 功能利益。功能利益也正是顾客付钱消费的根本理由。服务的功能利益基本与服务组合层次中的核心服务相对应。也就是说，服务的功能利益一般由核心服务内容而产生，该利益也是企业创造的主要顾客价值。

- 财务利益。相对于服务过程与服务结果质量，顾客对于所支付的货币多少，顾客会产生有"服务超所值""服务有所值""服务有所不值"的基本评价。当顾客认为"超所值"和"有所值"时，就会获得一种财务利益——即此次消费为自己省了钱。

- 体验利益。体验利益是顾客在消费服务(包括核心服务、支持服务和附加服务)过程中所体验到的感受与情感变化。在服务过程中，顾客视觉、味觉、听觉、嗅觉、感觉等感觉器官得到愉悦刺激从而获得体验利益。

- 心理社会利益。顾客接受一项服务时，所获得精神层面的满足感主要包括个人良好体验和心理社会利益。

服务企业顾客感知到主要成本有：

- 货币成本。顾客为享受企业所提供服务直接或间接支付的货币数量。该项成本主要部分为该项服务的市场价格，此外，还应包括获得或使用该服务的其他货币支出。如果要消费某项服务业务，需要前往服务企业设定的营业网点，就应包含其往返交通费用、停车费用等，这也是顾客需要支付并考虑在预算之中的货币成本。

- 时间成本。关于顾客付出的时间成本，主要包括三个部分：一是服务前准备时间；二是接受服务前的等待时间——许多服务企业服务营业高峰期往往需要排队等候；三是服务过程时间(包括财务结算与服务补救时间)。

- 体力成本。服务作为一系列活动与过程，必须有顾客参与才能实现，顾客需要付出一定的体力，这也是顾客需要付出的非货币成本之一。
- 精神成本。顾客能够感知到并会形成顾客心理负担的因素都应该包括在精神成本的范畴之内。

案例实训课堂

顾客高度满意的海底捞服务

有一家餐饮企业常常因为"变态的"服务在朋友圈刷屏：为你美甲，给你庆生，给你擦鞋，帮你带小孩，还会担心你一个人吃火锅太孤单而放一个玩具熊在你的对座上，等等。这家企业 2017 年营业收入总额 106.37 亿元，利润 11.94 亿元，三年的复合增长率高达 70.5%，年客流量达到 1 亿人次，员工平均薪酬约 6 万元，平均每位顾客在店消费 94.6 元，88.2%都是回头客，约 6 成顾客每月去一次。这家企业就是刚刚在香港上市的餐饮龙头——海底捞，上市市值达到 1000 亿元。

顾客的车刚刚开进停车场就会有两名服务生迎向前，一名为顾客打开车门并引领客人走向客用电梯，另一人是专门的泊车服务生，主动代客泊车。在海底捞的等候区，顾客可以喝着饮料，吃着小零食，玩扑克、下象棋，免费上网，夏季儿童还有冰激凌吃。身边还有专门为等候区顾客服务的服务生，他们几乎是有求必应，很难听到拒绝的声音。

就餐时，服务人员会为顾客提供一次性围裙，让顾客免除汤汁溅到身上的后顾之忧。顾客所使用的筷子是火锅专用的加长筷子，不必担心从火锅里捞吃的会烫手。餐厅还会给顾客提供手机袋和女士束发用的皮筋。点菜时，服务人员不会向顾客推荐价格高的菜品，却会向顾客推荐半份菜，并主动告知没有动过的菜可以退掉。还有的餐厅会有主题性的表演，例如表演川剧绝活——变脸，演员不时地与顾客互动，最后可以握手、合影等。

餐后，服务员会马上送上口香糖，一路遇到的所有服务员都会向顾客微笑道别。卫生间的保洁阿姨也会恰当地打招呼。泊车服务生会主动询问是否需要帮忙提车。如果客人需要，泊车生会提前将顾客的车停到店门口等待顾客上车，并为其关上车门。所有这些服务都是海底捞的常规性服务。

在海底捞，顾客还会经常感到惊喜。顾客的高度满意常常来自于海底捞的个性化服务。例如一位顾客的孩子吵着要吃冰激凌，服务员就自己掏钱跑去附近的便利店为其购买；服务员发现顾客感冒，就偷偷让厨房加工了一大杯姜汁可乐，免费送上；为受伤的顾客到药店购买红花油；为孕妇准备专门的沙发椅并为其提供酸辣口味的泡菜；还有海底捞服务员会跑到门店所在写字楼的公司为加班的员工送去解暑的酸梅汤。顾客发微博说肚子疼不知道跟刚吃了海底捞有没有关系，海底捞的员工立即在微博上询问顾客情况并由专门的店员联系顾客，建议去医院看病并承诺负担所有医药费等。这样的"变态"服务，什么样铁石心肠的顾客会不满意、会不感动?

正是这种超越顾客预期的服务为海底捞赢得了大量忠诚顾客,正是这些回头顾客们成就了海底捞的辉煌业绩。

思考讨论题:

1. 简单而言,海底捞顾客高度满意的来源是什么?
2. 为什么海底捞的顾客大多数是回头客,而且是约一月去一次的忠诚顾客?
3. 海底捞的服务员为什么能够给顾客提供服务标准上没有的个性化服务?

分析要点:

1. 顾客满意与否取决于顾客服务预期与顾客服务体验的对比情况。
2. 满意顾客成为忠诚顾客需要更高的条件要求:服务远超预期且服务质量持久稳定。

思 考 题

一、基本概念题

顾客满意　顾客满意度　顾客忠诚　顾客忠诚度　顾客感知价值

二、思考训练题

1. 选择一家服务企业,尝试根据所学知识将其顾客进行有效区分,并说明划分依据。
2. 简要总结顾客满意给企业带来的价值所在。
3. 举例说明影响并决定顾客满意度的关键性因素。
4. 忠诚顾客有哪几类?介绍一下顾客忠诚对于企业的价值。
5. 简要回答顾客满意、顾客忠诚与服务质量三者的基本关系。
6. 选择一家你非常熟悉的服务企业,尝试用顾客感知价值模型分析其顾客感知利益和感知成本。

第4章　服务战略与文化

【学习要点及目标】

- 了解服务总体战略主要内容和战略规划系统及其子系统内容;
- 了解服务控制管理系统及其构成内容;
- 了解服务竞争战略三种基本类型：低成本战略、差异化战略和专一化战略;
- 理解服务文化内涵及其价值;
- 掌握服务文化建立的条件和要素内容。

【核心概念】

服务战略　战略规划系统　服务控制管理　服务文化

【引导情景案例】

公司的顾客导向文化是真是假

吴其在金融专业硕士毕业后回到家乡，就职于这家三线城市的城市商业银行——WZ 银行，现在工作已经快两年了。与最初入职的踌躇满志相比，现在的他显得有些萎靡不振，干工作也缺少了开始的热情和干劲。父母也发现了他的工作情绪不太对劲，经常追问他是不是工作上遇到了什么困难。可是，每当这个时候，吴其却又说不出工作上有什么难题和挫折。

父母在当地是较有影响力的在位官员和医生，在单位他经常能感受到上级的有意照顾和同事们刻意的谦让。按理说，他在这个企业内应该过得如鱼得水而不是现在这种状态。

问题究竟出在哪里呢？他闲暇时常常自问这个问题，但长时间来一直没有找到明确的答案。

最近，在一次贷款业务办理过程中，吴其偶遇到一位前几年从 WZ 银行离职创业的前辈黎斌，两人相谈甚欢。通过这次交流，吴其得知，前辈黎斌离职前与自己的工作状态和心态差不多。黎斌告诉吴其，他也是满怀希望地来到这家赫赫有名的当地国企，可是没多久他就发现这家宣称实施顾客至上服务战略的企业，在企业内部并没有把顾客和服务放到应有的战略位置上，而上上下下都以"领导意图"为导向；在待遇、评优、晋升等涉及员工重大利益问题上，也是企业领导一句话定调，导致企业内部潜规则盛行、帮派林立、拍马溜须成风，很少有人会真把顾客和业务放在应有的位置。黎斌说，他也曾经试图以一己之力改变自己部门的这种现状，可是换来的是质疑、嘲笑和无情的打击，在单位受到了孤立。他意识到自己无法对抗整个组织根深蒂固的文化氛围，觉得自己想凭借才能和实干实现自己人生理想的愿望彻底破灭了。最后，他不得不选择了离开。

这次沟通后，吴其对自己和企业有了更多清醒的认识：这家典型的金融服务企业花大力气、花大价钱设计的企业文化体系与内容非常高大上，可是在企业实际运营中，许多做法根本不符合它自己标榜的经营宗旨和价值理念。企业所宣称的美好愿景、神圣使命以及核心价值观在许多领导和员工眼中都是面子工程的产物，摆在那里是给外人和顾客看的；实际上并没有在企业真正地落地、生根、发芽、开花。这样的现实情境与自己最初的期望相去十万八千里。

认清了现实，吴其陷入进退两难的境地：无疑，这不是自己心目中理想的雇主。自己这条单纯的鱼能否适应企业这潭深不可测的水？自己应该是去是留？……

思考：一家服务企业的行为与其宣称的核心价值观常常不一致的原因是什么？

服务企业的战略管理是一个有机的科学管理系统，在这个系统中至少有两个基本目标需要保证：服务企业运行高效率与服务质量高水平。因此，服务战略管理系统一般由服务战略规划与服务质量管理两个子系统构成(参见图 4-1)。服务战略规划系统一般包括企业总体战略、服务组织形式与结构、服务企业文化、服务企业与品牌定位、服务企业竞争战略等基本内容。而服务质量管理系统则一般是指对服务七个要素的系统性管理：服务产品、服务定价、服务渠道、服务促销、服务流程、服务人员和有形要素。

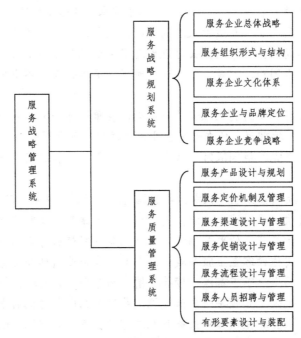

图 4-1 服务企业战略管理系统构成示意图

这一章中主要介绍服务战略和服务文化的基本内容。

4.1 服务战略规划

服务战略规划是服务企业战略管理系统的一个重要组成部分，也是服务质量管理的核心与导向。一般而言，服务战略规划主要设定并落实服务企业的总体战略、组织结构形式、文化体系与内容、企业与品牌定位、基本竞争战略等战略性要素。

4.1.1 服务企业总体战略规划

客观科学的服务战略总体规划是服务企业最高决策层和最高管理层的最重要工作内容之一。具体地说，企业的总体战略规划应该将以下战略性问题明确为企业意志，成为企业发展的指导纲领：企业主营领域与发展方向；企业总体发展目标；企业实现战略目标的路径、步骤以及行动计划。

1. 主营领域与发展方向

企业在总体战略规划中首先需要确定的就是自己的经营领域与发展方向。简单地说，就是明确自己要在哪个行业和领域开展经营，主营服务是什么。

2. 服务企业总体发展目标

服务企业的发展目标应该是一个目标体系，而不是一个单一的目标。这个目标体系既有总体目标，又有不同维度的子目标，又有不同发展阶段的阶段性目标。

3. 战略行动计划

战略行动计划的主要内容应该是企业对实现战略目标的阶段划分、实现路径、基本步骤以及关键性时间节点等做出客观科学的计划安排。

4.1.2 服务战略规划系统构成

服务企业的战略规划系统除总体发展战略规划之外，还应包括企业组织结构形式、企业文化体系、企业与品牌定位、市场竞争战略等基本内容。

1. 企业组织结构形式

企业组织结构形式是企业实现战略目标的组织保障，组织结构形式决定了企业组织的内部机构设置和人员配备以及组织的运行效率，等等。企业提供给顾客的服务质量如何是这个组织运行的输出结果。如果企业的组织结构形式不合理、效率低下，在市场竞争中是不可能战胜竞争对手的。

不同的企业，不同发展战略，需要匹配不同的组织机构形式。没有绝对的标准，适合企业发展战略的组织形式就是合适的选择。许多传统服务企业多采取职能制、直线制、直线职能制、事业部制、矩阵制等传统组织结构形式。近年来，一些文化创意企业借助移动互联网信息技术创新组织结构形式，例如采用虚拟经营形式：企业仅保留核心要素部门，其他部门均借助外协完成，而且固定办公地点的局限也被彻底打破。

2. 企业文化体系与内容

服务企业文化是服务企业在长期的经营过程中所形成的服务理念、价值取向等精神文化为核心的文化内容的总和。一个服务企业完整的文化体系应该包括精神文化、制度文化、物质文化和行为文化等四个层面的基本内容(参见图4-2)。

关于服务企业文化体系中不同构成部分之间的逻辑关系，简单表述如下：四个部分的文化内容是企业文化体系的有机组成部分，缺一不可，内在统一又相互促进。

精神文化是企业文化建设的战略导向与核心内容。制度文化是企业文化目标实现的组织和制度保障，主要依靠制度、机制来保证组织文化的形成与巩固。物质文化是企业精神文化的物质表现，应确保与企业核心精神文化相一致；顾客与公众能够直接接触并受其影响最大的也正是企业物质文化层面的内容。行为文化则是企业员工在企业精神指引、制度规则激励与约束下的一致性行为表现。

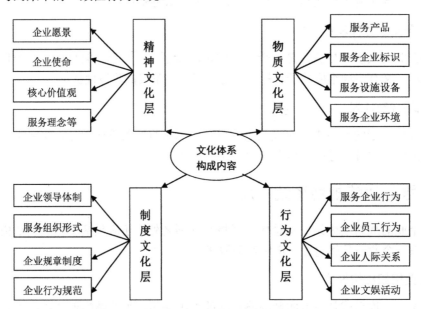

图4-2 服务企业文化体系与内容构成示意图

3. 服务企业定位系统

服务企业定位是服务企业的一项战略性任务，也是一项较为复杂的系统工程。定位成功与否决定了服务企业的核心竞争力水平，直接影响服务企业品牌与服务品牌的形成与发展前景。

服务企业定位是一项系统工作，主要包括企业行业地位、品牌形象和服务产品定位等三个基本层次的定位内容。

这三个层次的定位从战略视角来看，前两个层次应该属于战略管理范畴；具体产品的市场定位则属于营销管理的范畴，服务产品的定位技术性更强一些。科学成功的定位策略系统应该是包含这三个层次的定位内容，而且三者内在统一、相互强化，否则就会造成顾客心智认知的矛盾与混乱，造成定位策略失败。

例如，前些年北京大学针对部分知名艺人推出的艺术管理培训课程，费用高昂，令人咋舌。但是这项服务却被圈内人士高度认同，其成功的主要原因就在于定位策略科学恰当。就组织机构而言，北京大学是国内公认的超一流大学，北京大学就是最具价值的教育教学品牌；一流机构拥有一流品牌，推出针对高收入、高知名度的艺人这个高端群体的定制型高端培训服务项目十分恰当。反之，这样的机构使用这样的高端品牌推出非常低端的培训项目，是对机构和品牌的巨大伤害。

4. 服务企业竞争战略

根据著名战略学者迈克尔·波特的理论，企业的竞争战略主要有三种基本类型：成本领先战略、差异化战略和集中化战略。任何企业都应该选择其中一种类型加以强化，任何模糊不清的竞争战略或在不同竞争战略类型之间左右摇摆的境况都是非常危险的。波特的竞争战略类型同样适合于服务企业。

1) 成本领先战略

成本领先战略是指服务企业通过一系列内部和外部成本控制活动最大限度地降低成本，使企业成本低于竞争对手，甚至在全行业处于最低水平，从而获得竞争优势，成为行业成本领先者的战略。

成本领先战略的理论基础是规模效益和经验效益。制造型企业获得成本领先的常见途径主要有：生产自动化和技术创新，原材料成本降低或原材料替代，人工费用降低，等等。而服务企业低成本领先的来源途径与制造型企业根本不同，服务企业低成本领先的竞争力主要来源于服务运营的高效率与规模效应。

2) 差异化战略

对于服务企业而言，差异化战略是指企业向消费者提供与众不同的服务来满足需求，在行业内树立起别具一格的经营特色，从而形成竞争优势。

服务企业的差异化战略最直接的体现主要在于服务产品的独特性及其与服务品牌形象的匹配性。当下，在全国诸多的电视台中有许多档音乐类节目都很成功，例如浙江卫视的

《中国好声音》《梦想的声音》；江苏卫视的《蒙面唱将猜猜猜》、湖南卫视的《我是歌手》等。这些同类型节目的成功都源于较好地实施了差异化战略，明显不同于其他同类型节目。

　　3) 集中化战略

服务企业的集中化战略是指企业把经营的重点目标放在某一特定群体、某一特殊服务或某一特定地区上，以此建立企业的竞争优势及其市场地位的战略。集中化战略又称聚焦战略或专一战略。

服务企业的集中化战略建立竞争优势的手段主要有两种：建立低成本优势或差异化特色。

4.2　服务质量管理

　　无论行业、规模、市场竞争如何的服务性企业，从企业运营结果的角度来看，服务管理的理想状态应该是高效率的服务运营与高水平的服务质量相统一，缺一不可。服务质量管理系统是服务战略的落地系统，从这个意义而言，它是服务企业的战术管理系统，更具现实性、操作性和技术性。

4.2.1　服务控制系统构成及其内容

　　根据传统服务管理理论，服务质量管理系统包括服务产品、服务价格、服务渠道、服务促销、服务过程、服务人员和有形要素等七个基本要素的内容设定及其有效管理。

　　服务质量管理系统的构成要素即是服务质量管理的基本对象，各个要素之间不是相互独立的，而是相互关联、相互影响、相互促进的，是一种内在统一的和谐关系。如果服务企业管理不当，就可能会出现不同要素间互相冲突的情况，让消费者的消费认知处于困惑、矛盾的状态，从而降低服务质量评价水平。

　　企业的一项服务产品如果能够得到消费者的高度认同，其原因不会是仅仅因为上述的哪一个因素的管理恰当，而是一个管理系统的成功。换句话说，该项服务一定要具有满足目标顾客细分性需求的所有属性，同时服务价格、渠道合理，服务促销时机恰当、有吸引力，服务人员自愿、主动、及时地提供专业性的服务支持，服务过程流畅，服务场景与设施设备完备等条件缺一不可。例如，一项非常高端的服务，对于顾客的吸引力，一定是要与其高端的服务品牌和高昂的服务价格相匹配的，假如服务定价很低反而损害了服务品牌的应有形象，可能导致原有的高端顾客群渐渐离去。

1. 服务产品规划设计

　　这部分是企业要解决为顾客提供哪些服务、这些服务的具体内容与功能是什么的问题。

服务企业要根据目标顾客的基本需求，科学取舍，决定提供单一服务还是系列相关性服务，抑或是不相关的多元化服务。对于确定的每一项服务产品，还应根据目标顾客群的需求特征进行进一步的内容与价值属性设计，以确保服务产品正是服务消费者所需要的，不要产生错位。

2. 服务产品定价

服务产品的定价不能独立进行，它应该依附于服务品牌地位与具体产品的定位。高端服务的定价要与其高端品牌的形象相一致，低端服务主要竞争力就体现在价格实惠上；极具特色或独一无二的服务产品的定价也需要高起点定价，因为独特性具有先天的高溢价功能，同时顾客的价格敏感度较低。

3. 服务渠道选择与管理

服务渠道的选择并非越多越好，而是需要选择和建立适合企业服务品牌与服务产品的有效渠道。对于渠道的管理，企业应该拥有相当的影响力和话语权。常见的方式是服务企业与销售商捆绑为一个共同体，目标一致、利益一致。

4. 服务促销管理

促销对于消费者而言永远有吸引力，因此，促销活动设计与实施成了商品或服务提供商们的重要日常性工作内容。对于顾客主要是自然人的商家，其促销及其管理尤为重要。促销的形式和内容需要定期或不定期地变化和转换，企业的货币、时间、人力等成本支出较大。原先被视为临时性、随机性的促销措施现在已成为企业日常销售工作的一个重要组成部分。

服务企业的促销形式除了降价打折、赠送附加服务和赠品等方式外，还有预存消费款、会员制消费、订制服务套餐等形式，给予消费者较大程度的优惠。

5. 服务流程规划设计

服务流程管理是服务企业质量管理的程序性规则，服务流程可以保证服务过程顺利、完整，是服务过程质量的机制性保证。服务流程设计应以顾客为导向，重视服务过程中的顾客体验，以科学合理、顺畅完整、省时省力为基本原则。

6. 服务人员管理

服务人员的管理是服务质量管理中最重要、最复杂的一项工作。要想提供一流的服务，就要建立一支一流的服务人员队伍。广义上的服务人员管理包括服务人员招聘、培训、考核、激励，直至淘汰，是一个完整的人力资源开发与管理系统。企业应该以服务文化树立服务人员的服务理念，以服务规则确保服务人员的服务过程质量，以考核激励制度引导服务人员尽其所能地为顾客服务。

7. 服务有形要素管理

服务有形要素在服务运营中的重要性常常被企业管理者所忽略。服务有形要素在顾客感知服务质量过程中具有明显的影响性，它不仅具有强化企业形象和品牌形象认知的作用，还具有提供服务空间场所和服务设备工具的实际功能。

因此，服务场所空间、企业标识标志、服务设施设备、辅助工具、办公用品等，服务企业的一切有形要素均需要科学配备与管理。有形要素最终要让顾客在接受服务的过程中，不仅视觉愉快，还要保证嗅觉清新、听觉无扰等，总之，感觉一切舒适。

4.2.2 服务质量监测与服务绩效评价

服务企业如何有效地监测、评价服务质量是服务质量管理的根本目标，也是服务质量控制的基本内容。

1. 服务质量监测

服务质量监测一般从两个方面着手：一是企业检查对比服务设施设备以及服务流程中的各个要素是否符合服务制度和规则的要求，服务人员言行举止、仪表仪容等是否按照服务标准执行，执行情况是否达到服务标准要求等；二是从顾客方面着手采集信息，常见的方法是使用一些重要指标直接或间接地来测定服务质量水平，例如顾客满意度、顾客投诉率、顾客回头率、顾客忠诚度，等等。

总之，企业服务质量水平高低还是由顾客说了算。因此，企业的所有保证和提升服务质量的方法及措施都应该以顾客体验与评判为基准和导向。关于服务质量评价与测量的具体内容将在第3篇相关章节中进一步具体介绍。

2. 服务绩效评价

服务绩效评价是指服务企业以既定标准为依据，对一定时期服务工作状况的评定与估价。服务绩效的主要评价维度有两个：服务质量与服务效益。当然，在服务运营的实际管理过程中，企业还可以对这两个方面内容中的一些更具体的方面进行专项评价，它也属于服务绩效评价的范畴。

服务绩效的评价方法常见的有两大类：一类是对比分析法，一类是评价分析法。对比分析法常见的有考察服务计划实现程度、服务发展状况和服务项目领先程度等方法。具体公式如下：

- 服务计划实现程度=服务业绩/服务计划
- 服务发展状况=服务现期额/服务历史同期额
- 服务先进程度=本企业实际水平/标杆企业实际水平(某项指标)

评价分析法是一种综合量化分析方法。一般步骤是把评价对象主要因素分解，建立一个评价指标体系，然后按确定标准进行打分，最后以合计得分来考核评估对象的优劣。

4.3　服务文化战略

我们发现，能够提供卓越服务的服务组织一定具有出色的服务文化。在卓越服务组织中，服务文化无处不在，是企业服务战略制定与实施的潜在基础和保证。

4.3.1　服务文化及其价值

1. 企业服务文化内涵

企业文化被学者们定义为"给予组织成员共享的价值观和信念的一种形式，可以为其提供组织内的行为规范"。一个组织的核心价值观念会对组织内成员行为和组织行为的塑造产生重要影响。

那么，应该如何定义服务文化概念呢？学者们建议，一个具有顾客导向和服务导向的服务组织应该具备这样的服务文化：在服务组织中，鼓励优质服务存在，给予内部员工和外部顾客以最终的优质服务，并把这种文化当作自然而然的生活方式和每个人最重要的行为标准。

建立优秀服务文化，需要理解两个基本前提：①有制度和规则保障的优质服务鼓励，以及顾客导向的组织文化氛围；②优质服务既需要面向外部顾客也需要面向内部员工。关于将员工视为内部顾客或第一顾客的内部营销内容我们会在后面的相关章节加以介绍。

优秀服务文化的建立可以通过组织的愿景、使命和核心价值观的确立以及引导，影响组织成员的价值观念和行为的形成或改变。

2. 服务文化的作用与价值

通过服务组织的内部氛围，我们就可以明显地感受到这个组织独特文化的存在，虽然看不见、摸不着却客观存在并发挥着巨大作用。

简单而言，企业服务文化在以下方面体现其重要而独特的价值：

(1) 良好的服务文化有利于提升组织的服务和顾客导向。在此文化氛围中，员工会为顾客提供良好的服务质量。反过来，顾客满意度的提升也会对员工满意度提升产生促进作用。这种互动关系被称之为"满意镜理论"。

(2) 顾客关系管理需要良好服务文化的引导和辅助。缺乏服务文化的组织往往会把顾客关系管理视为高层管理者的事，许多隐性服务会被员工视而不见，顾客关系管理难有成效。

(3) 服务导向的服务战略实施需要组织所有员工的支持，只有良好的服务文化才能保证所有员工从内心热爱服务，体现在服务行为上。

(4) 优秀的服务文化可以让员工以正确的方式提供服务并用恰当的方式处理例外事件。

(5) 员工认同组织文化后就不会轻易跳槽；员工离职率越低，服务导向的积极态度会对新员工产生巨大影响，形成良性循环。相反，在一个文化氛围糟糕的组织内，新员工很快会被老员工同化。

4.3.2 如何创建企业服务文化

1. 建立真正顾客导向的服务战略

服务战略首先应该把服务放置在应有的战略高度和战略位置上，由顾客导向和服务导向来牵引和规划企业的服务战略战术内容，由此确立企业服务导向的企业使命和核心价值观。

有学者将具有服务导向的企业使命表述如下："企业使命为顾客活动与过程提供支持，从而在这些活动与过程中为顾客创造价值。"

学者贝里发现，优秀服务企业的核心价值观通常包括卓越、创新、快乐、团队合作、尊重、正直和社会责任等。服务战略要求所有员工应该认同并遵守企业的核心价值观念，这样服务文化才能够真正形成并发挥作用。如果企业家和管理层的观念和行为与企业核心价值观不一致，对于企业文化和服务战略的破坏是毁灭性的。

简而言之，优秀服务战略的建立需要与企业卓越的服务概念、企业使命和价值观等战略要素相匹配。在战术实施层面，最重要的是影响员工满意度的人力资源管理和影响顾客满意度的顾客关系管理。

2. 形成服务导向的领导方式与风格

优秀服务管理的其中一个重要条件是建立服务导向的领导方式与风格。这方面首先包括企业家和经理人员对自身角色的态度以及他们作为领导者的行为方式。上级必须服务于自己的下属，配合他们的服务行为。如果经理人员不提供持续主动的服务支持，在企业中就无法大范围地传播真正的服务文化。

组织领导者应该认识到，他们是创建服务文化的关键人物。具体体现在以下方面：

(1) 管理者通过领导行为对文化建立和传播发挥主导作用。高层管理者要时刻把服务战略放在首位，谨记理念与行为的不一致会给组织服务导向的建立带来致命的负面影响。

(2) 管理者不应该仅仅是产品经理或技术经理，而要定位为领导和教练，角色由指挥者转变为引导者和服务者。

(3) 管理者努力使双向沟通成为领导方式的关键因素，管理者不仅向员工发布指令，还要具有很强的倾听能力。

(4) 通过绩效监督来强化服务导向和服务管理。

3. 设计构建服务组织结构

优秀服务意味着容易获得服务以及快速灵活的行为决策，这就要求在设计、开发和执行服务的时候，组织的不同部门要相互协作、具有高效率。因此，科学高效的服务组织结构是企业提供优秀服务的前提条件。

通常情况下，服务导向的公司会有一个比较扁平的组织结构，决策层级较少，会遵循服务决策必须由那些最靠近顾客的员工做出的原则。

(1) 管理者在服务组织设计中应该明确其对员工的支持职责和要求。

(2) 运营系统高效、工作流程合理而简洁、日常管理必要不反复，既可以提高顾客感知质量，也可以让员工感到工作顺畅。

(3) 给予一线员工与其岗位相应的、充分的事项处置权力。

(4) 通过信息技术共享服务信息，为员工提供优质服务提供强大支持。

本 章 小 结

(1) 服务企业总体战略规划应该将以下战略性问题明确为企业意志，成为企业发展的导向与纲领：

- 服务企业主营领域与发展方向。
- 服务企业总体发展目标。
- 企业实现战略目标的路径、步骤以及行动计划。
- 服务企业的战略规划系统除总体发展战略规划之外，还应包括企业组织结构形式，企业文化体系，企业与品牌定位，市场竞争战略。

(2) 根据著名战略学者迈克尔·波特的理论，企业的竞争战略主要有三种基本类型：成本领先战略、差异化战略和集中化战略。波特的竞争战略基本类型同样适合于服务企业。

(3) 服务质量管理系统的各个要素之间不是相互独立的，而是相互关联、相互影响、相互促进的，是一种内在统一的和谐关系。服务质量控制系统的构成要素主要包括：

- 服务产品规划设计。
- 服务产品定价。
- 服务渠道选择与管理。
- 服务促销管理。
- 服务流程规划设计。
- 服务人员管理。

● 服务有形要素管理。

(4) 服务质量监测一般从两个方面着手：①企业检查对比服务设施设备以及服务流程中的各个要素是否符合服务制度和规则的要求，服务人员言行举止、仪表仪容等是否按照服务标准执行，执行情况是否达到服务标准要求等；②从顾客方面着手采集信息，常见的方法是使用一些重要指标间接地来测定服务质量水平，例如顾客满意度、顾客投诉率、顾客回头率、顾客忠诚度，等等。

(5) 服务绩效评价是指服务企业以既定标准为依据，对一定时期服务工作状况的评定与估价。服务绩效的主要评价维度有两个：服务质量与服务效益。当然，在服务运营的实际管理过程中，企业还可以对这两个方面内容中的一些更具体的方面进行专项评价。这也属于服务绩效评价的范畴。

服务绩效的评价方法常见的有两大类：一类是对比分析法，一类是评价分析法。

(6) 企业文化被定义为"给予组织成员共享的价值观和信念的一种形式，可以为其提供组织内的行为规范"。一个组织的核心价值观念会对组织内成员行为和组织行为的塑造产生重要影响。

一个具有顾客导向和服务导向的服务组织应该具备这样的服务文化：在服务组织中，鼓励优质服务存在，给予内部员工和外部顾客以最终的优质服务，并把这种文化当作自然而然的生活方式和每个人最重要的行为标准。

建立优秀服务文化，需要理解两个基本前提：①有制度和规则保障的优质服务鼓励，以及顾客导向的组织文化氛围；②优质服务既需要面向外部顾客，也需要面向内部员工。

(7) 企业服务文化在以下方面体现其重要而独特的价值：

● 良好的服务文化有利于提升组织的服务和顾客导向。

● 顾客关系管理需要良好服务文化的引导和辅助。

● 服务导向的服务战略实施需要组织所有员工的支持。

● 优秀的服务文化可以让员工以正确的方式提供服务并用恰当的方式处理例外事件。

● 员工认同组织文化离职率就低，其积极态度会对新员工产生巨大影响，形成良性循环。

(8) 创建服务文化条件与要素：建立真正顾客导向的服务战略；形成服务导向的领导方式与风格；设计构建服务组织结构。

● 建立真正顾客导向的服务战略：服务战略首先应该把服务放置在应有的战略高度和战略位置上，由顾客导向和服务导向来牵引和规划企业的服务战略内容。优秀服务战略的建立需要与企业卓越的服务概念、企业使命以及价值观等战略要素相匹配。在战术实施层面，最重要的是影响员工满意度的人力资源管理和影响顾客满意度的顾客关系管理。

- 形成服务导向的领导方式与风格：优秀服务管理的其中一个重要条件是建立服务导向的领导方式与风格。这方面首先包括企业家和经理人员对自身角色的态度以及他们作为领导者的行为方式。上级必须服务于自己的下属，配合他们的服务行为。组织领导者应该认识到，他们是创建服务文化的关键人物。
- 设计构建服务组织结构：优秀服务意味着容易获得服务以及快速灵活的决策，这就要求在设计、开发和执行服务的时候，组织的不同部门要相互协作、具有高效率。因此，科学的服务组织结构是组织提供优秀服务的重要前提条件。

案例实训课堂

美国西南航空公司的服务文化战略

美国西南航空公司自成立后连续 40 多年盈利，成为世界民航企业的一个经营管理的标杆。这样的业绩得益于西南航空公司员工的高效率工作、相对行业较低的人力成本以及在飞行途中给乘客创造轻松愉快环境的服务方式。在某一个时期，西南航空的空服人员每小时收入为 18 美元，大陆航空为 20 美元，美国航空为 23 美元。相比之下，西南航空的薪酬并不高，甚至低于市场的平均水平，但西南航空的员工流失率非常低，很多跳槽到西南航空的飞行员拒绝了两倍于西南航空起薪的挽留，这些跳槽的员工说：有竞争力的薪酬很多时候远远比不上付出得到及时的认可更吸引人。

事实上，西南航空公司的创始人赫伯·克勒赫从公司成立起就坚持宣传"快乐和家庭化"的服务理念和战略，并通过招聘、培训和支持有经验的员工，通过员工的力量将这种理念的价值充分体现和发挥出来。

(1) 招聘合适的员工。

西南航空公司的策略之一在于他们雇用合适的员工——热情具有幽默感的员工、更真诚地为顾客服务的员工。西南航空刻意用心招募擅长于团队合作的员工，了解人际关系能力的重要性，并认真寻找具备这种能力的员工。努力加强员工团队合作的能力，提供人际关系的强化训练。比起那些忽略这项能力的企业，这自然展现出更杰出的优势。它特别注重以往工作经验中展现良好团队合作的人，也喜欢能多用心的人，且比别家航空公司花更多钱在招募和训练上。不论职务高低，公司都会花时间寻找适当人选，也花时间训练他们。西南航空深信"一粒屎，坏了一锅粥"，这有如一种信仰，所以西南航空的人员流动率比其他航空公司低很多。

有些公司会特别重视、吸引与留住优秀的明星员工，而西南航空根本无意于明星员工，仅专注于明星团体，刻意寻找心态正确、易于融入团体的新人，然后再提供可提升他们做好工作的技巧和经验。有趣且特别的是：西南航空选才的优先条件不仅适用于客服人员，也一样适用于工程师及飞行员，而在一般航空公司的录取条件下，工程师及飞行员这两类员工纯粹以技术取胜。

西南航空公司的招聘过程没有什么条条框框，招聘工作看起来更像好莱坞挑选演员，而不是招聘面试。第一轮是集体面试，每一个求职者都被要求站起来讲述自己最尴尬的时刻。这些未来的员工由乘务员、地面站控制员、管理者，甚至是顾客组成的面试小组进行评估。西南航空公司让顾客参与招聘面试基于两个认识：顾客最有能力判别谁将会成为优秀乘务员；顾客最有能力培养有潜力的乘务员成为顾客想要的乘务员。接下来是对通过第一轮的面试者进行深度个人访谈，在这个访谈中，招聘人员会试图去发现应聘人员是否具备一些特定的心理素质，这些特定的心理素质是西南航空公司通过研究最成功的和最不成功的乘务人员发现的。新聘用的员工要经过一年的试用期，在这段时间里管理人员和新员工有足够的时间来判断他们是否真正适合这个公司。西南航空公司鼓励监督人员和管理人员充分利用这一年的试用期或评估期，将那些不适合在公司工作的人员解雇掉。但是有趣的是，西南航空公司很少不得不解雇一些员工。因为在这些员工被告知之前，他们已经知道自己与周围的环境显得格格不入而主动走人。

(2) 鼓励创新。

与"员工第一"价值观相适应，公司重视员工对具体问题的判断，而在管理实践上也强调员工主动、积极地寻求解决问题的对策。

当中途航空公司(Midway Airlines，1991年3月25日提出破产保护，同年11月7日清盘)撤出芝加哥后，西南航空公司马上派出了一个20人的小组飞往芝加哥组建公司的相关机构。第二天，西南航空公司的航班就从重新改造后的登机门出发了，这距离中途航空公司退出不到24小时。公司的动作是如此神速，以至于新闻媒体都来不及拍摄他们在新的登机门悬挂标记的场景。而此前公司并没有总体规划和考虑改造中途航空公司的登机门，也没有一个专门的委员会在行动前进行可行性设计。公司希望员工不要被一堆规则束缚，而是由他们自己做出最好的判断。此外，公司追求工作、管理过程中一种非正统的境界，以及空乘人员所具有的幽默感，都反映了公司文化中鼓励员工主动创新的一面。

(3) 鼓励协作精神。

西南航空公司强调组织内部以及在员工、供应商和顾客间建立一种积极的信任关系。公司里有85%的员工加入了不同的工会，但并没有出现其他航空公司中工会与管理层间的巨大冲突。在一次西南航空公司的文化研讨会上，西南航空公司的首席运营官(COO)Colleen Barrett指出，工会是企业的伙伴——大家是一家人。公司里无论是管理层还是员工，在强调外部顾客的同时都很注重内部顾客(内部顾客包括所有的员工和关键的利益者)。在共同工作的过程中，合作精神渗透到了企业的各个角落，人们积极寻求改进工作关系的方法，从而提高经营成果。大家都相信：与其彼此竞争，不如做得最好。

此外公司还提出了一系列口号，诸如"了解他人的工作"(Walk a Mile in My Shoes)，鼓励员工了解其他部门、员工的工作，建立共同工作、合作的意识。共同的合作促使公司的生产率不断提高，也提高了部门间的相互协调能力。

(4) 营造快乐和尊重的气氛。

西南航空公司从创立开始就一直坚持一个基本理念，就是爱。赫伯·克勒赫是把每个员工视为西南航空公司大家庭的一分子。他鼓励大家在工作中寻找乐趣，而且自己带头这样做。比如为推广一个新航线，他会打扮得像猫王埃尔维斯一样，在飞机上分发花生；他还会举办员工聚会或者在公司的音乐录像中表演节目。他时时刻刻走出来与自己的团队在一起，向团队传递信息，他告诉员工，他们是在为谁工作，他们的工作有多重要。他就是要让员工感觉自己很重要和受到尊重。

公司鼓励员工释放自己，保持愉快的心情，因为好心情是有感染力的。如果乘务员有一个愉快的心情，那么乘客也更有可能度过一段美好的时光。如果整个工作氛围都很热情，那么当他面对其他人时也能很热情。他会很有礼貌地对待在那里的每个人，也会和人有很好的目光接触。爱的氛围使西南航空公司的员工乐于到公司来，而且以工作为乐。赫伯·克勒赫说："也许有其他公司与我们公司的成本相同，也许有其他公司的服务质量与我们公司相同，但有一件事它们是不可能与我们公司一样的，至少不会很容易，那就是我们的员工对待顾客的精神状态和态度。"快乐的工作气氛不仅使员工的服务态度更加热情，也使他们的工作效率大大提高。

举个例子，西南航空公司的飞行员每月要飞行 70 个小时，而其他公司的飞行员只飞 55 个小时。公司的地面指挥站通常仅需要竞争对手一半的人手就足以完成全部工作，他们调度飞机的速度通常非常快，竞争对手需要 45 分钟，而他们只需要 15 分钟。西南航空公司员工的高工作效率是它保持低价的关键因素，它的价格比行业平均水平要低 25%。

(5) 以机制保障企业文化。

文化建设不可能一蹴而就，也不可能是一次性的工作。西南航空公司最重要的常设委员会之一是"企业文化委员会"，并且在每一个站点都设立了该委员会。专门机构的设立，反映出公司的管理层对组织文化建设工作的重视。通过专门管理部门的督促，有助于持续地保证公司的组织文化建设；而该机构深入到一线部门，则促进了组织文化的深入人心和全面推广。

飞机上每一个员工的名字、公司随处可见的员工个人、家庭乃至宠物照片，随时在告诉员工公司所强调的员工第一和员工所获得的个人认同感。"不仅仅是一项工作，而是一项事业"则在提醒员工他们并不是在为了获取收入而被动地工作，而是在从事一项组织和个人发展的事业。公司在各种场合、有关杂志上所宣传的具体事例也使每一个员工更加直观地认识到企业所强调的价值观、信念和行为规范。为了让员工真正地感受到管理层对组织文化的认真投入，公司在表彰员工的时候经常采用庆典的方式。这传递给组织成员一个明确的信息：管理层不仅仅是确立一套组织文化，更是认真地实现他们的"员工第一"等组织文化发展目标。此外，经常地举行庆典则反映了公司对组织文化建设的不断推动，这进一步带动了员工对组织文化建设的认可和投入。

(6) 管理层对员工的支持。

西南航空公司与其他服务性公司不同的是，它并不认为顾客永远是对的。赫伯·克勒赫说："实际上，顾客也并不总是对的，他们也经常犯错。我们经常遇到毒瘾者、醉汉或可耻的家伙。这时我们不说顾客永远是对的。我们说：你永远也不要再乘坐西南航空公司的航班了，因为你竟然那样对待我们的员工。"

西南航空公司是建立在一种开放政策的基础上的，这个开放政策由赫伯·克勒赫自己开始，并渗透到公司的各个部门。管理层走近员工，参与一线员工的工作，倾听员工的心声，告诉员工关于如何改进工作的建议和思想。西南航空公司的管理层了解一线员工的工作，支持和尊敬一线员工的工作，甚至宁愿"得罪"无理的顾客。

(7) 设计有吸引力的薪酬体系。

西南航空的薪酬并不是业界最高的，但是员工的离职率却是最低的。这不仅仅因为娱乐精神造就的良好氛围；空着肚子的人是笑不起来的，西南航空有着充满吸引力的薪酬体系，可以保证员工真正娱乐得起来。西南航空设置了利润共享计划。①退休储蓄。公司每年拿出税前营业额的一部分分发给工龄超过 5 年的员工，这些钱只有到退休或离职的时候才能得到，这对于必须面对高额税收和高额医疗保险的美国人来说，是一种很有吸引力的做法。②广泛持股。美国西南航空是美国整个航空行业多年来唯一一家持续盈利的公司，其股票是公认的最成功的航空股。公司提供职工优先认股权，90%的员工持有公司的股票，约占西南航空流通在外股数的 10%以上。员工能够充分地分享到公司成长的果实。

(8) 提高员工的安全感。

多年以来，西南航空公司始终坚持 The No-Layoff Policy，即不解聘任何一名员工也不让任何一名员工暂时下岗。在西南航空的逻辑中，裁员会打击员工的工作士气，也会伤害员工对企业的感情，瓦解企业内部的凝聚力。承诺工作岗位的稳定，提高员工的归属感与安全感，是让公司真正娱乐起来的前提。

在西南航空公司，管理层的工作首先是确保所有的员工都能得到很好的关照、尊重和爱。其次，处理看起来进展不顺利的事情，并推动它的进展，帮助它变得好点或者快点。第三，维护西南航空公司的战略。这是一个喜欢表扬员工的公司，到处可以看到奖状与奖品。饰板上用签条标明了英雄奖、基蒂霍克奖、精神胜利奖、总统奖。这些奖中最独树一帜的是幽默奖，因为这张奖状是倒挂着的。这里实行弹性工作制。飞行部门准许乘务员根据自己的时间来调整航班的选择，也可以自己决定飞行小时和工作天数。一名乘务员可以一连数月都不参加飞行，也可以当月飞行 150 班。

西南航空公司拥有巨大的人力资本，因为他们选择了它，他们培育了它，他们开发了它。带来了什么？竞争优势。大多数航空公司拥有同样的飞机，并且有着同样的库存管理模式，但是他们不具备同样的人力资本。这就是在其他公司都亏损时西南航空公司却不亏损的根本原因。美国西南航空公司在人力资源管理和企业文化建设方面的做法，值得我们航空企业借鉴学习。

(资料来源：世界经理人杂志官网.

http://www.ceconlinebbs.com/FORUM_POST_900001_900055_905094_0.HTM，2009-02-03.

文字有删节、变动.)

思考讨论题：

1. 结合案例材料，思考西南航空 40 多年持续盈利与其企业文化战略的关系是什么。
2. 西南航空公司多年来员工离职率是业界最低的，原因是什么？
3. 西南航空公司内部快乐和尊重的文化气氛是如何传导给顾客的？

分析要点：

1. 全面理解企业文化和服务战略的巨大作用与价值。
2. 服务战略与服务文化是西南航空公司成功的重要法宝。

思 考 题

一、基本概念题

服务文化　服务战略　服务战略规划　服务竞争战略

二、思考训练题

1. 服务企业的战略规划系统应该包括哪些基本内容？
2. 服务竞争战略包括哪几种主要类型？
3. 服务质量管理主要包括哪些关键因素的控制与管理？
4. 如何理解服务文化对于服务组织的作用和价值？
5. 建立优秀服务文化的前提是什么？为什么？
6. 创建服务文化的基本条件和要素是什么？

第2篇 服务营销策略管理

第5章 服务营销策略概论

▓▓▓【学习要点及目标】

- 掌握服务营销、关系营销和体验营销的基本概念;
- 了解服务营销学与传统市场营销学的主要差异;
- 理解体验营销与服务营销的逻辑关系和内在联系;
- 掌握服务营销 7P 策略组合和 4C 理论的基本内容。

▓▓▓【核心概念】

服务营销 关系营销 体验营销 7P 策略 4C 理论

▓▓▓【引导情景案例】

理论与现实的距离

小崔是广州某高校一名市场营销专业大四学生,还有半年就要大学毕业了,现在正在一家保险公司做管理实习生的工作。这半年的工作如果得到单位的认可,毕业后会水到渠成地进入这家公司工作。

经过两个月的实习工作,小崔发现:在这个外人看来非常优秀的企业,其实很多营销理念都较为陈旧,而且好像没有什么人关注当前营销学界的发展动态。但公司的行动力和执行力却非常厉害,甚至让他感觉到一种震撼。在部门的例会上,部门经理希望新来的实习生们畅所欲言,有什么新想法都可以提出来,大家进行头脑风暴。小崔几次想谈一谈自己的想法,可是又觉得自己也没把握说服这些久经实战的前辈们。

最近,部门准备推出一款新服务产品。经理把初步设计一个营销计划方案的任务交给了小崔,并提示她可以向老员工讨要以前类似产品的营销计划作为参考蓝本。小崔于是找到自己实习的指导老师周姐,说明了情况。周姐十分热情地翻出好几个以前的营销计划方案,并说这是她以前的得意之作,让小崔照着葫芦画瓢即可。

当小崔研读完周姐的计划书,却有点不知所措。原来,周姐的营销计划书是按照传统营销4P理论作为营销计划书的结构框架,并从产品内容、价格、分销渠道和促销等4个方面设计营销的具体内容。小崔觉得既然是服务产品,其营销计划书应该从产品、价格、分销、促销、服务人员、服务流程以及有形展示等 7 个服务要素来设计结构完成为好。

可是作为一名实习生，这样做会不会冒犯自己的师父呢？小崔忽然觉得作为一名实习生，也真的好难啊！究竟应该怎么做，这个看似简单的问题却让她呆坐在办公桌前沉思良久……

思考： 服务与有形商品营销策略组合的内容构成有什么差异？

5.1 服务营销及其核心理念

5.1.1 服务营销理论发展和基本概念

服务在现代经济社会中的地位和比重越来越高，而传统的市场营销理论早已难以指导服务企业服务产品的营销。

1. 服务营销理论简要发展历程

服务营销学自 20 世纪 60 年代兴起后，经历了一个快速发展、逐步完善的过程。起初，学界普遍关注服务的定义以及服务与商品的差别。20 世纪 70 年代，人们关注的重心开始转向服务营销概念和理论架构研究。就在这个时期，关系营销的新观念开始得到重视。到了 20 世纪 80 年代，服务营销学的研究重心转移到了服务质量测量与管理上。20 世纪 90 年代，服务营销学研究的重心又转移到服务生产和服务运营上，同时期服务企业比较重视的是服务成本和收益率问题。

进入 21 世纪，服务营销理论研究的重心则逐渐转移到服务价值上来。一方面，从顾客视角来看待服务企业为顾客所创造的价值，即常见的顾客让渡价值、顾客感知价值等概念；另一方面，一些服务营销学者也开始关注顾客给企业带来的价值问题，例如顾客终身价值和顾客资产等。

当下，服务营销俨然已成为市场营销学不可缺少的重要组成和发展方向。制造业和服务业的边界越来越模糊，"制造业服务化""服务业标准化"的趋势越来越明显。

2. 服务营销及其核心理念

相对于传统的市场营销概念，我们应该如何来定义服务营销呢？服务营销的哲学指导理念相对于传统市场营销理念又有什么样的变化呢？

我们尝试将服务营销定义如下：服务营销是服务组织通过关注顾客服务性需求，并借助服务实现过程，创造、传递服务价值，最终使顾客满意而实现有利交换的系列过程。

服务营销组合策略是包括服务产品、服务价格、服务渠道、服务促销、服务过程、服务人员和有形要素等七个要素在内的组合营销策略。

我们知道，传统市场营销的指导理念经历了一个逐步发展、逐步提升的过程。从最早卖方市场的生产观念、产品观念，到买方市场的推销观念、营销观念，再到能够兼顾顾客、企业和社会三者利益的社会营销观念，既反映出市场竞争变化的内在逻辑过程，又体现了这些指导理念的进化与提升。

服务营销的核心指导理念为关系营销理念，它不同于传统营销的一般指导理念。关系营销理念的提出相对于传统营销指导理念是一种哲学理念上的升华，也使得服务营销的指导理念跳脱了交易观念的层次，具有一定的哲学高度，体现出一种战略远见。

那么，我们应如何认识关系营销理念的具体内涵呢？简单来说，关系营销理念强调服务企业与企业经营的各个关联利益方都构建长期亲友式的合作关系，而非简单的交易关系。

关系营销的核心理念是为顾客、供应商、分销商创造价值，实现相互共赢；服务企业与顾客之间是长期友好的亲友式关系；服务企业与其他相关企业则是战略合作伙伴关系。

5.1.2　服务营销的基本方式

近些年来，营销学界非常推崇一种新的营销概念——体验营销。编者认为，体验营销并非是与服务营销并驾齐驱的同类概念，体验营销应该是市场营销和服务营销概念之下的一种营销方式。体验营销方式既存在于有形商品的传统营销之中，更是服务营销的基本方式之一。

就纯粹的无形服务而言，顾客对于服务的认知和理解除了服务提供商的广告宣传外，唯一途径就是自身的体验感受。因此，纯粹服务的营销，无论形式如何变化，其根本方式也是唯一方式就是体验营销。

1. 体验营销概念

体验营销即服务企业在服务过程中，针对顾客需求，以服务场景为舞台，以服务人员为演员，辅助以有形产品而创设并实施愉悦顾客的一切活动。

2. 服务体验营销目标

追求顾客希望出现的正面的愉悦体验恰是体验营销活动的预期结果和追求目标。

服务体验营销活动以追求顾客具有积极意义的独特体验为直接目标。独特服务体验的价值可以从下面的价值链条中得以充分体现，如图 5-1 所示。

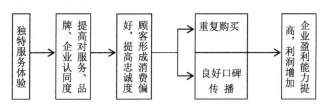

图 5-1　服务体验——利润链条示意图

服务体验的刺激来源是多方面的，甚至可以说服务过程中的任何一个细节都可能会对顾客的服务体验结果产生重大影响。因此，影响顾客服务体验的因素涉及了服务营销的所有要素：服务产品、服务成本、渠道和促销、服务过程、服务人员和有形展示等。以上每个方面的各个子因素都会对顾客的服务体验产生影响，而且这些因素可以相互影响。

5.1.3 服务营销学与传统市场营销学的区别

服务营销学作为市场营销学的一个年轻分支，它与传统的市场营销有哪些区别呢？

总体而言，服务营销学与传统市场营销学的区别主要体现在两个方面：一是研究对象及其内容不同；二是服务营销学与传统市场营销学在核心指导理念上存在显著差异。具体地说，两者的区别主要有以下几点。

(1) 研究对象存在差异。传统营销学研究对象主要是针对实物商品，而服务营销学则主要研究无形服务，具体包括两个部分：服务企业提供的纯粹服务产品以及生产制造企业提供有形商品包含的附加服务。

(2) 服务营销学加强了顾客对生产过程参与状况研究，而传统市场营销学则不存在这个问题。

(3) 服务营销学强调人是服务产品的重要构成因素，即服务人员的因素被顾客有意无意地视为服务产品不可分割的一部分。因此，服务营销学把服务人员作为一个非常重要的营销因素加以研究。

(4) 服务营销学把服务有形要素及其展示的价值与意义作为一个重要的营销关注因素。

(5) 服务营销学在关注服务质量问题上与市场营销学关注商品质量相比，质量内涵与评价都不相同。服务质量包括服务结果质量与服务过程质量，二者缺一不可。

5.2 服务营销组合策略

5.2.1 服务营销 7P 理论

20 世纪 80 年代，美国服务营销学者布姆斯(B. Booms)与毕纳(M. Bitner)首先完整地提出了服务营销 7P 组合理论，即在传统市场营销 4P 理论基础上增加了三个新要素，即服务人员、服务过程和有形展示，而这三个要素的英文开头字母恰巧也都是 P，如图 5-2 所示。

服务企业进行服务营销应该从这七个要素着手策划设计，围绕这七个基本要素强化顾客的服务接触和体验，七个要素和谐统一地传达同一个声音，才能取得理想的营销效果。

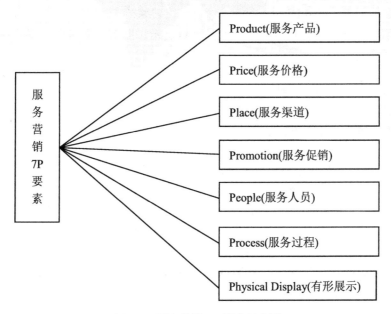

图 5-2　服务营销 7P 要素示意图

服务营销的 7P 组合策略的基本要素及其内容如下。

1)　服务产品(Product)

服务产品是为顾客提供核心服务利益，创造主要消费价值的载体。企业服务产品是多层次组合的服务概念，可以从核心服务、支持性服务和附加服务等 3 个基本层次以及服务可获得性、顾客互动性、顾客参与性等 3 个拓展层次来设计完整的服务产品内容。

2)　服务价格(Price)

服务价格是影响顾客是否选择服务以及评价服务是否物有所值的关键因素。在中低端市场，目标顾客对服务产品价格的变动更加敏感。

3)　服务渠道(Place)

顾客获得服务的基本途径和渠道，是衡量服务便利性程度的重要条件。服务网点多少、渠道分布是否科学、营业时间设置、代理商服务水平等都是影响顾客服务质量评价的因素。

4)　服务促销(Promotion)

服务产品也需要进行合理、频繁的促销活动，尤其是新服务推出初期。

5)　服务人员(People)

服务人员因素是影响服务质量的最关键因素，因为服务过程必须由服务人员来完成。服务人员的服务技能、综合素养以及与顾客互动情况等都会影响服务质量。

6)　服务过程(Process)

顾客不仅看重服务结果，还看重自己是如何接受服务的服务过程。也就是说，顾客会关注服务过程是否流畅合理、省时省力，感觉良好与否。

7) 有形展示(Physical Display)

有形展示包括服务设施设备、服务产品展览展示、服务空间设计等服务环境和服务场所的一切有形要素。

有形展示暗示了服务企业形象与实力，同时保证顾客在良好环境中接受服务，保证其舒适性。

5.2.2 服务营销 4C 理论

服务营销 7P 要素是从服务过程角度，全方位扫描影响顾客消费利益和服务感受的基本要素。另有学者从其他认识角度提出了一些新理论，最有影响的理论之一是 4C 理论，它是美国学者劳特朋(Lautebom)首先提出，而后迅速得以传播。4C 理论得以认可应该归功于该理论是完全站在顾客的角度来认识、讨论顾客的利益和成本等营销要素的。

而 4C 理论的得名是源于劳特朋提出的 4 个基本营销要素的英文词汇的打头字母都是 C，即顾客需求(Consumer's need)、顾客成本(Cost)、购买便利性(Convenience)、与顾客的沟通(Communication)，如图 5-3 所示。

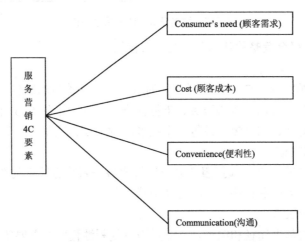

图 5-3　服务营销 4C 要素示意图

4C 理论完全符合服务营销的根本理念和指导思想，也完全符合顾客的现实需求。因此，4C 理论十分适于指导服务企业为满足顾客需求而设计服务营销计划。

4C 营销组合要素及其基本内容如下。

1) 顾客需求(Consumer's need)

服务企业首先要了解、研究、分析消费者的需要与欲求，而不是优先考虑企业能生产或提供什么服务产品。

2) 顾客成本(Cost)

顾客成本即消费者所愿意支付的成本。首先了解消费者满足需要与欲求愿意支付多少钱，而不是先给服务产品定价，即向消费者要多少钱。

此外，顾客成本除货币成本外，还应考虑顾客付出的时间、体力、精力等隐形成本。

3)　购买便利性(Convenience)

服务企业和人员首先要考虑在服务过程中如何给顾客提供方便，而不是优先考虑企业销售渠道的选择和策略以及企业经营成本。

4)　与顾客的沟通(Communication)

以消费者为中心实施营销沟通十分重要。通过互动、沟通等方式，充分了解顾客需求和要求，将企业内外部营销不断进行整合，把企业与顾客双方的利益整合在一起。

本 章 小 结

(1)　服务营销的定义：服务组织通过关注顾客服务性需求，并借助服务实现过程，创造、传递服务价值，最终使顾客满意而实现有利交换的系列过程。

服务营销组合策略是包括服务产品、服务价格、服务渠道、服务促销、服务过程、服务人员和有形要素等七个要素在内的组合营销策略。

(2)　关系营销是服务营销的指导哲学，其核心理念是为顾客、供应商、分销商创造价值，实现相互共赢；服务企业与顾客之间是长期友好的亲友式关系；服务企业与其他相关企业则是战略合作伙伴关系。

(3)　体验营销即服务企业在服务过程中，针对顾客需求，以服务场景为舞台，以服务人员为演员，辅助以有形产品而创设并实施愉悦顾客的一切活动。

体验营销活动的预期结果和追求目标是追求顾客希望出现的正面的愉悦体验。

(4)　服务营销学作为市场营销学的一个年轻分支，与传统市场营销学的主要区别为：①研究对象存在差异。传统营销学研究对象主要是针对实物商品，而服务营销学则主要研究无形服务。②服务营销学加强了顾客对生产过程参与状况研究，而传统市场营销学则不存在这个问题。③服务营销学强调人是服务产品的重要构成因素，即服务人员的因素被顾客有意无意地视为服务产品不可分割的一部分。④服务营销学把服务有形要素及其展示的价值与意义作为一个重要的营销关注因素。⑤服务营销学在关注服务质量问题上与市场营销学关注商品质量不同。

(5)　服务营销的 7P 组合策略的基本要素如下。

● 服务产品：服务产品是为顾客提供核心服务利益，创造主要消费价值的载体。

● 服务价格：服务价格是影响顾客是否选择服务以及评价服务是否物有所值的关键因素。

● 服务渠道：顾客获得服务的基本途径和渠道，是衡量服务便利性程度的重要条件。

● 服务促销：服务产品也需要进行合理、频繁的促销活动，尤其是新服务推出初期。

- 服务人员：服务人员因素是影响服务质量的最关键因素，因为服务过程必须由服务人员来完成。服务人员的服务技能、综合素养以及与顾客互动情况等都会影响服务质量。

- 服务过程：顾客不仅看重服务结果，还看重自己是如何接受服务的服务过程。也就是说，顾客会关注服务过程是否流畅合理、省时省力，感觉良好与否。

- 有形展示：有形展示包括服务设施设备、服务产品展览展示、服务空间设计等服务环境和服务场所的一切有形要素。

(6) 4C 理论，美国学者劳特朋首先提出，而后迅速得以传播。4C 理论被认可首先归功于该理论是完全站在顾客的角度来认识、讨论顾客的利益和成本等营销要素。4C 理论包括的四个基本营销要素，分别是顾客需求(Consumer's need)、顾客成本(Cost)、购买便利性(Convenience)以及与顾客的沟通(Communication)。

案例实训课堂

宜家的体验营销之道

传统家具零售企业的产品是分类摆放的，购买时要在众多的同类产品中挑选，单独购买后回家自己搭配组合。而宜家开创了中国家居样板间的先例，迎合住房的不同面积要求，将成套的或单独的样板间完全按照居住的形式布置妥当，让消费者直接体验未来家的感觉，温馨而舒适。诚然，样板间增加了宜家的经营成本，但却刺激了消费者的购买需求，这种独一无二的销售方式造就了宜家与众不同的风格。

在国内，很多家具企业并不提供让消费者直接体验的机会，担心消费者会把家具弄坏或者弄脏等。但是宜家却鼓励消费者在卖场进行全面的亲身体验，比如拉开抽屉、在地毯上走走、试一试沙发是否舒适等。此外，宜家的店员不会像其他家具店的店员一看到消费者进门就对着消费者喋喋不休，消费者走到哪里她们就跟到哪里；宜家的店员会非常安静地站在一边，除非消费者主动要求帮助，否则店员不会轻易打扰，以便让消费者静心浏览，在一种轻松、自由的气氛中做出购物的决定。同时，这样也就不需要过多的店员，减少了成本。

宜家所实施的现场体验方式，通过对人们的感官刺激，改变了人们传统的购物决策方式。因为在人们日常的购物行为中，很多消费者大多是被现场的营销信息所吸引，从而影响到人们的购物决策。而对于宜家而言，如何创造一种不同寻常的体验场景，是影响人们购物决策的核心要点。

在宜家购物，很多人只想买个小桌子，可最后发现买了一车的东西，这就是宜家坚持做线下的另一个原因。宜家迟迟不愿意在在线商城上投入过多，因为在宜家的营销策略里，线下体验才是宜家的重中之重。熟谙消费者心理的宜家，通过体验式营销一次又一次地全面刺激消费者的感官，促进消费者冲动消费。据不完全调查，消费者在宜家冲动消费的营收超过宜家销售收入的 10%。

宜家不仅仅下功夫营造现场的体验氛围，在产品的设计方面也做足了功课。宜家的产品设计非常重视消费者的需求，细致调查消费者日常使用习惯，将产品做得非常的人性化和精致，强调产品的方便性和舒适性。

在这个以顾客为导向的时代，宜家的经验显示，按照消费者的使用需要和习惯来设计人性化的产品，是体验营销的趋势和有力的保障。

宜家把各种配套产品进行家居组合，设立了不同风格的样板间，充分展现每种产品的现场效果，甚至连灯光都展示出来，全方位、立体化展示这些家居组合的感觉以及格调。宜家样板间的设计充分结合消费者对于生活的要求和消费模式，考虑不同产品的颜色、材料与灯光等在一起的搭配效果，并鼓励消费者买回家之后自己进行搭配。宜家还负责教消费者怎样去搭配。

(资料来源：高汴娜. 浅谈"宜家"(IKEA)的体验营销之道及启示.
https://www.taodocs.com/p-8342436.html. 文字为部分选取并有改动)

思考讨论题：

1. 结合案例分析宜家是如何利用增强顾客消费体验来刺激顾客冲动式消费的。

2. 案例中宜家在哪些方面的巧妙设计有力地提升了顾客体验？

分析要点：

1. 体验营销是服务营销的主要方式，体验营销活动的预期结果和追求目标是追求顾客希望出现的正面的愉悦体验。

2. 体验营销是一个全面提升顾客体验的工作系统，无形服务的营销最终留给顾客的是体验的好坏。

思 考 题

一、基本概念题

服务营销　关系营销　体验营销　7P 组合策略　4C 理论

二、思考训练题

1. 服务营销学与传统市场营销学的主要差别有哪些？

2. 为什么说服务营销中的关系营销理念是市场营销指导哲学的一次升华？

3. 简要回答体验营销的基本目标是什么。

4. 简述服务营销 7P 策略的各个要素的基本内容。

第6章　服务产品策略

- 重点掌握服务产品、服务产品定位和服务产品品牌等基本概念；
- 了解格罗鲁斯关于服务产品核心服务、附加性服务的分类及其内容；
- 掌握洛夫洛克关于服务产品核心服务、支撑性服务和附加性服务的构成内容；
- 理解服务产品内容与服务概念、服务品牌、服务定位之间的相互关系；
- 掌握服务产品定位的层次、策略及基本步骤；
- 掌握服务品牌策略、品牌构成要素、品牌化等基本内容。

　　服务产品　核心服务　支撑性附加服务　增强性附加服务　服务产品定位　服务产品品牌

人生蜕变，服务升级

　　柳子民此时正在机场的建设银行 VIP 客户候机室内等候登机。这次是到深圳去与一家公司洽谈战略性合作事项，秘书为他预定了时间适宜航班的头等舱。他现在是一家互联网上市公司的职业经理人——总经理，年薪达到七位数，而且拥有数量可观的股票期权。公司员工以及亲友、同学都把他视为成功人士的典范。

　　他内心十分清楚，自己是怎样一步一步通过艰苦努力奋斗到今天这个位置的。他大学毕业后，进入一家互联网企业，从最基层的技术客服做起，整整奋斗了二十年，才达到了今天的成就。他清楚地记得，当初为了解决客户问题，他出差总是在时间和费用之间纠结好几天：既不能耽误客户事宜，又想方设法节省交通费用，因为他们的差旅费用是包干的。就连自己的手机和通信套餐都是最廉价的，在出差过程中，方便面是标配。如此种种，现在仍历历在目。

　　有时候，柳子民也会惊讶于自己消费服务的这种巨大转变和差异：手机服务换为全球通的高级商务套餐，属于银行的重要客户，差旅出行不是飞机头等舱就是高铁一等软席，等等。总之，现在消费的服务都是品牌服务商提供的定位高端的服务产品。

　　回想着自己这二十年的艰苦奋斗史，看看坐在身边陪同自己出差的办公室行政文员小刘，柳子民仿佛看到了当年的自己，不由得感慨万千……

　　思考：顾客消费服务产品到底购买的是什么？对于顾客而言，普通服务与品牌服务的差异在哪里？

6.1　服务产品层次组合

任何服务企业都会面临着一个共同的选择，即提供什么样的服务产品以及如何把服务产品有效地传递给顾客。服务产品是顾客消费的核心利益要求，也是服务企业存在的根本价值。

因此，服务企业最根本的任务是规划设计一项或系列概念清晰、内容完整的服务产品，创造有竞争力的顾客感知价值，并最终有效传递到顾客。从广义上说，服务产品是一个包括多层次内容的服务包，属于复合型的整体概念。

6.1.1　服务产品基本组合与广义组合

芬兰服务营销学者格罗鲁斯从服务产品满足消费者需求应该具有的特征和属性的角度，将服务产品组合分解为两个层次，共六个方面：基本服务组合包括核心服务、便利性服务(或产品)和支持性服务(或产品)；广义服务产品则包括服务可获得性、顾客与组织互动性、顾客参与情况等三个维度的内容组合。

为了更切合中文语境和中文词汇内涵，我们将格罗鲁斯的"支持性服务"使用"附加性服务"替代，而且服务三个层次的具体内容也有所微调。

1. 基本服务组合

1)　核心服务

核心服务是服务企业为顾客提供的核心利益与价值，是企业生存于市场的关键所在，即企业在市场中存在下去的理由。核心服务往往与企业所处服务行业相关联，例如航空公司为乘客提供的核心服务是空中运输，快递公司的核心服务是为顾客实现物品不同地址间的快速传递。

此外，相同的核心服务可能具备多种服务属性，不同的服务企业在服务产品定位时可能选择不同的服务属性。例如有的快递公司更强调自己快递服务的速度优势，有的快递公司更突出自己服务的安全性等。

2)　便利性服务

便利性服务是服务企业为使顾客能够顺利、便捷地购买并使用核心服务的必要性辅助措施。例如各商业银行均设立营业网点进行人工服务、设有 24 小时自助银行系统，当前国内银行还开通了网上营业厅、手机银行等，所有这些服务项目都是为了方便顾客消费，降低顾客的时间、精力等非货币成本。这些服务都属于便利性服务的内容。

3)　附加性服务

附加性服务是服务企业为了提升顾客总体感知价值水平而设计的增值性服务或产品。

附加性服务可以有效地强化服务产品功效、增加价值以及提升顾客整体体验等。附加性服务不一定与核心服务和便利性服务有必然性的联系，其根本目的在于区分竞争对手同类的服务产品，以建立产品竞争优势。规划设计附加性服务，企业具有高度的自主性和随机性，但应遵循顾客心智中认同其价值且与服务整体产品概念无违和感的基本原则。

【服务知识应用示例】

中国移动通信公司的服务内容组合构成

中国移动通信集团公司主营移动通信业务，属于典型的服务型企业。按照格罗斯关于服务内容组合理论，可以把该公司的移动通信服务的基本组合层次划分如下：

- 核心服务。中国移动通信公司的核心服务是可移动、全天候、不间断的信息数据传递服务。这也是该公司生存于市场的核心价值所在。
- 便利性服务。我们经常看到这家通信企业开办的实体营业厅、授权的大量代理网点，年轻人最喜欢使用的网上营业厅、手机终端营业厅、全国统一客服电话10086等，都属于便利性服务。各类营业网点以及公司总部、各省自治区直辖市分公司、市区县所属子公司等多级公司行政性管理部门，都是为便于顾客消费或提升服务质量和效率的最终目的而设置。
- 附加性服务。其根本作用在于它能够增加企业服务的总体价值，并将本企业的服务与竞争对手的同类服务区分开来。

对于中国移动通信公司，它定期非定期推出的季节或主题促销礼包，特定期间的打折优惠券、签约赠送手机、主题活动提供的奖品、捆绑式销售套餐等，以及为 VIP 顾客提供某种特殊待遇，如机场休息室、登机绿色通道，等等，所有这些都属于附加服务的范畴。

2. 广义服务产品组合

大多数服务行业的顾客对于服务过程的感知主要从服务可获得性、顾客与服务组织互动性以及顾客参与情况等三个方面进行。这三个要素与此前介绍的基本服务组合共同构成了广义的服务产品，如图 6-1 所示。

1) 服务的可获得性

服务可获得性指的是顾客获取服务的难易程度。轻松、便利是服务可获得性设计的基本要求。

服务的可获得性如何主要包括以下影响因素：

(1) 服务人员的数量及其服务技术熟练程度。

(2) 营业地点、服务网络和服务分销渠道状况。

(3) 服务场所内外部设计、空间布置以及服务流程设计。

(4) 服务设备设施以及文件文具等的准备与管理。

(5) 网络支持等信息技术使用便利。

(6) 要求提供服务的顾客数量及知识水平，等等。

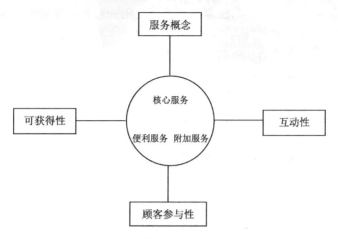

图 6-1　广义服务产品构成示意图

[资料来源：(芬兰)克里斯廷·格罗鲁斯.服务管理与营销[M]. 北京：电子工业出版社，2009：134.]

2) 顾客与企业或服务人员互动性

互动性是服务企业为提高顾客在服务过程中与服务系统或人员接触时，提高效率和良性体验的服务设计。

顾客与企业互动性主要体现在以下方面：

(1) 与顾客接触时，服务人员说什么和做什么以及如何说和如何做。

(2) 顾客与自助设备、计算机、文档文件、等候设施、工具等的互动关系。

(3) 顾客与等候、结算、预约、售后服务、抱怨与投诉等服务子系统的互动关系。

(4) 顾客之间的互动交流，等等。

3) 顾客参与性

准确了解顾客的参与意愿和要求，然后科学设计顾客参与服务的环节、内容、方式、时间等，可以极大地提高顾客服务感知水平。

顾客参与内容设计要保证顾客参与的轻松性和趣味性，包括以下主要内容：

(1) 服务方式设计：自助式、半自助式和混合式服务。

(2) 顾客参与服务内容的选择与设定。

(3) 顾客参与服务时间长短限定、时间段的选择。等等。

6.1.2　服务产品的"服务之花"

美国学者洛夫洛克关于服务产品内容构成的认识与学者格罗鲁斯在认识视角、内容分类上有所不同，但划分体系却有异曲同工之妙。

洛夫洛克认为，服务产品由核心产品和围绕核心产品的一系列附加服务要素构成，其中附加服务要素又区分为支撑性附加服务和增强性附加服务。支撑性附加服务是指在服务传递或者顾客使用核心产品时提供帮助的服务项目，主要包括信息服务、订单服务、账单服务和付账服务等。增强性附加服务则能够为顾客带来额外的感知价值，主要包括咨询服务、接待服务、保管服务和特殊服务等。

洛夫洛克将这个由多层次内容构成的服务包形象地称之为"服务之花"，如图 6-2 所示。服务核心产品是"服务之花"的花心，支撑性附加服务和增强性附加服务的 8 项服务要素则构成了"服务之花"的鲜艳花瓣。

在一项设计卓越和运营优良的服务项目中，"服务之花"的花心和花瓣应都呈现出鲜活健康的状态。因为花心和花瓣是不可分割的一个整体，顾客在消费服务产品时，既看重核心产品带来的核心利益，也非常注重服务过程中的所有感受。当你对服务企业的某项服务不满意时，是由于核心服务的缺陷还是附加服务存在问题呢？其实，大多数时候，顾客的不满意主要来源于支撑性附加服务和增强性附加服务的缺陷或缺失。当然，当核心服务出现问题时，顾客会更加难以容忍。

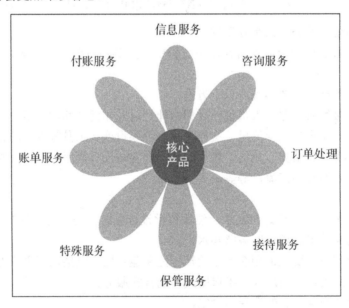

图 6-2　服务产品的"服务之花"构成示意图

1. 支撑性附加服务

1)　信息服务

顾客在服务消费之前、之中和之后的各个阶段，都有获取服务相关各类信息的需求。服务企业是否提供便捷的获取渠道以及充分的服务信息内容会直接影响顾客消费决策和享受服务是否顺利，从而影响其满意度。

一般而言，服务企业的顾客会需要以下具体的服务信息内容：

(1) 服务地点、时间、流程说明。

(2) 服务活动安排。

(3) 服务价格。

(4) 如何使用核心服务/附加服务。

(5) 使用提示。

(6) 注意事项。

(7) 销售/服务的条件。

(8) 变更通知。

(9) 记录证明。

(10) 预约确认。

(11) 账目明细。

(12) 发票和收据。

(13) 第三方服务评价。

(14) 企业或服务的质量保证。

(15) 售后服务。

顾客需要获得的服务信息不局限于以上所述，不同服务行业差异巨大，同行业内不同的顾客，所需要的相关信息也差别较大。对于服务企业而言，不仅要规划多元合理的信息获取渠道，还要确保顾客获取信息的方式简单易行，获取信息准确、充分。

2) 订单处理

订单服务实际上是服务消费前期阶段的流程管理，一般包括顾客申请、订单确认、支付费用等基本环节。

目前，由于信息技术和智能设备的普及，许多传统服务的服务预订和订单处理变得异常简单、快速，而且一体化明显。服务企业应保证礼貌、快速、准确地提供订单服务，以最大限度降低顾客的时间、精力等非货币成本。

综合大多数服务企业的情况，订单处理主要有申请、下订单、预订与登记入住等类型。

(1) 申请：

① 俱乐部或特定组织、项目的成员。

② 签约服务(如水、电、燃气、宽带网络等)。

③ 需要满足前提条件的服务(如银行贷款、信用卡)，等等。

(2) 下订单：

① 当场完成订单。

② 邮件、电话、电子邮件、手机 APP、短信、网站订单。

(3) 预订与登记服务：

① 座位/餐桌/房间。

② 车辆或设备租用。

③ 专业人员预约。

④ 受限制区域进入许可。

3) 账单服务

绝大多数的服务企业都会涉及账单服务。一些传统服务行业，账单服务仍然采用纸质账单，首先保证账单清晰明了易于顾客对账；更要保证项目清楚，费用金额准确；同时也要保证服务的及时性和迅速性，以免顾客产生抱怨。

目前，许多服务企业已经摒弃纸质账单，而采用电子账单，并且为顾客提供多种查阅途径。例如许多信用卡发卡银行已经取消每月的纸质信用卡消费记录对账单，而是定期将电子对账单发送到客户电子信箱。将账单服务和付款合二为一也已经成为服务企业提升服务效率的一种趋势。例如，在淘宝电商平台上购买服装，其订单信息与支付信息已经合成一体，非常便捷，为顾客节省时间、精力。账单服务包含如下内容：

(1) 定期账户明细表。

(2) 个人交易发票。

(3) 口头账单。

(4) 机打账单。

(5) 电子账单。

(6) 自助账单(顾客自己操作完成)。

4) 付账服务

现代服务企业为顾客设定的付账服务方式主要有顾客自助支付、现场支付和自动账务处理等。

对于自助支付和自动账务处理，企业应确保付账系统安全、便捷，保证自助设备完好、网络畅通等。对于现场支付服务，要保证秩序和速度，还要有必要的控制系统。例如乘坐高铁前、进入电影院前，会有专业服务人员进行检票，以保证顾客支付相关费用。付账服务包含如下内容。

(1) 自助服务：

① 插入银行卡或投入现金、代金券等。

② 网银、手机银行等电子转账。

③ 邮寄支票(中国境内较少使用)。

④ 网上使用信用卡。

(2) 直接或间接缴费：

① 现金处理和找零。

② 支票支付。

③ 信用卡/收费单/借记卡处理。

④ 票据兑换。

⑤ 代币、优惠购物券等。

(3) 自动账务处理控制与确认：

① 自动系统(如地铁入口处检票机)。

② 人工系统(如收费员和检票员)。

2. 增强性附加服务

1) 咨询服务

顾客在服务消费之前、过程中以及消费结束后，都可能产生与服务相关的问题需要服务提供方的解释。顾客咨询的方式可以是电话、信件、电子邮件以及当面交流等多种方式。咨询服务主要涉及以下方面的内容：

(1) 服务产品的价格、内容、特性、时间、地点等。

(2) 投诉与建议。

(3) 个性化服务方案定制。

(4) 一对一专业性咨询。

(5) 服务产品使用引导/培训。

(6) 管理或技术性咨询。

(7) 特殊要求的可行性，等等。

2) 接待服务

接待服务是贯穿服务全流程的关键因素，它对顾客服务体验好坏有着直接影响。接待服务具体表现在迎宾、服务引导、过程中关照以及告别等服务过程的各个环节。接待服务涉及的服务要素主要是服务人员与服务设施设备等有形要素方面。

对于大多数服务企业，接待服务要素主要涉及以下方面的内容：

(1) 服务人员仪容仪表、礼貌问候、过程引导、问题解答等。

(2) 等候设施与待客设施(休息室、报纸杂志、娱乐服务、厕所与洗手间)。

(3) 食物与饮料。

(4) 顾客的停车、乘车等交通问题。

(5) 顾客的安全保证问题，等等。

3) 保管服务

顾客在消费一些服务项目时，会产生保管服务需求。服务现场的保管服务主要包括衣物保管，背包寄存，贵重物品保管，行李的托运、流转与储存，物品转交，甚至是儿童与宠物看管，等等。

保管服务可能需要服务企业设置以下项目、专门设备和人员配备：

(1) 儿童托管。

(2) 宠物看管。

(3) 衣帽间。

(4) 行李看管。

(5) 储藏服务。

(6) 保险箱。

(7) 安全人员，等等。

4) 特殊服务

增强性附加服务除上述咨询、接待和保管等传统服务以外，还存在一些特殊性的服务尚未包括在上述服务范围以内。这些服务根据时间顺序，可以大致划分为三种类型：服务开始前顾客个人的特殊性要求，服务传递过程中问题处理和服务失误的补救处理，以及售后服务管理。

下面介绍这三类服务的具体内容。

(1) 服务前顾客特殊要求。顾客的这些需求一般与个人特定需求有关，例如儿童照看、饮食要求、医疗特定条件、宗教信仰、身体残疾相关需求，等等。

(2) 服务过程中的沟通与问题解决。在服务传递过程中，可能会出现意外事故、服务设施设备工具的故障、服务人员的失误等问题导致服务无法顺利进行，这就需要服务人员与顾客充分沟通并解决问题，必要时候还会启动服务补救机制，以消除顾客不满情绪。关于服务补救的内容将在第 13 章具体介绍。

(3) 售后服务管理。在服务交易完成后，服务并没有真正结束，还需要售后服务管理。售后服务管理的基本内容主要包括企业原先承诺产品的售后服务项目，以及接受投诉、退赔款等。具体内容如下：

① 购买商品或租用设备的后续服务(如包装运输、安装检测、清洗维护、燃料耗材补给、配件维修等)。

② 接收顾客投诉、建议，并及时处理。

③ 退款、赔款、追加补偿等。

6.2 服务产品定位

上一节我们介绍了服务产品所包含的层次及其内容。其实，服务企业在规划设计自己的服务产品内容之前，首先要对该服务产品进行定位。服务产品的定位会锁定目标顾客群体，直接决定了服务产品内容及其属性的设定与选择，从而决定了服务营销计划的主题和营销策略组合。

6.2.1 定位含义与层次

1. 定位理论的提出

定位理论是 20 世纪 70 年代，由美国两位广告界人士艾尔·里斯(Al. Ries)和杰克·特劳特(Jack Trout)提出，迅速得到企业界和理论界的广泛认可，曾被誉为"有史以来对美国营销影响最大的观念"。

艾尔·里斯和杰克·特劳特对定位的诠释非常通俗、简洁：定位起始于产品，如一件商品、一项服务、一家公司、一所机构，甚至是一个人。定位并不是要对产品本身做什么事，而是对潜在顾客的心智采取行动，即将产品在潜在顾客的心智中确定一个适当的位置。

后来，杰克·特劳特和史蒂夫·里夫金(Steve Rivkin)在其合著《新定位》中进一步阐释了定位的内涵："定位是对大脑的定位，而不是对产品的定位。市场营销的最终战场是大脑。"

2. 定位的层次系统

关于定位的层次，不同学者有不同的划分。一般认为，定位系统由企业定位、品牌定位和产品定位等三个层次内容构成。这三个定位层次有不可逆的逻辑关系：由宏观到微观，三者相互促进、相互制约，每个层次所传达的定位概念要求一致。否则，就会造成顾客认知上的困惑，导致定位策略失败。

定位的层次内容构成不仅适合于制造业，也同样适用于服务业。下面具体介绍关于服务企业定位、服务品牌定位和服务产品定位。

1) 服务企业定位

服务企业定位是定位系统中的最高阶层。，但是服务企业的定位应该建立在服务产品定位和服务品牌定位的基础之上，三者应该传达同一定位概念。服务企业定位应包括两个方面的内容：一是企业行业地位的定位；二是企业形象的定位。

服务企业的行业位置定位，主要是确认在行业中自己的地位与角色，即从市场领导者、市场挑战者、市场追随者和市场利基者中进行选择，并进行系统性强化，然后通过企业营销沟通渠道加以传播。

服务企业的形象定位是建立在企业行业地位以及所拥有的服务品牌及其产品定位的基础之上。也就是说，服务企业所树立的社会形象要与自己的业内地位与角色、企业主张的核心价值观念、服务品牌及服务产品所传达的价值主张等匹配一致。当然，企业自我形象的塑造也是一个内容丰富的构建系统，企业的任何组织行为，以及企业家、高层管理者的行为及个人形象，都会对企业形象产生或多或少的影响。

2) 服务品牌定位

服务品牌与服务产品并非是一一对应的关系，企业可以采取多种服务品牌策略。服务企业可以对不同的服务产品实施统一品牌策略，但是具体服务项目可能有不同的产品定位；还可以对同类的不同服务产品实施多品牌策略，不同品牌又有不同的价值主张，不同的品牌定位。

总之，服务品牌的定位主要落实服务品牌形象、品牌地位以及核心价值主张等维度的内容。服务品牌定位一定要与企业定位和产品定位相一致。

3) 服务产品定位

服务产品定位是企业定位系统的基础和核心。因为顾客消费服务所获得的核心利益最终是通过服务产品实现的。服务产品定位恰当与否，直接决定了该项服务产品的市场成败。

服务产品定位差异点相对于有形产品具有更大的选择空间。服务企业可以根据其服务产品的功能、属性、顾客利益、价格、质量、使用方式、竞争情况等多种因素或其组合进行定位。根据美国战略学者迈克尔·波特的观点，企业的竞争优势可以来源于企业经营的任何环节中的某一点。当然，这些差异点必须能够得到顾客的价值认同。因此，服务产品定位的差异点，不同企业有不同的选择。

由表 6-1 中的一些典型服务企业的定位策略可以发现，成功的服务产品定位一定是与服务等级和定价水平相匹配的，不能分割开来。

表 6-1　一些典型服务机构的服务定位举例

服务机构	定位策略及顾客主要感知利益	行业类型	服务等级	定价水平
沃尔玛	天天低价全类商品(财务利益)	零售超市	低	低
麦当劳	便利低价餐(功能利益)	餐饮业	低	低
星巴克	舒适第三空间(体验利益)	餐饮业	高	高
海底捞	高附加服务食品(功能与体验)	餐饮业	高	中
迪士尼	独特娱乐体验(体验利益)	主题公园	中	高
西南航空	低价、便利(财务利益)	航空业	低	低
新加坡航空	高级享受(体验利益)	航空业	高	高
顺丰快递	速度与安全(服务属性)	快递物流	高	高
同仁医院	眼科医疗(服务优势)	医疗	高	高
某社区医院	全科医疗(财务利益)	医疗	低	低

6.2.2　服务产品定位的基本步骤

广义上的服务产品定位，主要分为服务市场细分、目标市场选择、服务产品定位概念定型以及围绕定位的整合营销传播计划等步骤。

关于市场细分、目标市场选择以及营销传播计划等方面的内容，在传统市场营销理论中都有详尽的介绍，在此，我们重点介绍狭义上的服务产品定位的具体步骤。

1. 搜寻该服务的所有重要属性和决定性属性

服务企业首先应将该项服务产品的所有属性罗列出来，并划分为两大类：重要属性和决定性属性。

所谓重要属性是指服务的核心产品应该具备的基本属性。服务的基本属性对于顾客而言无疑是极其重要的。但是，真正决定顾客选择决策的往往是那些差异化的服务属性，我们称之为决定性属性。

例如，航空乘客都会把旅行"安全"视为最重要的航空服务要素，安全的确应该属于航空服务的重要属性。但当乘客选择航空公司服务时，其决定性因素并不一定是安全这个重要属性，因为一般顾客会认为不同的航空公司客机具有相同的安全保证。这名乘客可能会因为服务质量高低、机票价格折扣大小以及登机楼远近等因素而做出选择。

2. 识别服务属性的差异化特征

在这个环节，企业应该力求识别出服务属性的天然差异性和差异化的可能性，并且尽可能地将这些差异化特征予以明确表达出来。

在大多数情况下，服务的基本属性较难实现差异化。而核心服务的衍生或附加属性往往成为决定性属性，并由此形成服务差异化的竞争优势。

3. 选择具体的差异变量

在完成前两个阶段任务后，企业应该进行的工作是在具备差异化特征的诸多服务属性变量中完成对比，选择出最佳差异变量。一般做法是将备选的差异变量与主要竞争对手服务产品同类属性进行优劣势比较，然后评判顾客对于上述差异化特征的重视程度，最终做出选择。

关于服务产品定位差异点的选择，可以从服务属性的可传递性和顾客合意性两个方面加以评判。具体标准和要求如表 6-2 所示。

表 6-2　服务产品定位差异点的选择标准与要求

顾客合意性标准		可传递性要求	
相关性	差异点对目标顾客来说，必须是相关的，重要的	可行性	公司必须有能力创建差异点
有特色	目标顾客必须认为差异点既有特色又出众	可传播	公司须确证可以提供顾客希望的好处
可信性	目标顾客必须认为既可信又可靠	可持续性	定位必须先发制人，可防卫的，让其他公司难以发起攻击

4. 提炼并确定定位的核心概念

服务企业在确定了服务差异化定位点后，还必须将这个差异点形成内涵单一聚焦、简洁明了的完整定位概念。然后，找到能够触及顾客内心的共鸣点，明确地用最简练的语言表达出来。这个定位的核心概念未来将会在服务企业的所有场合、传播渠道中以统一面目示人。

5. 制订相应的整合营销传播计划

完成以上四步工作只是定位工作的前半段，定位成功与否还需要制订科学、系统的市场整合营销传播计划。关于沟通渠道与传播方式的内容将在第 8 章中具体介绍。

6.2.3 服务产品定位的主要策略

服务企业为某项服务产品定位前，首先应该确定定位的基本策略，然后选择适当的技术性定位方法和工具，如定位图等。

1. 关注竞争视角的定位策略

从市场竞争的视角出发，服务产品定位策略有避强定位、迎头定位和重新定位等三种常见策略。

1) 避强定位

避强定位即避开强有力的竞争对手的同类服务产品，另辟蹊径，与其错位竞争的定位策略。避强定位策略的优点是能够有效避免产品上市初期就遭遇竞争对手的针对性打击，迅速树立独特形象，成功率较高。

避强定位在实践中常常通过以下几种方式实现该策略：①当前自己的产品定位与竞争对手有差异，继续强化和提高自己现在的服务产品定位；②对于全新服务产品。要寻找尚未被占据并为顾客所重视的价值点进行定位，即是寻找"空档"定位；③退出与强大对手正面冲突且获胜概率不大的市场范围和产品形象，修正产品概念。

2) 迎头定位

迎头定位，顾名思义，即选择与最强竞争对手对着干的方式进行定位。这种定位要求服务企业具备强大资源实力，该项服务产品具备相当明显的竞争优势。此外，该定位产品要进入的市场容量要足够大，定位成功后能够持续经营才有价值。

当然，迎头定位是一种危险战术，不要轻易去抢夺竞争对手已经定位成功且持续了较长时间的定位概念。除非竞争对手在这个定位产品上犯了不可饶恕的错误，否则，失败的概率远大于成功的概率。当年沃尔沃将自己的汽车定位在"安全性"大获成功后，汽车界的大佬们都曾经想抢夺这一定位，结果都败下阵来。

3) 重新定位

重新定位，也称为"再定位"，通常是指对销售不畅或形象不够鲜明有力的服务产品进行第二次定位。其实，在企业经营中重新定位甚至比首次定位更普遍。因为定位恰当与否不取决于定位者的付出和努力，而取决于顾客是否认同。

一般说来，重新定位的原因主要有以下几点。

(1) 产品原定位是错误的：与行业领先者产品定位冲突；产品定位不能获得顾客认可；原定位概念内涵模糊等。

(2) 产品原定位招致攻击且反击无力：竞争对手的产品定位更加准确有力；该定位未能出现强有力的领先者，陷入红海竞争等。

(3) 市场发生变化：产品升级换代或被替代；目标顾客群消费偏好发生变化；目标顾客群整体性变化等。

2. 关注顾客利益视角的定位策略

从关注顾客利益的角度，服务产品定位策略可以分为功能性利益定位、情感性利益定位和自我表现利益定位等三种。

1) 功能性利益定位

服务产品在功能项的优势、特色以及新功能等属性上进行定位，以吸引消费者，这就是功能性利益定位。服务产品的功能属性定位可以来源于服务产品的核心服务、支撑性附加服务和增强性附加服务等服务产品组合构成的各个层次。

例如，顺丰快递公司的物流递送服务主要定位在其快递服务的"速度与安全性"上，获得顾客普遍认可而大获成功。同类的业务，中国邮政的 EMS 服务却在国内以"慢得出奇"而闻名；但是一些不看重物流速度却高度重视安全性的顾客也会选择 EMS 服务。国内其他多数快递公司的物流递送业务既无速度优势又无安全优势，只好在服务价格上相互比拼。

2) 情感性利益定位

许多服务企业的服务产品依靠情感利益制造与竞争对手的产品差异。例如，经济型连锁酒店如家快捷酒店就将自己定位在"宾至如家"的感觉上；最近，一些旅游民宿产品将其产品定位在"回归乡野、回归自然"，亦受到普遍认可。

3) 自我表现利益定位

当服务品牌及产品成为顾客表达个人价值观、个人社会形象、财富地位、个性与品位的一种载体与媒介时，这类产品就具有了独特的自我表现利益。服务企业可以从这些内容中提炼利益点进行定位。

例如，中国移动通信公司曾经推出的"动感地带"产品就定位于大中专院校及中学生，"我的地盘我做主"满足了这一代独生子女以我为主的价值观念，获得普遍认同，大获成功；而中国移动推出的另一款产品"全球通"则定位在成功商务人士，突出"我能"概念，传达成功人士有能力、能掌控局面的文化内涵。

6.3 服务产品品牌

对于服务企业而言，服务品牌是形成服务特色、取得企业竞争优势的重要手段和标志。

6.3.1 服务品牌内涵与构成要素

1. 服务品牌内涵

关于品牌，营销学者菲利普·科特勒将其简单定义为："一个名字、名词、符号或设计，或是上述因素的综合，其目的是使自己的产品或服务有别于其他竞争者。"

科特勒的品牌定义主要从品牌外部表现的视角对其进行了特征性描述，品牌的丰富内涵并未体现出来。而且这个定义仅表述了有形产品和服务在内的总体概念，并没有对产品品牌和服务品牌进行区分。

品牌并非仅是一个标志符号，它代表了某个目标顾客群体的利益认知、情感属性、文化传统和个性表现等相互关联的情感共鸣和价值观念。一个成功的品牌一定是具有丰富文化内涵的品牌，具有持久生命力。

服务品牌并非凭空存在，它与服务产品相互依托、相互影响。在服务顾客的心智中，两者是紧密结合在一起的，缺少清晰的边界。当然，这要求服务企业已经为相关服务产品建立起有影响力的服务品牌为前提。

那么，我们到底应该如何认识服务品牌呢？

服务品牌是指消费者对服务利益、服务有形要素以及服务过程体验归属于品牌感知范畴的总和，是服务企业对消费者提供一致性服务交付的承诺。

品牌服务相比于无品牌服务，可以消除顾客购买时的不安全感，还可以给顾客带来一定程度的心理满足感和优越感。因此，顾客愿意为品牌服务支付相应的品牌溢价。服务品牌成为服务性企业获得客户、对抗竞争、赖以生存和发展的必要策略。

2. 服务产品品牌构成要素

服务产品品牌包括两类基本要素：一类是消费者看得见、摸得着的表层化要素，如品牌名称、品牌标志等；另一类是品牌的内在性要素，如品牌的利益认知、情感属性、文化传统和个性形象等。

1) 品牌名称

品牌名称是品牌中可以用语言称呼的部分，通常由词汇和图像构成，是品牌概念形成与传播的基础，例如肯德基、香格里拉饭店、联邦快递、新加坡航空等。

对于服务品牌名称的选择有其内在的要求，品牌名称应该在口语中朗朗上口，与服务产品有明显的关联性，并且非常便于记忆。

2) 品牌标志

品牌标志是品牌中的图形记号，常常是某种符号、图案或其他独特设计，如图 6-3 所示。品牌标志可以非常容易地被识别，却难以用语言表达。品牌标志可以说是品牌的视觉语言。

独特的品牌标志会在消费者头脑中形成深刻的印象，使消费者一看到就立即能识别出品牌。例如，我们在一个山区旅游景点，远远看到了麦当劳的那个拱形门就会立即识别出麦当劳品牌及其产品。

华为公司品牌标志

腾讯微信产品品牌标志

米高梅电影公司品牌标志

图 6-3　部分知名品牌标志

3）　利益认知

利益认知是品牌认知的一个重要部分。品牌的利益认知是指消费者认识到某产品的功能特征所带来的利益。而品牌则为该项产品或服务的功能增加了信用背书。

4）　情感属性

消费者在认知品牌的过程中，会将品牌产品的利益认知转化为一定情感上的利益。其实，消费者在享受服务功能的同时，也会享受服务品牌带来的情感利益。尤其是那些高端奢侈服务品牌，会带给消费者更多的情感利益。

5）　个性形象

品牌应该塑造自己的鲜明个性形象，以区别于竞争对手们的同类品牌。成功的服务品牌一定是成功塑造了其个性形象，该形象的文化内涵非常符合目标顾客群的自我形象认同。

6.3.2　服务产品的品牌管理

品牌服务产品越来越受到消费者的青睐，服务品牌的价值越来越受到服务企业的重视。

1. 服务品牌策略

服务企业，尤其是有一定规模的服务企业，一般会为顾客提供一条产品线而非单一服务产品。这些提供多项服务产品的服务企业就必须为自己选择恰当的品牌策略，从"品牌屋""品牌家族""子品牌"以及"授权品牌"等品牌策略中选择其一。

1）　品牌屋

学者们形象地使用"品牌屋"一词来形容使用单一品牌覆盖所有产品或服务的品牌策略。当然，这种策略也存在不足之处，即品牌会被过度扩张使用，品牌影响力可能会逐渐减弱。例如，中国家电企业海尔就采用了这种品牌策略，当其发展初期主要产品仅限于冰箱产品时，也正是品牌影响力最大的时期。当企业进入所有家电产品领域后，其品牌影响力日渐衰减。

2) 子品牌

子品牌策略是指服务企业拥有统一的母品牌，但是旗下的每项服务产品都拥有自己独特的子品牌。

例如，联邦快递公司就是应用该策略的成功典范。联邦快递公司所属的服务子品牌包括 FedEx Home Delivery(美国住宅递送服务)、FedEx Freight(区域性低于卡车载重量的重型货物运输服务)、FedEx Custom Critical(随时门对门的急件运输服务)、FedEx Trade Networks(报关、国际货运和贸易便利化服务)、FedEx Supply Services(随商品同步运动的全面解决方案服务)等。

3) 授权品牌

授权品牌是多品牌策略的一个重要形式。该品牌策略在酒店业内使用较为普遍。服务企业除拥有独立品牌外，还拥有多个子品牌。被授权使用某个子品牌企业的品牌标识一般会将主品牌和授权品牌同时使用，而主导品牌则还是授权企业的主品牌。

希尔顿酒店、万豪国际集团、喜达屋酒店及度假村国际集团等国际知名服务企业都是采用该品牌策略的典型企业。万豪集团更是拥有多达 16 个子品牌。

【服务企业实践】

喜达屋酒店及度假村国际集团服务品牌组合策略

喜达屋酒店及度假村国际集团(Star-wood Hotels & Resorts Worldwide)是酒店和休闲业的全球领导性公司之一，经营范围超过 95 个国家，拥有 14.5 万名员工，所属喜来登、喜来登福朋、W 以及威斯汀等诸多子品牌。这些品牌都针对一定的细分市场，有自己的独特定位。

- 喜来登：喜来登是喜达屋及度假村国际集团最早进入中国市场的品牌，也是喜达屋旗下历史最悠久的、最大、分布最多的酒店品牌，其广告标语是"你不是住在这里，你属于这里"，产品特点突出温暖、舒适和休闲。

- 喜来登福朋酒店：喜来登福朋酒店的目标顾客群体主要是一群自给自足的旅行者。酒店宣称为顾客提供一个"舒适的家"，其服务强调诚实、简单和舒适。该品牌为顾客提供高水准的舒适度，但不提供像免费网络、瓶装水等附加性服务。

- W 酒店：W 的品牌个性是时尚与炫酷，为客人提供了一种酷酷的温暖的独特体验。作为一个以设计为主导的当代时尚生活品牌与酒店行业创新者，W 酒店已在全世界最具活力的城市与最富情调的旅游胜地创立了众多的酒店、度假酒店以及 W 品牌公寓。每一间酒店都提供独特的创意设计和一切围绕时尚、音乐和娱乐而进行的热门活动。W 酒店提供一系列感官潮流体验，包括现代概念餐厅、魅力娱乐生活、时尚的零售店、特色水疗和耳目一新的入住享受，为宾客带来全方位的生活方式体验。

- 威斯汀：该品牌强调"个性化、直觉灵动和活力焕发"，形成了一种新的感官迎接方式。服务产品特征是白茶馥郁芳香、舒缓的音乐和情调雅致的灯光以及提神的毛巾等。最令人乐道的是威斯汀独有的高档品牌"天梦之床"，舒适而奢华。

4)　品牌家族

品牌家族策略的特点是总品牌旗下拥有众多品牌，这些品牌相互独立，分别进行品牌促销。我们中国消费者熟知的肯德基、必胜客、A&W(艾德熊)等知名的餐饮品牌，其实它们都属于百胜餐饮集团，但是许多人并不熟悉百胜餐饮这个品牌。

2. 服务产品品牌化

服务品牌与产品品牌一样具有强有力品牌效应：像磁石一样具有吸引顾客消费并成为忠诚顾客的磁场效应；企业可将强势品牌扩展到新服务项目上的扩散效应；拥有品牌后粘合上下游企业合作以及产业内有效资源整合的聚合效应；具有较高知名度和美誉度的服务品牌甚至可以引领一种消费时尚的形成，就是时尚效应。

服务品牌效应给服务企业带来的巨大利益，使得服务品牌化成为服务企业获得竞争优势的普遍共识。在此，我们简要总结服务产品品牌化基本过程及主要环节。

1)　确定服务品牌策略

这是服务品牌化的首要步骤，具体策略类型及其内容前面已经介绍，在此不再赘述。

2)　服务品牌定位

关于服务品牌定位与服务产品定位的内容前面已做简要介绍，也不再赘述。

3)　服务产品定位及其服务内容设定

对于每一项服务都应该给予明确的产品定位，形成单一的核心概念。如果缺少定位或定位模糊，就难以吸引顾客注意。换句话说，缺少定位的服务产品缺少的是说服顾客购买的价值主张。

依据服务产品的定位概念，然后规划设计该服务产品与定位相符合的核心服务、支撑性服务、附加服务以及顾客与组织互动性、顾客参与性等服务要素。

4)　基于品牌与产品定位的服务营销策略组合

在确定了服务品牌与产品定位后，所有的服务营销要素，包括服务产品、服务价格、服务渠道、服务促销、服务人员、服务流程和服务有形展示等，都应该遵从并围绕定位概念展开规划与设计。

5)　整合营销传播计划执行

最后一个步骤就是通过各类营销传播渠道和方式实施系统性的整合营销传播。整合营销传播的精髓在于整合所有有效的、传统的、新型的传播渠道与媒介，去传播"同一个声音"——服务产品的定位概念。

前面我们介绍的服务产品品牌化过程及其内容是基于服务企业品牌决策、管理与传播的内部视角展开的。其实，服务产品品牌化的实现除了服务企业的系统性建设外，更多地依赖于顾客的服务产品认知和服务过程体验形成，如图6-4所示。

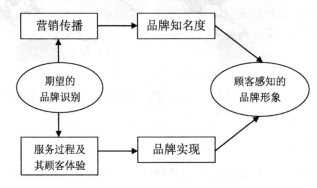

图 6-4　服务品牌化过程

[资料来源：(美)克里斯托弗·洛夫洛克，约亨·沃茨.服务营销(亚洲版第二版)[M].

北京：中国人民大学出版社，2007：240.]

6.4　服务产品开发与创新

服务市场的竞争日趋激烈，顾客的服务期望也会不断提升，服务企业要想在市场中巩固或保持自己的竞争优势和市场地位，最重要的方式就是通过不断地开发服务新产品或对原服务产品进行创新改进，以留住老顾客、吸引新顾客。

6.4.1　服务产品开发流程及内容

在服务企业现实运营中，关于服务新品的开发有狭义和广义之分。具体而言，狭义的服务产品开发仅指服务产品概念创意形成以及服务产品整体概念所包含多层次内容的设计定型这个阶段。而广义服务产品开发则包括除狭义上的服务产品开发的全部内容外，还包含了新服务的运营实施以及评价反馈等运行的所有相关环节。

1. 狭义的服务产品开发

根据服务营销学者关于服务产品整体概念的认识，服务产品的开发主要是筛选提炼服务定位概念，规划设计广义服务组合的多层次内容。

服务产品开发的基本流程及其内容简介如下。

1)　收集新服务开发必要性信息

关于是否需要开发服务新产品，对于服务企业决策者和高级管理层而言，其信息来源主要有这样一些渠道：

(1)　直接来自顾客的建议。

(2)　一线服务员工对顾客意见的转达。

(3) 来自于顾客数据库的服务挖掘与服务扩展。

(4) 来自于服务市场发展趋势与行业统计数据的机会，等等。

2) 进行市场细分，评估目标顾客利益点及需求程度

首先对服务产品所处服务市场进行市场细分，锁定目标顾客群。其次要明确顾客需求的利益点是什么，然后评估顾客需求的强烈程度、持续性和普及率等关键要素。进行顾客需求利益的评估主要采用市场营销调研的基本方法和工具，如问卷法、访谈法等。

3) 搜寻广义服务特性，界定服务概念

要尽量搜寻并确定广义服务的所有属性特征，一般从决定性属性中提炼总结出明确的核心概念。一般情况下，服务产品的定位也由这个服务概念提炼而来，或者说二者是一致的。这个概念应该引导并决定广义服务组合的内容构成。

4) 确定广义服务组合构成内容

广义服务组合的内容除核心服务、支撑性附加服务和增强性附加服务等基本内容外，还要对服务可获得性、交互性以及顾客参与等服务要素做出明确规划。具体内容参见本章相关内容。

5) 做好为顾客期望获得利益的准备(内部营销)

服务新产品是否能够取得市场成功还有一个关键因素常常被忽视，即服务员工的因素。服务员工对服务新产品是否认同，是否获得服务产品信息一致性的培训等都可能会影响营销新服务产品的正常运营。

2. 广义的服务产品开发

根据多位学者的研究成果，编者总结出一个广义的服务新产品开发动态模型(参见图 6-5)。在这个服务新产品开发动态模型中，体现了服务新产品开发的基本逻辑流程以及五个基本环节的关键要素构成。

中外学者的多项研究表明，采用严格、科学的新服务产品开发流程和系统来开发新服务产品，其成功率较高。不同的理论学派对这一过程的研究虽然视角、具体环节有所差异，却没有本质上的冲突。

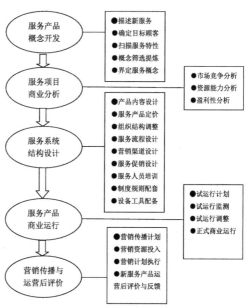

图 6-5　服务新产品开发动态模型示意图

6.4.2　服务产品创新基本形式

对于服务提供商而言，可以采用多种不同的方法进行服务创新。下面介绍学者洛夫洛

克总结的七种不同类型的服务产品创新形式。

1. 服务改进

这是服务提供商们采用最普遍的一种创新方式，也是最简单易行的一种方式，主要是对现有服务产品进行轻微调整变化，包括对核心产品或附加服务的改进。

2. 附加服务创新

这种创新方式在维持核心服务不变的前提下，为现有的核心服务增加新的支撑性服务或增强性附加服务，或大幅度变革现有的附加性服务。

3. 生产线延伸

这是服务企业对现有服务产品的拓展。这种新服务可以是为了满足原有顾客的更多需求，也可能是为了吸引不同需求的新顾客，又或兼而有之。例如，许多银行现在都在利用其服务网络代售各类保险类产品和基金产品。

4. 流程线延伸

这种服务创新形式其创新性低于生产线延伸，但常常代表着一种新的服务传递方式。例如，中国移动公司、中国联通公司、中国电信公司等电信运营商除开设传统的实体营业厅通过柜台人工服务外，还开通了网上营业厅、手机终端营业厅等方便顾客进行自助式服务。另外银行设置的 ATM 机、电信公司的自助设备等都属于流程线延伸范畴的创新形式。

5. 主要流程创新

该创新形式主要采用新的服务流程来提供现有的核心服务。例如，一些传统的教育培训机构新开设远程网络教育课程，学员可以通过网络注册学习课程，通过网络银行进行费用支付。

6. 主体服务创新

这类创新往往是针对此前尚未进入的市场而创造新的核心产品。这类创新也包括了全新服务产品开发。

7. 服务风格变化

这是最为简单的一种创新方式，通常不会涉及服务流程或服务内容的变化，主要依靠服务人员、服务空间、直观色彩等因素的变化实现。

【服务企业实践】

根据万豪理念设计万怡酒店产品

当万豪集团想要设计一个以商务旅行者为目标群体的新型酒店连锁(后来成为万豪旗下

的万怡酒店)时，酒店专门雇用了市场调研专家协助创建最佳的设计理念。由于在每个给定的价格层面能提供的服务与附属设施是受限制的，万豪集团想了解顾客是如何进行权衡的，以期达到服务与金钱之间的最佳平衡。研究目的是让顾客对不同的酒店服务做出不同的权衡比较，从而找出顾客最重视的服务要素。万豪集团的目标是确定在全方位服务酒店与廉价酒店之间是否存在空白市场，特别是在那些对全方位酒店服务需求不高的地方。如果这样一个市场存在的话，万豪管理层希望开发出新的服务产品来填补这一空白。

来自四个大都市的 601 名消费者参与了这项调查，研究人员通过让消费者在不同的服务特性之间进行权衡的关联分析，希望找出在特定的价格层面，哪些服务特征能给消费者最大的效益。研究中，研究人员将 50 种服务特征分为七类要素(或七组服务要素组合)，在具体研究竞争性产品的基础上，每类要素都包含许多不同的服务特征。

- 外部要素：建筑外形、风景、游泳池类型与地点、酒店规模。
- 客房特点：客房大小与装饰风格、温度控制、卫生间类型与位置、娱乐系统以及其他附属设施。
- 食物相关服务：餐厅类型与地点、菜单、客房就餐服务、自动售货机、礼品店、内置厨房。
- 大堂服务：位置、气氛、客人类型。
- 服务：预订、登记、退房、机场接送大巴、行李服务、信息中心、秘书类服务、租车服务、干洗服务、服务人员。
- 休闲娱乐设施：桑拿、旋流温水浴、健身房、壁球与网球场、游戏厅、儿童乐园。
- 安全类服务：保安、烟雾探测器、24 小时录像监控。

对于以上七类服务要素中的每一类，研究人员都会向受访者展示不同级别服务特征的系列激励卡。例如，对于"客房特征"这一要素，卡片上列出了九种不同的服务特征，每种服务特征又分为 3～5 种不同的级别，如附属设施就包括不同级别，从"小香皂"到"大香皂、袋装香波、擦鞋布"，再到"大香皂、沐浴露、浴帽、针线包、洗发水、特殊香皂"，再到最高级别的"大香皂、沐浴露、浴帽、针线包、特殊香皂、牙膏等"。

在研究的第二阶段，研究人员给受访者提供不同的酒店服务组合，每种组合都是包含各种特征的不同级别的服务。受访者在 5 分量表上打分，给出给定价格下他们愿意选择哪些组合的酒店服务。研究人员设计了 50 张卡片，每位受访者要对 5 张卡片给出评价。

该研究为约 200 种服务要素的筛选提供了具体指导建议，代表了目标顾客群体在愿意支付的价格上能够提供最高效用的服务要素。该研究的一个重要方面是，它不仅关注商务旅行者需要哪些服务，还识别出了什么样的服务是消费者喜爱但不愿意支付费用的(毕竟，希望得到某项服务与愿意为其支付费用这两者之间还是有区别的)。利用研究结果，设计团队就能够在特定的价位上保留目标顾客群体最需要的服务特性。

(资料来源：(美)克里斯托弗·洛夫洛克，约亨·沃茨.服务营销(第 7 版·全球版)[M].

北京：机械工业出版社，2016：90-91.)

本 章 小 结

(1) 芬兰服务营销学者格罗鲁斯从服务产品满足消费者需求应该具有的特征和属性的角度，将服务产品组合分解为两个层次，共六个方面：基本服务组合，包括核心服务、便利性服务(或产品)和支持性服务(或产品)；广义服务产品则包括服务可获得性、顾客与组织互动性、顾客参与情况等三个维度的内容组合。

① 基本服务组合。

● 核心服务：是服务企业为顾客提供的核心利益与价值，是企业生存于市场的关键所在，即企业在市场中存在下去的理由。

● 便利性服务：是服务企业为使顾客能够顺利、便捷地购买并使用核心服务的必要辅助措施。

● 附加性服务：服务企业为了提升顾客总体感知价值水平而设计增加的增值性服务或产品。

② 广义服务组合。

● 服务可获得性：指的是顾客获取服务的难易程度。轻松、便利是服务可获得性设计的基本要求。

● 顾客与企业或服务人员互动性：互动性是企业为提高顾客在服务过程中与企业服务系统或人员接触时，提高效率和良性体验的服务设计。

● 顾客参与性：准确了解顾客的参与意愿和要求，然后科学设计顾客参与服务的环节、内容、方式、时间等，可以极大地提高顾客服务感知水平。

(2) 服务营销学者洛夫洛克认为，服务产品由核心产品和围绕核心产品的一系列附加服务要素构成，其中附加服务要素又区分为支撑性附加服务和增强性附加服务。

① 支撑性附加服务。

● 信息服务：顾客在服务消费之前、之中和之后的各个阶段，都有获取服务相关的各类信息的需求。服务企业是否提供便捷的获取渠道以及充分的服务信息内容，会直接影响顾客消费决策和享受服务是否顺利，从而影响其满意度。

● 订单处理：订单服务一般包括顾客申请、订单确认、支付费用等基本环节。综合大多数服务企业的情况，订单处理主要有申请、下订单、预定与登记入住等类型。

● 账单服务：一些传统服务行业，账单服务仍然采用纸质账单，应保证账单清晰明了易于顾客对账，更要保证项目清楚，费用金额准确。同时也要保证服务的及时性和迅速性，以免顾客产生抱怨。

● 付账服务：现代服务企业为顾客设定的付账服务方式主要有顾客自助支付、现场支付和自动账务处理等。对于自助支付和自动账务处理，企业应确保付账系统安全、便捷，保证自助设备完好、网络畅通等。对于现场支付服务，要保证秩序和速度，还要有必要的控制系统。

② 增强性附加服务。

- 咨询服务：顾客在服务消费之前、过程中以及消费结束后，都可能产生与服务相关的问题需要服务提供方的解释。顾客咨询的方式可以是电话、信件、电子邮件以及当面交流等多种方式。

- 接待服务：接待服务是贯穿服务全流程的关键因素，接待服务具体表现在迎宾、服务引导、过程中关照以及告别等服务过程的各个环节。接待服务涉及的服务要素主要是服务人员与服务设施设备等有形要素两个方面。

- 保管服务：顾客在消费一些服务项目时，会产生保管服务需求。服务现场的保管服务主要包括衣物保管，背包寄存，贵重物品保管，行李的托运、流转与储存，物品转交，甚至是儿童与宠物看管等等。

- 特殊服务：根据时间顺序，可以大致划分为三种类型：服务开始前顾客个人的特殊性要求，服务传递过程中问题处理和服务失误的补救处理，以及售后服务管理。

(3) 关于定位的层次划分，一般认为，定位系统由企业定位、品牌定位和产品定位等三个层次内容构成。这三个定位层次有不可逆的逻辑关系：由宏观到微观，三者相互促进、相互制约，每个层次所传达的定位概念要求一致。

(4) 服务产品定位的具体步骤：①搜寻该服务的所有重要属性和决定属性；②识别服务属性的差异化特征；③选择具体的差异变量；④提炼并确定定位的核心概念；⑤制定相应的整合营销传播计划。

(5) 从市场竞争的视角出发，服务产品定位策略有避强定位、迎头定位和重新定位等三种常见策略。

(6) 从关注顾客利益的角度，服务产品定位策略可以分为功能性利益定位、情感性利益定位和自我表现利益定位等三种。

(7) 服务品牌是指消费者对服务利益、服务有形要素以及服务过程体验归属于品牌感知范畴的总和，是服务企业对消费者提供一致性服务交付的承诺。

服务产品品牌包括两类基本要素：一类是消费者看得见、摸得着的表层化要素，如品牌名称、品牌标志等；另一类是品牌的内在性要素，如品牌的利益认知、情感属性、文化传统和个性形象等。

(8) 服务企业品牌策略：服务企业必须为自己选择恰当的品牌策略。从"品牌屋""品牌家族""子品牌"以及"授权品牌"等品牌策略中选择其一。

(9) 服务产品品牌化基本过程及主要环节有：①确定服务品牌策略；②服务品牌定位；③服务产品定位及其服务内容设定；④基于品牌与产品定位的服务营销策略组合；⑤整合营销传播计划执行。

(10) 服务产品开发的基本流程是：①收集新服务开发必要性信息；②进行市场细分，

评估目标顾客利益点及需求程度；③搜寻广义服务特性，界定服务概念；④确定广义服务组合构成内容；⑤做好为顾客期望获得利益的准备(内部营销)。

(11) 学者洛夫洛克总结了七种不同类型的服务产品创新形式：①服务改进；②附加服务创新；③生产线延伸；④流程线延伸；⑤主要流程创新；⑥主体服务创新；⑦服务风格变化。

案例实训课堂

香港银行的特色定位

在弹丸之地的香港，金融业非常发达，"银行多过米铺"成为常见现象，数千家各类银行散落在城市各个角落，竞争达到白热化程度。在这一狭小而竞争过度的市场空间中，如何才能生存，并把自己的业务做大，各银行使出了浑身解数，百花齐放，百家争鸣，走出了一条服务细分市场、差异化定位的优势发展道路。

以下是香港各大银行的不同定位。

⊙汇丰银行：定位于分行最多、实力最强、全香港最大的银行。这是以自我为中心，实力展示式的定位。20 世纪 90 年代以来，为拉近与顾客的感情距离，它改变了定位策略。新的定位立足于"患难与共，伴同成长"，旨在与顾客建立同舟共济、共谋发展的亲密朋友关系。

⊙恒生银行：定位于充满人情味的、服务态度最佳的银行。通过走感情路线赢得顾客心。突出服务这一点，也使它有别于其他银行。

⊙渣打银行：定位于历史悠久、安全可靠的英资银行。这一定位树立了渣打银行可信赖的"老大哥"形象，传达了让顾客放心的信息。

⊙中国银行：定位于有强大后盾的中资银行。直接针对有民族情节、信赖中资的目标顾客群。同时暗示它提供更多更新的服务。

⊙廖创兴银行：定位在助你创业兴家的银行。以中小工商业者为目标对象，为他们排忧解难，赢得事业的成功。香港中小工商业者是一个很有潜力的市场。廖创兴敏锐地洞察到这一点，并且看准他们想人头地、大展宏图的心理。据此，廖创兴将自身定位在专为这一目标顾客群服务，给予他们在其他银行所不能得到的支持和帮助，从而牢牢地占据了这一细分市场。

(资料来源：郑锐洪.服务营销：理论、方法与案例[M].北京：机械工业出版社，2016：83-84.)

思考讨论题：

1. 结合案例，分析以上各家银行定位策略分别是关注顾客的哪些利益进行自我定位的。

2. 选择身边常见的三家国内银行，尝试总结其自身定位，并进行简要评析。

分析要点：

1. 服务企业和产品定位的前提基础是有效进行市场细分。

2. 服务定位可能有多种选择，成功的定位应该建立在企业自身形象和优势资源基础上。

思　考　题

一、基本概念题

核心服务　支撑性附加服务　增强性附加服务　服务产品定位　服务产品品牌

二、思考训练题

1. 选择一项你比较熟悉的服务，以此为例说明该服务的核心服务、支持性服务和附加服务以及广义服务组合的具体内容。

2. 举例说明支撑性附加服务和增强性附加服务分别包括哪些内容，并说明两者的主要差别是什么。

3. 服务定位系统包括哪几个层次？这几个层次的相互关系是什么？

4. 从企业竞争和顾客利益两个不同角度分析，分别有哪几种定位策略？

5. 服务企业的品牌策略主要有哪些？

6. 简要介绍服务产品品牌化基本过程。

7. 简要回答服务产品开发的基本流程。

8. 服务产品的创新形式主要有哪些？

第 7 章　服务定价策略

▥【学习要点及目标】

- 了解服务定价与产品定价的主要区别；
- 掌握影响服务定价的主要因素及其具体内容；
- 理解不同服务定价目标对于定价策略与方法的影响；
- 掌握服务定价的基本方法和一般过程；
- 掌握基于顾客对服务定价认知的不同具体定价策略。

▥【核心概念】

服务定价方法　服务定价策略　货币成本　非货币成本

▥【引导情景案例】

名医院的特需服务

已经是第三天了，贾芸还是没有能够通过排队为父亲挂上那位知名三甲医院肿瘤科的著名专家的号。贾芸几天前受全家人的委托，怀揣着从亲朋好友处凑来的 2 万元钱，陪同身患胃癌的父亲来到北京求医。第一天，父女俩乘火车到达北京站时已经是早晨 8 点多，等赶到这家全国著名的三甲医院已经快中午了，专家号早就没有了。第二天，贾芸起了个大早，等她急匆匆赶到医院，却发现挂号窗口早已经排起了长长的队伍，虽然离开始挂号还有一个多小时。今天，她不到 4 点就起了床，可还是没挂上那位专家的号。其实，第一天没挂上号，就有好心人指点贾芸，可以从网上预约挂号。可是贾芸发现那位专家的号早已经预约到 20 多天以后了，这么多天看不了病还得支付食宿费，可等不起，父女俩都焦急万分。

贾芸没有办法。只好求助于医院服务台，相关人员给她支招，说医院在另外一幢楼开设有专门的特需挂号窗口，那位知名专家第二天下午就在特需门诊出诊，挂号费 300 元，连同一些医疗费用都需要自费，医保报销不了，但绝对能够挂上号。得知这个消息，贾芸却犯了难：普通窗口专家号才 15 元，而这个特需号却需要 300 元，可是挂不上号旅馆住宿还得花钱，怎么办呢？

思来想去，贾芸终于做出了一个决定：今天夜里不睡觉就在医院挂号窗口排队，一定为父亲挂上专家号，如果这次还不行，就为父亲挂特需专家号，不能再等下去了。

思考： 医院的特需服务挂号定价高于普通挂号二十倍，为什么还有很多病人选择它？特需服务挂号的定价依据是什么？

在服务营销组合策略中，服务价格是不可或缺的七个基本要素之一，也是直接给服务企业带来收入和利润的唯一要素。服务定价不是一个简单的问题，而是一个较为复杂的系统性工作。服务产品的定价需要与服务产品品牌、服务产品定位相对应，换句话说，服务产品的价格是服务产品品牌和服务产品的一个构成部分，难以分割开来，也不应该割裂。

7.1　服务定价目标与影响因素

服务企业为自己的服务产品定价前，首先需要明晰并完成两个方面的基本任务：一是确定服务产品定价的基本目标；二是搞清楚影响服务定价的主要因素。

7.1.1　服务定价与产品定价的主要差别

由于服务的基本特性，服务定价要比产品定价来得复杂。具体而言，服务定价与产品定价的区别主要体现在三个方面：①顾客对于服务价格的了解程度；②非货币成本在服务定价中发挥重要作用；③不同时段及需求波动对于服务价格的影响程度。

1. 服务顾客了解价格信息的不易性

顾客对于服务价格信息的了解相对于产品而言难度更大，主要体现在：①服务异质性限制了顾客了解服务价格的清晰程度；②服务异质以及顾客的需求差异导致价格多样性；③服务商及服务人员不能或不愿评估服务价格；④服务成本多具隐形性，价格信息难以收集等。

2. 非货币成本对服务成本与服务价格影响较大

一般情况下，在服务定价过程中，顾客付出的非货币成本对于服务定价的影响要大于产品定价中非货币成本的影响。

这种影响的产生主要源于在服务消费过程中，顾客对于服务的搜寻成本、时间成本、体力成本、精神成本的感知会对顾客感知服务价值产生较大程度影响。而绝大多数实物产品，其财务成本与费用对产品价格影响起主要作用，非货币成本影响较小。

3. 不同时段及需求波动对于服务价格影响较大

服务的不同时段以及需求的峰顶与谷底，服务市场供求变化频繁，从而引起服务价格变化。例如，许多餐厅会在就餐人数较少的午场采取优惠价格，在客人较少的周一会打折，在客流量大的周末、节假日会恢复正常价格。而实物产品定价的时段和需求波动没有服务产品大。

不同服务行业有不同的价格术语，如表 7-1 所示。

表 7-1　常见服务行业价格术语

服务行业	价格名称	服务行业	价格名称
广告业	佣金	道路通行	通行费
咨询业	咨询费、酬金	物流快运	运输费、快递费
教育培训	学费、培训费	法院律师	诉讼费、律师费
金融服务	利息、手续费、佣金	房产中介	中介费、佣金
酒店住宿	房费、租金、押金	证券服务	中介费、手续费、佣金
交通出行	机票、车票、船票	娱乐场所	门票、服务费

7.1.2　服务定价的主要影响因素

按照经济学价格理论，影响企业定价的因素主要来源于三个方面：成本、需求和竞争状况。这三方面的因素分布于企业、顾客和市场构成的服务交易系统中。下面我们就从服务成本、服务需求和服务市场这三个角度介绍服务定价的主要影响因素。

1. 服务成本因素

从服务的广义成本角度考量，影响服务产品定价的成本因素包括服务货币成本和非货币成本两个基本方面。

1) 服务货币成本

服务产品的货币成本是服务产品价格的决定性要素。我们平常所说的服务成本一般是指服务的货币成本，它是能够体现在企业财务报表中的成本费用。任何企业只有当服务产品单价超过单位服务成本时，企业才可能实现财务意义上的盈利。

服务产品的货币成本又分为三种类型，即固定成本、变动成本和准变动成本。

(1) 固定成本。是指无论服务产品大小都要负担的成本与费用。固定成本在服务经营中的比例往往要比生产制造企业高。例如一家银行的经营场所租金、固定资产折旧和管理人员的工资等都属于固定成本。

(2) 变动成本。变动成本是指随着服务产出量的变化而变化的成本支出。例如一家餐厅的食材、水电费、燃气费等，都属于变动成本的范畴。

(3) 准变动成本。准变动成本是指介于固定成本和变动成本之间的那部分成本。例如旅游旺季航空公司增加一个临时航班产生的成本，餐馆在就餐高峰阶段增加的临时小时工的费用等。简单而言，准变动成本不属于固定成本，又不像变动成本确定性地随服务产量变化而成比例地变化。

2) 非货币成本

服务企业在进行服务定价前，还应该考虑顾客消费服务之前、之中和之后可能付出的各项非货币成本。这类非货币成本主要包括时间成本、搜寻成本、体力成本、精神成本等。

非货币成本大小也会成为顾客购买服务决策的重要影响因素，有时候甚至会比货币价格更重要。在许多服务情境下，顾客愿意花钱以降低这些非货币成本的付出。但是，当顾客付出的非货币成本难以承受或替代非货币成本的货币支出超过可接受范围，顾客很可能会终止服务消费。因此，服务企业在对服务定价时，不仅要考虑企业实际产生的成本费用，还要考虑顾客为此可能付出的非货币成本的大小。

2. 顾客需求认知因素

从顾客的角度来看，有如下三个方面的因素会对服务价格产生影响。

1) 顾客对于服务价值和价格的理解

顾客对于服务价格与价值的感知与理解，也会影响企业的服务定价。按照瓦拉瑞尔·泽斯曼尔的研究，顾客对于服务价值的理解主要有以下四种情况：

(1) 价值就是低价格。

(2) 价值是我从产品中获得的东西。

(3) 价值是我从所支付的价格中获得的服务质量。

(4) 价值是我付出后得到的回报(感知价值总和减去感知成本总和)。

不同的顾客群体关于服务价格与价值的认识是不同的。例如一项服务，其目标顾客群对于服务价值和价格的认知属于上述第一种情况，那么说明这个顾客群体对于服务价格十分敏感，具有较高的需求弹性，而较高的服务产品定价属于失败的定价策略。如果这个群体对于这个问题的认识属于第三种情况，那么对应较高服务质量的服务产品应该采用高定价策略。

2) 服务价格信息不易获得性

服务产品由于多方面的原因，其价格信息较比实物产品更不易获得。这也是影响服务产品价格的一个重要方面，其原因有多方面的因素。

(1) 服务产品本质是一个消费过程，每一次服务都是异质的。而实物产品则大多数是标准化产品。因此，服务产品的价格较比实物产品复杂得多，限制了顾客对价格信息的了解程度。

(2) 服务提供商因为服务价格形成的复杂性，往往不能或不愿对价格进行明晰的说明。因此，顾客不容易搜寻到明确的服务价格信息。

(3) 服务顾客的需求差异导致同类服务价格不同，也是服务价格信息不易获得的一个重要因素。

(4) 多数服务的成本是隐形的，导致人们缺少明确的行业或竞品价格参照对象。因此，行外人士或顾客难以准确地评估服务价格水平。

3) 对于服务品牌认知与要求

对具有优势品牌的服务产品，顾客愿意在大致相同的服务水平上支付更高的价格；而对于缺乏品牌知名度和美誉度的一些服务产品，吸引顾客的因素首推低价因素。所以目标顾客对于服务品牌的认知与要求是服务产品定价的另一个重要影响因素。

3. 市场竞争因素

因为绝大多数的服务市场是竞争性市场,市场的整体供求关系、企业数量以及竞争激烈程度等都是影响服务价格的重要因素。

1) 供求关系

服务市场整体的供求关系直接影响服务产品的整体价格水平,这是最基本的经济学规律,在此不再详述。

2) 竞争状况

行业内或区域内发生直接竞争行为的服务企业数量多寡以及竞争激烈程度也是服务产品价格的重要影响因素。简单而言,企业数量越多、竞争越激烈,服务产品价格水平越低。反之,服务价格水平则会整体上升。

3) 服务内容与方式独特性

服务定价的另一个重要影响因素是服务的独特性。因为服务越独特,同类竞品就越少,顾客对价格的敏感度也会很低。那么,服务产品价格就可以获得较高的溢价。

服务独特性常常与上述市场竞争状况密切相关:服务越独特,就会形成竞争优势,反而与竞争对手的竞争激烈程度就会降低;服务同质化程度越高,与竞争对手的服务竞品间的战斗就越激烈。

7.1.3 服务定价的主要目标

任何定价策略都必须建立在准确理解企业定价目标的基础上。换句话说,明确企业的定价目标是开展产品定价工作的必要前提。在服务企业的定价实践中,主要有三类基本的定价目标:收益和利润目标、构建需求与开拓用户目标以及特定时期供求调节目标等。

1. 追求收益和利润目标

长期来看,企业都在谋求利润最大化,但是在特定时期,企业服务产品的定价不一定把利润最大化作为定价目标。追求收益和利润的定价目标又可细分为追求利润和收回成本两类。

1) 追求利润

服务企业追求利润目标具体分为以下几种情形:

(1) 收益或利润最大化。

(2) 实现特定收益目标水平,但不追求利润最大化。

(3) 运用收益管理系统,通过改变价格和细分目标从固定产能中获得最大收益。

2)　收回成本

在服务企业发展的特定时段，可能会把收回成本作为服务产品定价的主要目标。例如，在一些投资较大、风险较高的服务项目推出初期以及实施撤退战略的服务企业会把收回成本作为首要目标。

收回成本的主要情形有：

(1)　收回全部分摊成本，包括公司日常支出。

(2)　收回特定的服务成本，不包括公司日常支出。

(3)　收回边际销售成本等。

2. 构建需求与开拓用户目标

1)　构建服务需求

当服务市场处于卖方市场状态，服务企业服务产能可以不受限制时，企业的主要目标设定为最大限度满足市场需求，从而扩展市场份额和市场影响力。另一方面，企业充分实现产能利用率以提升企业形象和服务现场气氛。

例如相声演员郭德纲的"德云社"相声剧场早期生意萧条，一个偌大剧场没有多少听众。于是剧场演出定价十分低廉，以求提升演出吸引力，增加顾客数量。当郭德纲成为明星以及"德云社"成为传统相声的知名品牌时，德云社的演出常常出现一票难求的状况，剧场爆满的欢乐气氛不仅会提升顾客消费感受，也会提升剧场的好口碑。

2)　开发用户群

鼓励新老用户试用或使用企业服务。对于高基础设施投入的新服务，增加一定数量的用户会大大降低企业成本。许多服务还有一定的黏性，顾客使用其服务后由于多方面的原因转换服务商会产生一定的货币和非货币成本。

例如，某移动通信公司的用户在某一段时间内大量增加，对该移动通信公司而言，其变动成本的增加微乎其微；当某移动通信公司的手机用户一旦使用该公司的服务后，要想为更换为其他电信运营商的服务，就会有一定的成本产生。如手机号码变更带来的担忧：是否可能会与好友失去联系，通知原有联系人新号码要耗时费力等。

3. 临时性市场调节目标

1)　调节服务产品整体供求状况

一些服务项目存在明显的淡旺季，旺季供不应求，淡季顾客稀少。服务企业可以通过恰当的定价策略来平衡服务供求关系。例如旅游名胜地旺季的航空机票票价与淡季时差异巨大。

2)　调节不同时间段服务供给

有些服务项目没有明显的淡旺季，但是在短时间段内会有服务高峰与低谷。这些服务企业也会采取一定的价格策略来调节服务供求关系。

例如，北京的许多餐厅会在客人较少的中午给予较大的价格折扣；许多电影院会推出工作日上午半价影票等。

3) 协调连带消费服务产品

许多服务企业会将自己的服务产品打包，组合成套餐销售。有时候是为了推广新产品，有时候是为了带动销售不畅的服务项目，也有时候是为金牌服务项目提供增值服务，等等。

7.2 服务定价的方法与过程

7.2.1 服务定价的基本方法

服务企业为其服务产品定价的基本方法与实物商品定价方法大致相同，通常采用成本导向定价法、需求导向定价法和竞争导向定价法等三类基本方法。

1. 成本导向定价法

成本导向定价法是指服务企业依据其服务产品成本，在成本基础上增加一定比例的利润来决定服务产品价格的定价方法。该定价方法简单，易于操作，在服务成本容易衡量、竞争较为平和的服务领域应用比较广泛。

具体而言，成本导向定价法主要包括成本加成定价法、边际成本定价法和投资回报率定价法等三种。

1) 成本加成定价法

成本加成定价法是按照服务产品总成本加上一定的百分比加成率来确定服务产品价格。服务产品单价计算公式为：

$$服务产品单价=单位服务产品成本×(1+加成率)$$

该种定价方法的优点是计算简便，能够较好地保证服务企业的利润空间。但是这种定价法也存在一些问题值得企业重视。该方法完全从企业生产成本的角度出发，往往忽视了市场供求关系、竞争状况和顾客的服务价值认识等因素。如果定价不当，会导致服务产品滞销的结局。

2) 服务边际成本定价法

边际成本定价法，也称为边际贡献定价法，该方法是抛开服务固定成本，仅计算变动成本，并以预期的边际贡献补偿固定成本以获得收益的定价方法。其定价公式为：

$$服务价格=变动成本+边际贡献$$

(注：边际贡献是指企业增加一个单位产品的销售所获得的收入减去边际成本后的数值。)

边际成本定价法相对于成本加成定价法的优势在于鼓励企业通过增加服务销售量来降低服务价格，以提升企业服务产品的竞争力。当然，其定价操作也比成本加成定价法要复杂。

3)　投资回报率定价法

投资回报率定价法是指服务企业为了确保按期回收投资并取得利润，在总成本中加入预期的投资回报率来确定服务产品价格的方法。该方法确定的服务价格不仅包括单位服务产品分摊的投资额，还要包括单位服务产品分摊的固定成本和变动成本。

其定价公式为：

服务产品价格=单位产品投资额+单位产品固定成本分摊+单位变动成本

总之，成本导向定价法是一种传统定价法，由来已久。由于服务成本难以准确核算，制造业中实物产品定价和附带较多实物产品的服务定价采用此方法定价更为广泛。

2. 需求导向定价法

需求导向定价法是一种以市场需求和顾客的服务价值感知为主要依据的定价方法。该定价方法是以顾客为导向的定价法，更具科学性，不像成本导向定价法完全从企业自身经营成本出发，忽视顾客对服务产品的价值理解。

需求导向定价法包括感知价值定价法、需求差异定价法和反向定价法等三种具体定价方法。

1)　感知价值定价法

感知价值定价法是企业按照顾客在主观感知上对其服务产品所认知的价值水平来定价的方法。该方法不以企业服务成本费用为依据定价，而是基于顾客对于服务产品价值的认知及其接受水平定价。

感知价值定价法的关键在于企业能够通过有效渠道获取目标顾客真实客观的服务价值感知水平。

2)　需求差异定价法

需求差异定价法是指服务企业根据不同的时间段、消费数量、区域、消费水平以及消费心理等市场需求因素来制定服务产品价格的方法。

这种方法的具体表现形式可以细分为以下几种：基于时间段不同的差别定价；基于地理位置或区域差异的差别定价；基于目标顾客群体差异的差别定价；基于交易条件差异的差别定价，等等。

3)　反向定价法

反向定价法是指服务企业依据顾客能够接受的服务价格反向推算，扣除中间渠道流通环节的成本费用及利润后，计算出该服务产品底价或批发价格的定价方法。

该定价方法充分考虑了需求方的价值和价格认知水平，具有较好的科学性和市场竞争力。

3. 竞争导向定价法

竞争导向定价法是一种企业根据市场竞争状况来确定其服务产品价格的定价方法。该定价方法通常有两种基本形式：随行就市定价法和投标定价法。

1) 随行就市定价法

随行就市定价法是指服务企业根据主要竞争者同类服务产品价格或行业平均价格水平来确定自己服务产品价格的定价方法。

该种定价方法不太考虑企业成本和市场需求因素，在同质化产品市场领域使用较为广泛。

2) 投标定价法

投标定价法是指企业通过投标竞争获得服务订单的定价方法。一般情况下，符合投标资质的企业是通过投标报价的低价优势赢得订单的。因此，该定价方法主要由竞争需求主导。例如，许多电视台的黄金广告时段都是通过这种方式定价的。

这种定价方式的最大受益者是具有低成本优势的企业，而不具备低成本优势的企业获得订单要么利润微薄要么亏损，不利于企业持续发展。

7.2.2　服务定价的实施过程

服务定价并非是一个简单的价格决策瞬间，而是一个较为复杂的决策系统工程。这个决策系统一般包括三个阶段工作：定价前的市场调查、定价过程、定价后对市场反应的监测与定价调整。

1. 服务定价决策实施流程

服务定价决策实施流程如图 7-1 所示。

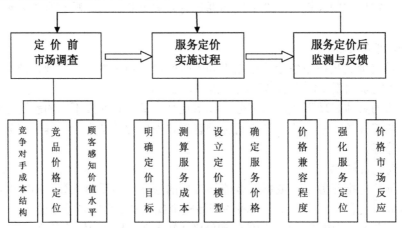

图 7-1　服务定价流程与要素示意图

1) 定价前市场调查

这是关系到服务定价成功与否的必要前提条件，不可省略。市场调查主要包括以下方面：

(1) 对竞争对手同类服务成本结构、成本水平以及利润空间等数据进行详尽调查。

(2) 通过市场终端调查竞争对手同类服务竞品或相似产品的服务价格水平。

(3) 调查、评估目标顾客群的服务感知价值水平等。

2) 服务定价实施过程

这是服务定价决策的操作性过程，主要包括以下几个主要步骤：

(1) 首先确定服务定价的基本目标是什么，这是后面确立定价方法和策略的根本依据。

(2) 精确测算本企业服务总成本和单位成本以及实现盈亏平衡的数量条件。

(3) 选择、设计不同的服务定价模型(包括定价策略、方法及定价公式等)。

(4) 通过定价模型，综合参考上述其他因素，确定服务单价。

3) 服务定价后监测与调整

服务定价后的监测与调整是服务定价决策过程不可缺少的内容，主要包括以下几个方面的内容：

(1) 监测服务价格与服务其他营销组合要素是否兼容，兼容程度如何。

(2) 服务产品价格是否符合该服务产品的服务定位，是否强化了服务定位。

(3) 监测市场中竞争对手和目标顾客对服务价格的反应，可能会对服务定价进行纠偏和调整，甚至推翻重来。

2. 服务定价过程中具体影响因素

前面我们介绍了服务定价的主要影响因素，如成本因素、顾客需求因素和竞争因素等，这些因素属于宏观性因素。在服务定价实施过程中，还有许多较为具体的因素需要定价决策者加以关注和参考。

服务定价过程中的具体影响因素，主要体现在服务定价技巧、定价基础、收款人、付款地点、付款时间与方式等诸多方面。具体内容参见表 7-2。

表 7-2　服务定价具体影响因素

影响因素类型	具体内容
服务价格数值	○组织想覆盖成本是多少？组织要求边际利润和投资回报率是多少？ ○顾客对价格的敏感度如何？ ○竞争者收取的价格如何？ ○在基本价格基础上应该提供什么折扣？ ○是否需要使用心理定价技巧？
服务定价基础	○完成某项特定的工作内容(如清洗夹克、修理器械、给顾客剪头等)。 ○服务设施的许可权。 ○时间单位(小时、星期、月、年)。 ○交易价值的百分比提成

影响因素类型	具体内容
服务定价基础	○ 消耗的物质资源(如餐饮服务中的餐桌、桌布等)。 ○ 地理距离(长途运输的距离等)。 ○ 目标服务的重量或大小(如货运公司的货物重量、货物所占空间体积等)。 ○ 是否对每一项服务要素单独开账单。 ○ 是否应该对捆绑服务单独收费
收款人	○ 提供服务的组织。 ○ 专门的中介机构。 ○ 如何补偿中介机构——单一价格或百分比提成
付款地点	○ 提供服务的地点。 ○ 金融中介地点(如银行)。 ○ 购买者所在地(通过邮件或电话)
付款时间	○ 提供服务之前或之后。 ○ 一天中的某个时间。 ○ 一周中的某天
付款方式	○ 现金。 ○ 代币或代金券。 ○ 支票。 ○ 电子货币转账。 ○ 划卡(信用卡或借记卡)。 ○ 服务提供商的信用账户。 ○ 优惠购物券。 ○ 第三方支付(如保险公司或政府代理)
与目标顾客沟通价格	○ 通过什么媒体进行沟通(广告、标识、电子展示、销售人员等)。 ○ 沟通什么信息内容

(资料来源：蔺雷，吴贵生.服务管理[M].北京：清华大学出版社，2008：350-351.)

7.3 服务定价策略

服务定价是服务企业市场竞争的重要武器。服务价格是服务营销策略组合中不可或缺的基本要素之一。因此，服务企业应根据市场状况、产品特点、品牌影响力、顾客消费心理等因素，正确选择定价策略，以保证其服务产品的竞争力。

按照本章前文所介绍服务营销学者泽斯曼尔关于顾客感知服务价值的四种基本情况，

服务定价策略可以此划分为四类基本的定价策略：基于顾客认为"价值即是低价格"的低价策略；基于顾客认为"价值即是在服务中所需要的东西"的高价策略；基于顾客认为"价值即是根据付出所得到的质量"的组合定价策略；以及基于顾客认为"价值就是全部付出所能得到的全部东西"的定价策略。

7.3.1　基于"价值即低价"的定价策略

许多服务项目的目标顾客群最关注的服务维度是服务价格，在其认识中认为"服务价值就是低价格"。因此，对于服务企业而言，这些服务项目的定价应当采取低价格策略最为有效。在企业现实定价策略中，常见的折扣定价、尾数定价、同步定价和渗透定价都属于该类型定价策略。

1. 折扣定价

服务企业依照服务市场通行的服务价格水平为价格敏感的顾客提供一定的折扣价格。当下，有许多专类用品的网店以低折扣为生存利器，专门出售多品种低折扣的商品，典型的服务商如唯品会、聚美优品和拼多多等。

在传统服务领域，如餐厅、保洁、保健、水暖、家政、酒店、旅行社等服务行业，这种定价策略也是最常见的定价策略之一。

2. 尾数定价

尾数定价是指在一个恰当的定价整数之下制定一个带有零头的服务产品价格，从而使顾客感到其获得了低价的财务收益。

尾数定价在商品零售业和服务业中都是一种极为普遍的定价策略。例如一家健身俱乐部将会员的每月费用定为 98.50 元，理发店将老年人的理发价格定为 19.90 元等都属于尾数定价策略。尾数定价会起到暗示该服务廉价、促进顾客决定购买的作用。

3. 同步定价

同步价格是利用顾客对于价格的敏感性，使用价格差来管理某项服务需求的定价策略。该定价策略可以在稳定需求以及使需求和供给同步的管理上发挥作用。具体而言，该策略主要包括基于时间差异、地点差异、数量差异和诱因差异而实施的定价策略。

1)　时间差异定价策略

时间差异定价策略是基于服务时间不同而采取的差异化定价。服务企业常常在服务需求不足的时间段内采用低价或折扣策略，以吸引对价格敏感的顾客消费，从而提升服务消费量，增加服务收入。

例如半夜后的电话服务，淡季的航空机票，工作日白天的影票，等等，都属于基于时间差异的定价策略。

2) 地点差异定价策略

地点差异定价策略是基于顾客对于服务地点敏感而采取的差异化定价。顾客对于地点差异较为敏感，认为不同的服务地点具有不同的价值。为了平衡供求关系，增加服务收入，服务企业会进行差异化定价。

例如音乐会的包厢或前排有利位置，体育比赛场馆的中央位置，海滨度假酒店的海景房等，这些顾客渴求的稀缺性位置，顾客需要支付更高的服务价格。

3) 数量差异定价策略

基于数量差异的定价策略通常是在顾客批量购买服务时给予的减价或折让价。例如顾客消费的美容美发套餐，旅行社给予全家人的旅行服务套餐，以及酒店给予旅行社的团体优惠价等，都属于该类型定价策略。

服务企业常常通过这种定价策略来提升顾客黏性或提前锁定服务订单。

4) 诱因差异定价策略

基于诱因差别的定价策略是指服务企业给新顾客或现有顾客较低的价格，以鼓励其成为固定顾客或更加频繁消费的顾客。

例如提供移动通信服务的电信公司给予新入网的用户包月或包年优惠价格以吸引新顾客，还有一些服务机构提供前期低价或免费服务体验来吸引、刺激顾客消费。

4. 渗透定价

渗透定价是指以低定价将新服务导入市场的定价策略。该定价策略能够有效吸引顾客，快速拓展服务市场。渗透定价策略一般适用于以下情况：

(1) 服务销售量对价格敏感，即使在早期产品导入期。

(2) 可以通过销量形成单位成本节约优势。

(3) 服务在引入市场后很快会面临强劲的潜在竞争威胁。

(4) 没有任何一类顾客愿意支付高价格。

值得注意的是，该定价策略在企业选择实行正常水平价位时可能会导致问题产生。也就是说，实施渗透价格的服务再提升价格会有较高的难度和风险。

7.3.2 基于"价值即期望服务所需"的定价策略

这种认知的目标顾客群最关注的是服务内容、质量以及品牌等服务维度，服务价格并不是其最关注的因素。顾客对于服务期望越高，服务价值就越高，服务提供者能够设定的价格也就越高。

1. 声望定价

声望定价是提供高质量或高档次服务产品企业经常采用的一种以需求为导向的定价策

略。服务企业根据服务产品在顾客心目中的声望、信任度和社会地位来确定其服务单价。这样的定价策略可以满足顾客关于自我地位、身份、财富、特殊待遇和自我形象的心理强化和认知。

声望定价策略一般适用于一些知名度高、市场影响力大的品牌服务企业。例如阿联酋迪拜阿拉伯塔酒店(Burj Al Arab)的皇家套房，定价每晚 10900 美元。中国国酒茅台的高端产品也都是采用这种定价策略，如一瓶 30 年窖藏茅台酒在 2018 年的市场价约为人民币 12800 元。

2. 撇脂定价

当服务企业的新产品初入市场时，其缺少同类竞争产品，需求弹性小，企业就会有意识地将服务价格定得偏高，然后在不同的时间段逐步降低其价格，犹如从牛奶表面撇取最佳的奶油一样，故称此定价策略为撇脂定价策略。

该策略有利于服务企业在短期内迅速收回成本并攫取高额利润，有利于在求新欲强又有支付能力的目标顾客群中树立独特、强势的品牌形象。但该策略仅适用于具有品牌效应的服务新产品， 缺少品牌支撑的服务产品难以实现高定价策略。苹果公司每隔一段时期所推出的最新款 IPhone 智能手机，其定价策略就是典型的撇脂定价。

又如一些美容机构最新推出的减肥吸脂服务与抗衰老服务，最初定价奇高，然后根据市场竞争情况逐步降低价格，也属于这种情况。

【服务企业完成】

自定价服务

世界上有些地方的一些饭店有一种特别的收费方式，这种方式最好叫作自愿付费。这些饭店允许顾客为他们认为值得的餐食付费。

伦敦的一家叫作 Just Around the Corner 的餐厅执行着一种特别的需求导向定价法: 它让顾客自己觉得这顿饭值多少就付多少。这个办法自 1986 年开始实施以来一直非常成功，大多数顾客付费高出餐厅如果定价将会收取的费用。三道菜的正餐顾客平均付费 25 英镑(约41 美元)，但是一些顾客会倍加小心付足费用。"一个晚上，四位美国政府官员用过一顿价值不到 200 美元的晚餐后，递过来 1000 美元。他们问这是否够了。"餐厅老板迈克尔·瓦萨斯(Michael Vasos)说，"我的这家餐厅要比其他四家赚得多。"他认为他的餐厅和其定价策略的成功要归功于其顾客的慷慨大方，虽然有人认为是英国人为避免尴尬而付费很多。

"随你所愿而食，以你感觉付费"是安娜·拉克什特提出的概念，这是一家在新加坡、吉隆坡、槟城、钦奈、哥印拜陀和珀斯的饭店集团。"我们相信你，我们信任你。"这家饭店如此主张。它的基本动机不仅是利润，还有服务。它由志愿者来运营，这些志愿者可以自己选择是做饭、清洁服务或者洗盘子，因为 "他们能够从服务、爱心和奉献的哲学中得

到快乐"。这家饭店让顾客先吃，然后随其心愿付账。正如他们所说："你在安娜·拉克什特所享用饭菜的价格是没有对或者错的，不管你们付多少钱我们都乐意接受。"

[资料来源：(美)瓦拉瑞尔 A. 泽斯曼尔，玛丽·乔·比特纳，德韦恩·D.格兰姆勒. 服务营销[M].
北京：机械工业出版社，2015：283.]

7.3.3 基于"价值即根据付出所获得服务质量"的定价策略

这种认知的目标顾客群首先考虑的是服务质量和货币价格。简单说，这类顾客看重的是基于服务价格对应的服务质量，或者说是服务性价比。基于顾客这种认知的服务定价策略主要有超值定价和市场细分定价两种。

1. 超值定价

超值定价并不是单一的低价策略，最常见的表现形式是服务企业将几种比较受欢迎的服务组合在一起，其总定价低于购买每种服务的价格总和。该种定价策略既让顾客感到享受了优惠，客观上又大大促进了服务销售额。

采用超值定价比较典型的案例如麦当劳、肯德基的各种组合套餐。中国移动公司、中国电信公司和中国联通公司的手机资费套餐也属于该类型的定价策略。

2. 市场细分定价

服务提供商根据不同顾客群体所感受到的不同服务质量水平，对其服务设定不同的价格。对服务商而言，这些不同服务价格的服务背后的成本可能并无明显差异。这种定价策略的理论依据是不同的细分市场具有不同的需求价格弹性并且对服务质量水平的要求也不相同。

例如，一家大型酒店以较低价格为普通顾客提供标准房间，以较高的价格为部分顾客提供在标准房间基础上增加舒适品和设施的住宿服务。又如中国移动通信公司曾经推出"动感地带""神州行"和"全球通"等通信服务来分别满足学生群体、普通人群和商务人士的消费需求。实际上，这三类服务的成本对于通信公司而言几乎没有差异。

7.3.4 基于"价值就是服务成本与收益最佳比"的定价策略

顾客支付的服务成本狭义上是指货币成本，广义而言还包括顾客消费这项服务付出的时间、体力和精神成本等。这种认知的目标顾客群不仅关注服务质量，还关注除货币成本以外自己付出的时间、体力等非货币成本。基于顾客这种价值认识的定价策略主要有以下几种。

1. 价格束

在服务销售中，相互关联的服务成组而非单独地定价即为价格束策略。制定此价格策略的主要原因在于不同服务项目具有较强的关联性和互补性。例如家具提供商把家具价格和后期组装等后续服务成组定价；一些艺术装饰画销售商的艺术画和一些挂画配件、工具等成组定价。

这种定价策略对于企业和顾客都有好处：顾客可以简化购买和支付，既节省货币成本也节省了时间、精力等非货币成本；企业方会因此刺激服务需求而获益。

2. 互补定价

互补定价，是指将高度相关联的多种服务采用其中一种定价法，这是一种平衡式的定价策略。这种策略包括 3 种具体的相关策略：俘获定价、双部定价和低于成本定价。

(1) 俘获定价。

在此定价策略下，企业往往是先提供一项基本服务或产品，而后提供继续使用该服务所需要的供给或外围服务。

(2) 双部定价。

服务企业常常将基本服务和外围服务分开定价，称为固定费用和可变使用费。实际上，企业常常把基本服务的一部分价格转移到外围服务中去。例如北京家庭安装的歌华有线电视，需要交纳一定的初次安装费用和每月根据使用情况缴纳的可变费用。

该策略有利于降低初次服务价格门槛，吸引顾客光顾，分散支付，降低顾客价格敏感度。

(3) 低于成本定价。

一些服务企业为了招揽顾客，常常将最普遍、最熟悉的产品或服务推出大力度特价，甚至以低于成本很多的价格进行促销，实际是为了带动其他服务的销售。生活中常见的理发店为 70 岁以上老人和幼童推出超低价服务即采用的是该定价策略。

3. 结果导向定价

服务结果非常重要，但许多服务结果存在不确定性。顾客感知服务价值高低与最终的服务结果高度相关。结果导向定价即是根据服务结果来进行服务定价的一种策略。

在我们生活中，经常采用这种定价策略的服务项目有律师收费、房产中介的佣金和互联网广告付费，等等。一些民事、经济诉讼案件的律师常常是根据最终诉讼标的额的一定比例收取律师费。房产中介的中介费一般也是根据房产交易额来确定具体的收取费用。许多网络服务商是根据在线产品的点击数来收取互联网上的广告费用。

本 章 小 结

(1) 服务定价与产品定价的区别主要体现在：①顾客对于服务价格的了解程度；②非货币成本在服务定价发挥重要作用；③不同时段及需求波动对于服务价格影响程度。

(2) 影响企业定价的因素主要来源于成本、需求和竞争状况，这三方面的因素分布于企业、顾客和市场构成的服务交易系统中。

A. 服务成本因素。

从服务的成本角度考量，影响服务产品定价的成本因素包括服务货币成本和非货币成本两个基本方面。

① 服务货币成本。服务产品的货币成本是服务产品价格的决定性要素。我们平常所说的服务成本一般是指服务的货币成本，它是能够体现在企业财务报表中的成本费用。服务产品的货币成本又分为三种类型，即固定成本、变动成本和准变动成本。

② 非货币成本支出。服务企业在进行服务定价前还应该考虑顾客消费服务之前、之中和之后可能付出的各项非货币成本。这类非货币成本主要包括时间成本、搜寻成本、体力成本、精神成本等。

B. 顾客需求因素。

① 顾客对于服务价值和价格的理解：价值就是低价格；价值是我从产品中获得的东西；价值是我从所支付的价格中获得的服务质量；价值是我付出后得到的汇报(感知价值总和减去感知成本总和)。

② 价格信息不易获得性：服务产品由于多方面的原因，其价格信息较比实物产品更不易获得。服务产品价格信息不易获得也是影响服务产品价格的一个重要方面，其原因有多方面的因素。

③ 对于服务品牌认知与要求：对于具有优势品牌的服务产品，顾客愿意在大致相同的服务水平上支付更高的价格；而对于缺乏品牌知名度和美誉度的一些服务产品，吸引顾客的因素首推低价因素。

C. 市场竞争因素。

因为绝大多数的服务市场是竞争性市场，市场的整体供求关系、企业数量以及竞争激烈程度等也是影响服务价格的一个基本因素。

(3) 在服务企业的定价实践中，主要有三类基本的定价目标：收益和利润目标、构建需求与开拓用户目标以及特定时期供求调节目标等。

- 追求收益和利润目标：①追求利润；②收回成本。
- 构建需求与开拓用户目标：①构建服务需求；②开发用户群。
- 临时性市场调节目标：①调节服务产品整体供求状况；②调节不同时间段服务供给；③协调连带消费服务产品。

(4) 服务定价基本方法。服务企业为其服务产品定价的基本方法与实物商品定价方法大致相同，通常采用成本导向定价法、需求导向定价法和竞争导向定价法等三类基本方法。

① 成本导向定价法。

服务企业依据其服务产品成本，在成本基础上增加一定比例的利润来决定服务产品价格的定价方法。该定价方法简单，易于操作，在服务成本容易衡量、竞争较为平和的服务领域应用比较广泛。

具体而言，成本导向定价法主要包括成本加成定价法、边际成本定价法和投资回报率定价法等三种。

② 需求导向定价法。

需求导向定价法是一种以市场需求和顾客的服务价值感知为主要依据的定价方法。该定价方法是以顾客为导向的定价法，更具科学性，不像成本导向定价法完全从企业自身经营成本出发，忽视顾客对服务产品的价值理解。

需求导向定价法包括感知价值定价法、需求差异定价法和反向定价法等三种具体定价方法。

③ 竞争导向定价法。

竞争导向定价法是一种企业根据市场竞争状况来确定其服务产品价格定价的方法。该定价方法通常有两种基本形式：随行就市定价法和投标定价法。

(5) 服务定价是一个较为复杂的决策系统工程。这个决策系统一般包括三个阶段工作：定价前的市场调查、定价过程、定价后对市场反应的检测与定价调整。

(6) 服务定价过程中的具体影响因素，主要体现在服务定价技巧、定价基础、收款人、付款地点、付款时间与方式等诸多方面。

(7) 常见的服务定价策略类型。

- 基于"价值即低价"的定价策略：①折扣定价；②尾数定价；③同步价格；④渗透定价。
- 基于"价值即期望服务所需"的定价策略：①声望定价；②撇脂定价。
- 基于"价值即根据付出所获得服务质量"的定价策略：①超值定价；②市场细分定价。
- 基于"价值就是服务成本与收益最佳比"的定价策略：①价格束；②互补定价；③结果导向定价。

案例实训课堂

被吐槽的上海迪士尼票价

上海迪士尼乐园在开始运营测试期间被"吐槽"价格贵。有媒体测算，一家三口一日游的最低预算要 2600 元，二日游的最低预算需 6000 元。但是也有观点认为，用"高价"

实现限流效果，可以保障游客的游玩体验。

许多人认为"坐着就赚钱"难长久。通过高价来限制人流，确实会阻挡钱包"敏感人士"的脚步，达到减少入园游玩人数，提高游玩质量的效果。问题在于，限制人流一定要通过高价来调节吗？从国内一些著名旅游景区的成功经验看，提前预约、实名制、限购门票，完全可以实现限制人流的目的。这方面的典型是故宫，门票维持较低价格且十几年不变，随着旅游热持续升温，游客越来越多，游客体验和安全受到严重影响。但故宫不是通过提高门票来控制人流，而是通过预约、限购门票等方式来限制参观人数。这样，一方面亲民的价格让更多的人能领略恢宏的中华文化，另一方面又确保了游客安全，维持了基本旅游体验，可谓一举多得。

从"高价限流"的定价策略看，迪士尼显然不屑于薄利多销的传统盈利模式。他们认定，高价门票一来可以维护其"高大上"的形象定位，宁愿让一部分人"望园兴叹"，也不肯屈就高贵的身段；另一方面，从管理成本分析，这也是最省成本的，设备损耗少，又可减少管理人员，管理难度也较轻，一石三鸟。

"坐着就把钱赚了"是任何一个商业机构都梦寐以求的赚钱方式。但这种方式在行业竞争充分的公司难以奏效，在居垄断地位的公司则有条件去做，迪士尼自然属于后者。只是这种赚钱方式给公众的观感并不佳，长此以往难免影响自身形象，难保游客不会以脚投票，最终影响其盈利的持续性。

(资料来源：凤凰网. http://finance.ifeng.com/a/20160520/14402536_0.shtml，文字有改动.)

思考讨论题：

1. 结合案例和所学知识，你认为上海迪士尼试运营期间的票价属于哪种定价策略？
2. 你认为迪士尼应该采取什么样的定价策略或方法最恰当？

分析要点：

1. 认识到迪士尼的行业地位以及服务独特性对于其定价的影响。
2. 不同的定价策略都有其理论依据和技术方法，最终检验其科学与否还要回归到顾客的认知程度和企业持续发展上来。

思 考 题

一、基本概念题

货币成本　非货币成本　反向定价法　投标定价法　渗透定价法　声望定价法　撇脂定价法　价格束　俘获定价法　双部定价法

二、思考训练题

1. 影响服务产品定价的成本因素主要有哪些？
2. 影响服务产品定价的顾客需求方面的因素主要有哪些？
3. 影响服务产品定价的竞争性因素主要有哪些？
4. 在服务企业的定价实践中，主要有哪几类定价目标？
5. 服务产品的成本导向定价主要有哪几种具体方法？
6. 服务产品的需求导向定价主要有哪几种具体方法？
7. 服务产品的竞争导向定价主要有哪几种具体方法？
8. 简要介绍服务定价策略类型及其具体方法。

第 8 章　服务分销与沟通

【学习要点及目标】

- 了解服务分销传统渠道类型；
- 了解顾客服务渠道选择偏好与影响因素；
- 理解服务分销传统渠道与电子分销渠道的相互关系；
- 掌握服务分销渠道设计的关键问题和要素；
- 了解服务营销沟通面临的挑战；
- 了解电子分销渠道在目前服务中现状、地位和价值，掌握其主要形式；
- 了解整合营销传播概念与特征，掌握服务整合营销传播计划形式与内容。

【核心概念】

服务分销渠道　电子分销渠道　服务营销沟通　服务整合营销传播

【引导情景案例】

三辈人的不同服务选择

　　小蕾是即将毕业的一名大四学生，全家五口人：爷爷、奶奶、爸爸、妈妈和她。她的父母现在五十出头，爷爷奶奶已是古稀之年。

　　作为一名市场营销专业的大学生，她时常观察、对比周围人的消费行为。作为银行客户，爷爷奶奶几乎所有的银行业务都需要亲自到居住小区附近的银行营业厅柜台人工办理，包括最简单的存取款。爷爷奶奶连最简单的 ATM 机都不会使用，他们总担心机器会出差错，自找麻烦。爸爸妈妈的情况与爷爷奶奶大不相同，一年前小蕾帮他们下载并教会他们使用银行的手机 APP 软件，小额现金业务和日常生活缴费等他们会使用手机银行完成，但是大额业务、理财产品购买或是其他重要业务还是选择到银行人工办理，需要拿到银行客服人员出具的纸质单据才觉得踏实。

　　小蕾自己作为一名银行客户，存款不多，但是金融服务使用频率极高。她所有的理财行为以及和消费行为相关的金融业务全部使用手机银行或第三方支付完成，包括订餐饮外卖和小东西的购买等。可以说，像她这样的 90 后年轻人，几乎一切消费行为都可以通过网络来实现。

　　现在，小蕾周末或节假日回家的一项重要工作就是帮助爷爷奶奶和爸爸妈妈解决一些手机使用过程中遇到的问题，或者帮助他们实现一些网上预订业务，例如预订电影票、餐厅座位，等等。

思考： 小蕾一家人使用了哪些银行的业务办理渠道？有什么差异？原因是什么？

服务渠道与服务促销是服务营销组合 7P 策略中的两个基本要素，也是服务企业与目标顾客群进行营销沟通的主要条件和方式。简单而言，服务营销沟通是服务提供商与顾客间围绕服务产品进行的互动，其内容既包括信息流也包括有形实物。服务渠道就是营销沟通的主要通道与媒介。服务促销则是借助于不同的服务渠道向顾客传递有效的服务信息的营销行为。

8.1　服务分销渠道

服务分销渠道与有形商品的分销渠道有很大差异性。由于服务的无形性和过程性等特性，服务分销渠道的设计与管理更具复杂性和挑战性。

8.1.1　服务分销传统渠道

1. 服务分销传统渠道类型

一般而言，服务分销渠道主要有直销和中间商分销两类。直销是指服务项目由服务提供者直接供应给顾客消费的分销形式。中间商分销渠道有长有短，长渠道是包括两个层次及以上的中间商；短渠道可能只有一个层次的中间商(代理商、经纪人、零售商或特许经营者)。

关于服务分销渠道的基本类型参见图 8-1。

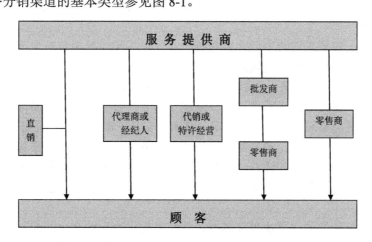

图 8-1　服务分销渠道基本类型

1)　直销

服务的直销模式本来就是服务分销最为普遍的方式，由于现代信息技术发展和移动互联终端设备的普及，服务直销越来越表现出高效率、低成本的优势。过去，采用直销方式的典型企业是少数像安利、戴尔这样的企业。现在越来越多的传统服务项目在逐渐取消中间商环节，开始转向直销模式。

许多服务企业既有传统的服务人员与顾客面对面的服务方式，也有通过自助设备自行完成服务的方式，还有通过计算机或手机终端实现的网络服务方式。例如，许多银行现在就是采用多种渠道方式开展金融业务的直销模式：既有传统的人工柜台服务，也有 24 小时 ATM 自助机服务，客户也可以通过手机或计算机登录网上银行办理绝大多数银行业务。

当下，许多传统服务企业借助网络信息技术在淘宝、天猫、京东等电商平台开设网上直营店，顾客通过电脑终端或手机 APP 就可以直接下单购买。

2) 中间商分销

当下，服务分销采用中间商的方式由于其成本高、服务传送慢的先天劣势，在服务分销体系中地位渐衰，而且向层次减少的趋势发展。但是，情况并非绝对，顾客对于不同的渠道有不同的偏好。

中间商的类型主要有代理商、特许经营商、经纪人、批发商和零售商等。采用中间商分销的服务往往是顾客偏好于面对面人际关系渠道的情形。

(1) 代理商。服务提供方与代理方签订代理合同，授权其从事某项服务活动。在旅游、宾馆、运输、保险、劳务雇用等服务领域都非常普遍地采用代理商模式。

例如，保险代理人接受保险公司的委托，可以根据保险合同的规定进行招揽业务、代收保险费、接受投保单和查核被保险人的出险情况等。保险代理人的收入主要来源于保险公司提供的保险代理费等。

(2) 特许经营。特许经营者将自己所拥有的服务供应商的商标、商号、产品、专利和专有技术、经营模式等以特许经营合同形式授权给被特许者使用，执行或提供一项或多项服务。

特许经营者一般要求被特许经营者在统一业务模式和经营规范前提下开展经营活动，并支付约定的特许费用。例如餐饮业、干洗业等加盟某一品牌企业的经营行为，轿车销售及维修服务业、家电销售服务业中的特许经营等都属于此类特许经营。

(3) 经纪人。在某些市场因传统习惯或现实需要，服务销售和交易需要经由中介机构来实现。例如股票交易需要经由证券公司，艺术品交易一般交由拍卖公司拍卖变现等。

(4) 批发商和零售商。无论是商品领域还是服务领域，批发商与零售商的界限越来越模糊。现在的趋势是两者互相渗透，一个中间商往往扮演着批发商和零售商的双重角色。区分批发商和零售商的标准主要看它所提供的服务对象是中间商(包括批发商和零售商)还是直接顾客。

现在，服务分销的传递层次越来越少，从服务提供商到顾客中间超过两个及以上层次的已经极为少见，而且多层次分销的模式也日益不被市场和顾客所认同。

2. 顾客服务渠道选择偏好与影响因素

服务的分销渠道不同意味着服务成本、服务质量保证以及顾客的服务体验也会有所差异。根据服务交易过程的实现方式以及服务人员是否现场参与服务过程的差异，将服务分销渠道划分为面对面人际关系渠道、服务现场自助式服务渠道和非服务现场的网络自助式服务渠道。

研究表明，不同顾客和不同性质的服务项目，对于服务销售渠道的选择偏好存在较大的差异，主要体现在以下四个方面。

(1) 对于复杂与高识别风险的服务项目，人们更倾向于依靠面对面人际关系渠道，而且多是有消费经历的满意渠道。例如金额较大的人身保险产品购买、住房贷款申请等渠道。

(2) 对某服务渠道非常信任或了解的顾客更容易选择现场自助式服务或远程的网络自助式服务渠道。

(3) 重视便利性的顾客更倾向于使用非人际关系渠道和自助式渠道；而带有社交目的或享受服务过程体验的客人会更喜欢选择面对面的人际关系渠道。

(4) 顾客在选择服务渠道时，除货币成本外，还会考量消费服务所付出的时间、精力和体力等非货币成本的大小。如果不同的服务渠道存在价格差，顾客可能会利用各个渠道的市场价差来谋取最大化利益。例如一些顾客在服务场所尝试性地小量消费，然后在低价的网店下单购买。

因此，服务企业要注意不同顾客的渠道选择偏好，为不同的顾客群体设计合适的服务渠道。

8.1.2　服务分销渠道设计的关键问题

对于服务企业而言，服务分销渠道设计的关键点在于时间、地点、服务方式和服务内容等四个方面。

1. 服务时间安排

服务时间的安排是顾客服务消费便利性的一个重要影响因素。例如一家银行的对公业务的营业时间一般设定在工作日的工作时间，如果遇到节假日或下班休息时段客户就无法办理相关业务。但是近年来，银行设立网上银行，客户使用专有的安全优盾就可以全天任何时间都可以自助完成银行业务。

当然，服务提供商应根据服务项目的现实情况和顾客的实际需求来决定服务时间。过去，中国餐饮企业的营业时间较短，现在许多餐饮企业实行 24 小时营业，大大便利了顾客，同时提升了服务销售额。例如中国北京、上海等一线城市的麦当劳、肯德基等餐饮企业现在就实行 24 小时营业制度。

2. 服务地点选择

服务地点的选择与设计主要取决于服务性质以及顾客对于便利性的要求程度等。对于一些简单的信息服务，大部分顾客倾向于选择非人际关系渠道，这些服务的提供商应该设计建立虚拟的网络信息沟通渠道。而对于一些顾客希望接受面对面的服务方式时，服务提供商则应考虑设立合适的实体服务网点。在设置服务网点决策时，其成本、生产率和劳动力来源等通常是关键性因素。

常见的服务网点主要有以下几种类型。

1)　独立的服务营业场所

许多服务企业建立覆盖某地理区域上的较为独立、专用的服务厅，例如银行营业厅、电信营业厅、专科诊所、连锁性影院，等等。这种空间上较为独立的服务场所可能是服务企业自营，也可能是合作经营或加盟经营的性质。

2)　安装自助设备的微空间

许多服务企业为了实现最大限度的服务覆盖或抢占市场，会在商场、学校、医院、机场、写字楼等公共场所或合作机构内部安装服务自助设备。

3)　多功能空间选址混业经营

许多商家，甚至是非同业者们经常共同使用一个公共空间，例如一些餐饮企业、书店、美发店等在靠近顾客居住、工作或休闲购物的多功能空间选址混业经营。

4)　复合型服务网点设置

许多服务企业既有自营的服务营业厅，也有其他场所的自助式设备等。即上述三种类型的服务网点均有布局。

3. 服务传递方式

服务交易的达成最终依靠服务传递来实现。服务传递的方式，服务企业应该根据服务对象性质和服务接触基本类型确定。也就是说服务企业首先确定服务对象是人体、所有物、精神服务还是信息服务，然后确定企业与顾客间的服务接触类型应该如何选择。一般而言，针对人体自身的服务需要顾客与服务人员面对面地传递完成服务；服务对象是人的所有物的服务类型可能是面对面服务，也可能是自助式完成；精神服务应区别对待，大部分服务也需要当面传递，个别服务需要远程传递；大多数的信息服务主要通过自助设备或远程传递完成。

关于顾客与服务商的接触类型参见表 8-1。

表 8-1　服务接触主要类型

服务接触类型	服务地点选择差异举例	
	单一地点	多个地点
顾客前往服务场所	电影院、理发店等	银行营业厅、连锁快餐店等
服务商前往顾客处	房屋装修、网络线路安装等	包裹快递、出租车公司等
远距离服务传输	信用卡公司、有线电视服务等	移动电话公司、网购电商平台等

4. 服务传递内容

在设计服务分销渠道时，应该关注渠道传递的是核心服务还是附加服务的区别。

从传递的服务内容形态上来分，传递的内容可区分为信息流、实物流、资金流、服务活动和行为等四大类。

1) 信息流

服务传递的信息流包括的内容较为丰富，主要包括以下四类：

(1) 关于服务内容构成、服务功能、服务利益等基本服务信息。

(2) 附加性服务的构成及辅助服务使用信息等。

(3) 服务价格或相关促销信息等。

(4) 服务消费协议的相关信息。

2) 实物流

许多服务需要有实体的服务设施设备才能完成服务交易，还有很多服务自身就附有一些实物产品。例如购买一些保险、金融业务服务时填写一些申请表格，需要借助有形设施设备和工具等产品，办理完毕后顾客可能还会获赠一些实物赠品等。所有这些都属于服务渠道传递中的实物流。

(1) 服务过程中设施、设备、工具的传递和使用。

(2) 服务附加的实物产品现场交付。

(3) 服务合同、协议以及赠品等由第三方传输等。

3) 资金流

服务消费实现的重要标志是顾客支付服务费用，也就是说在服务传递中还包括顾客与服务提供商之间的资金流。费用支付不仅是资金流，也包括了支付信息和账单、发票等实物。

4) 服务活动和行为

有许多服务属于纯粹的无形服务，这些服务传递的主要内容除信息流、资金流外，就是服务行为。例如在办理银行存款业务中，银行营销人员需要引导、协助客户完成服务交易过程。在中医诊所，针灸师为病人提供的服务就是进行穴位针灸。

因此，分销渠道中服务内容的传递实际上是既有信息流的沟通，又有实物流和资金流的输送，还有服务行为与活动本身。

8.1.3 虚拟服务空间和电子分销渠道

现代信息技术和互联网技术的迅速发展，尤其是移动互联网的快速普及，对于许多服务行业的经营业态和服务分销产生了巨大影响。许多服务企业开始转向开发虚拟服务空间，设计电子分销渠道，以扩大销售区域，降低分销渠道成本。

服务企业采用电子分销渠道主要有以下三种情形。

1. 服务分销完全依存网络渠道

有许多企业或个人在淘宝、天猫等电商平台上注册虚拟网店，通过平台销售自产或采购而来的产品或服务。这些企业没有线下实体服务场所，也没有实体分销渠道，企业经营依存于网络虚拟空间，经营成本较低，灵活性极大。

现在，越来越多的服务企业鼓励顾客通过线上预订服务，甚至有些酒店已经关闭了线下预订渠道。北京故宫的门票也已经完全采用网上预约制度，不再线下实时售票。这些服务机构具有实体服务场所，但分销渠道实现完全电子化。

2. 实体渠道与电子渠道并重

更多的传统服务企业是在保留实体分销渠道的同时，开设更加便捷的电子分销渠道，以拓展市场、增加服务覆盖范围。

例如，中国移动、中国联通等电信运营商既有实体的电信业务营业厅，也有网上营业厅供用户自助申请、办理各项通信业务。各大商业银行也是实行这种双渠道并行的分销渠道策略。

在这些企业服务分销上，电子渠道在发挥着越来越重要的作用，占比越来越大的趋势十分明显。

3. 服务分销实体渠道为主，电子渠道为辅

在一些特定的服务行业或企业，顾客总体上仍然习惯于使用传统的服务分销渠道。此外，一些服务企业的不同分销渠道适用人群是不同特征的人群。例如一些老年人仍然习惯到服务场所面对面接受服务，而绝大多数的年轻人已经完全抛弃了这种服务方式，喜欢通过自助设备或网络服务厅办理各项业务。

值得注意的是，电子渠道最大价值不仅是方便快捷、成本低廉，对于企业而言更重要的是它可以收集、分析顾客数据，掌握顾客消费习惯，开展更有效率、更具针对性的促销行为。一些企业进而根据这些数据开发设计更适合某一顾客群体的相关服务和新服务产品。

近些年来，网络虚拟服务空间和电子分销渠道的崛起已经彻底击溃了许多传统的实体经销体系，大大减少了分销渠道层次，降低了分销渠道成本，正日益为消费者所认同和追逐。网络电子渠道取代实体分销渠道已演变成不可逆转的趋势。

8.2　服务营销沟通策略

服务营销沟通策略是指服务企业通过各种沟通形式向顾客说明、促销企业提供的服务及价值主张的组合策略。

8.2.1　服务营销沟通面临的挑战

服务是一种过程或活动，很难将服务利益直接传达给顾客。因此，服务营销沟通与有形产品的营销沟通存在显著差异，其营销传播计划的设计涉及服务营销的 7P 要素。

服务营销沟通面临的挑战主要来自于服务无形性产生的同质性问题、抽象性问题、不可搜寻性问题和难以理解性问题。

1. 同质性问题

在许多服务项目中，会包含物品、服务空间、人员和事件等有形要素，这些要素对于顾客而言，都能够清楚地认识和预判。对于服务企业而言，这类服务要素同质化是面临的普遍问题，如何实现这些要素的差异化优势并传递给顾客是一个不小的挑战。

2. 抽象性问题

许多服务是纯粹的过程服务或信息服务，例如财务安全、心理咨询等，都属于抽象性服务概念。顾客对于这类服务的内涵和外延边界都缺少清晰的认识。因此，服务企业要想将服务与这些抽象概念联系起来，形成有效的营销传播也是一个挑战。

3. 不可搜寻性问题

不可搜寻性是指服务的无形性使顾客在购买服务之前不能对服务进行有效的搜索与检查。有些服务只能在顾客亲身体验后才能做出判断，还有些专业服务事后也难以判断服务质量水平如何等。

4. 难以理解性问题

许多服务非常复杂并且是多维度的，或者是新型服务，使得顾客尤其是潜在顾客难以理解它带给自己的是何种体验和利益。因此，服务营销人员在其营销沟通计划中要克服顾客难以理解性问题带来的挑战。

总之，对于服务无形性带来的营销沟通上的挑战，服务企业的主要思路是在营销广告、宣传过程中尽量将服务有形化，主要措施有两大类。

(1) 可以充分利用服务有形表现的图片、场景或活动视频要素来展示服务，例如选择一些成功人士对服务的使用的图片等。

(2) 借助有形化的比喻来传递服务利益，例如一些企业选择泰山、黄河等具有象征意义的景象来展现公司或产品的实力等。

8.2.2　服务营销沟通的受众和目标

服务营销沟通计划的制订需要明确两个基本前提，一是确立营销沟通受众，二是明确营销沟通具体目标。

1. 受众目标确定

如何确定服务营销沟通计划的受众目标以及沟通计划要素，成熟的营销 5Ws 模型给我们提供了思路和方法。

(1) 谁是我们的目标受众？(Who)

(2) 我们需要传递什么信息？达到什么样的目标？(What)

(3) 我们应该如何传递信息？(How)

(4) 我们应该在何处传递？(Where)

(5) 要在什么时候传递信息？(When)

广义的服务营销沟通的受众应该包括现有服务使用者、潜在顾客以及企业员工。一般情况下，企业的服务营销沟通计划主要针对前两类受众展开(见图 8-2)。针对员工的沟通计划属于内部营销的范围，我们将在第 9 章中具体介绍。

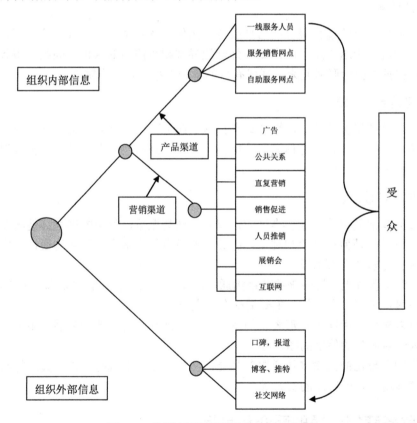

图 8-2　营销沟通目标受众接收的信息源

(资料来源: Adapted from a diagram by Adrian Palmer, Principles of Services Marketing,

London: McGraw-Hill, 4th ed., 2005, p397.)

1)　现有服务使用者

对于现有服务使用者，服务商或服务营销人员拥有较为多样且有效的沟通渠道和工具。除传统的广告、公共关系、营业推广、主题活动、人员推销等促销渠道外，还可以根据顾客数据库通过邮件、短信、电话、邮寄等方式进行有针对性的促销或推广。对于现有服务使用者的营销沟通，其目的主要是强化顾客服务体验，增强顾客黏性，提升顾客忠诚度。

2)　潜在顾客

对于潜在顾客，营销沟通计划的目标、渠道和内容均有所不同。服务企业营销人员主要通过传统的营销沟通渠道如媒体广告、公共关系、直复营销、电话营销等向潜在顾客传播企业和服务产品信息，扩大知晓度，吸引顾客关注企业或服务产品，进而转化成现实顾客。

2．服务营销沟通计划目标

制定服务营销沟通计划目标，就决定了服务企业需要传达什么样的信息以及应选择哪些沟通渠道和工具才能实现计划目标。

根据服务营销学者洛夫洛克的总结，服务企业或机构的营销沟通计划目标主要包括以下方面。

(1)　打造深入人心的企业和服务品牌形象。

(2)　建立顾客对新服务产品或品牌的认知和兴趣。

(3)　与竞争企业的竞品服务形成正面的对比效应。

(4)　通过传递特定的品牌优势和利益形成消费者的品牌偏好。

(5)　进行有别于竞争服务产品的服务重新定位。

(6)　通过提供信息和建议来降低顾客的不确定性感知及风险感知。

(7)　提供服务保证，如做出服务承诺。

(8)　通过促销鼓励顾客进行服务试用。

(9)　使顾客在使用服务前就熟知服务过程。

(10) 向顾客传授如何最有效地使用服务。

(11) 刺激低峰时段的服务需求，转移高峰时段的服务需求。

(12) 识别并奖励企业的重要顾客，等等。

8.2.3　服务营销沟通的渠道

随着市场环境和信息技术的发展，目前服务营销沟通策略从渠道、方式到内容都发生了较大变化。下面分别对传统的营销沟通渠道和新媒体沟通渠道加以介绍。

1．传统营销沟通渠道

1)　广告

服务广告是指广告主以公开付费的方式，借助各种形式的媒体向用户进行已有服务或新推出服务的明确的宣传推广方式。广告是服务促销组合中的重要组成部分，也是最为有力的促销手段。

服务广告的主要任务是在顾客心智中创造公司或服务品牌形象、传达公司或品牌核心理念，建立顾客对公司和品牌的认同；指导公司营销人员如何对待顾客，帮助营销人员或分销商开拓服务市场等。

关于服务广告媒介，目前服务提供商有了更广泛的选择。起初，最传统的图书、报纸、杂志等平面印刷以及户外广告是广告商选择的主流广告媒介。后来，由于电视媒体的崛起，电视广告成为影响力、冲击力最强的广告媒体。近些年来，由于互联网的发展和应用普及，互联网广告大行其道。例如搜索引擎广告、网络标题广告以及借助微博、微信、推特、QQ等社交媒体或自媒体进行的各种广告形式。

2) 公共关系

公共关系是指面向公众或其他利害关系者，以推广或维护公司形象，促进产品销售的设计性活动。公共关系与广告等其他促销方式相比，具有可信度高、费用低、影响面广和效果显著等传播优势。

公共关系传播媒介十分广泛，既有广播、电视、报纸、杂志等大众媒介，也有联谊会、新闻发布会、茶话会等群体媒介，还有个人属性的媒介等。

服务企业可选择的公共关系工具也比较多，主要有以下形式。

(1) 媒体宣传报道。

(2) 事件赞助。

(3) 公益赞助。

(4) 互联网口碑传播等。

3) 营业推广

营业推广是指除了人员推销、广告和公共关系以外，刺激顾客购买的各种促销活动。传统的营业推广多以现场活动为主，如陈列、演出、展览会、示范表演等。现在许多企业开始设计使用在线营业推广形式。

营业推广的具体形式主要有以下 7 种。

(1) 折扣促销。

(2) 批量或套餐促销。

(3) 免费体验。

(4) 分发优惠券。

(5) 签约未来折扣补贴。

(6) 礼品赠送。

(7) 有奖销售等。

4) 人员推销

人员推销是通过服务营销人员与一个或多个预期顾客进行面对面接触或通话、视频等方式展示服务产品、回答问题等完成服务销售的营销活动。人员推销是促销的最传统、最基本的一种方式。

人员推销具有自己独特的优势。营销人员与顾客面对面的接触，可以根据顾客的反应而调整营销策略，是最直接、最有效的营销方式；营销人员较容易与顾客建立良好的人际关系等。

服务推销人员可以划分为两种情况：一种是服务企业自行雇佣的推销人员；另一种是经销商或代理商雇用的推销人员。

服务推销人员开展工作的方式主要有预约上门推销、会议推销、社区推销等。现在服务企业的人员推销也改变了过去面对面推销的单一方式，推销人员采用多种方式，如通过电话、微信群、电子邮件、博客、QQ 群等信息渠道进行推销活动。

5)　主题活动或事件营销

这是较为新颖的一种促销形式。服务企业策划或冠名赞助一些重大主题活动、重大事件或重大赛事，这些活动或事件主题一般与公司形象相符或者与公司服务产品某种属性相关，服务企业借机制造轰动效应，以提升公司品牌形象或扩大服务产品知名度和美誉度。例如中国银行凭借赞助 2022 年冬奥会和残奥会而开展的主题营销活动。

2. 新媒体沟通渠道

通过新媒体进行营销沟通是服务企业面临的新问题和新机遇。新媒体沟通渠道具有传统媒体不可比拟的先天优势。目前，企业可以使用的新媒体沟通渠道主要是通过企业官网、手机端 APP、企业官方电子商城、第三方网络平台以及博客、微信、QQ 等新媒体。

1)　企业网站或智能手机 APP

企业官方网站或手机端 APP 已经成为企业最全面的信息沟通新渠道，广告宣传、促销推广、公共关系以及服务项目申请、办理、支付费用以及售后服务等功能，都可以通过官网或 APP 得以实现。

2)　企业官方电子商城

有许多企业专门建立独立于官方网站的电子商城，主要实现服务产品的销售职能。当然，有些企业在官网上采用专门模块实现其销售。

企业官方电子商城的建立也有两种情况：一是企业自主建立电子商城，用于服务产品销售；另一种情况是在第三方电商平台开设官方旗舰店，如许多服务企业在淘宝、天猫、京东等电商平台建立自己的网店。

3)　企业博客、官微等新媒体

近年来，随着自媒体的快速发展和渗透，越来越多的企业通过建立官方博客、微信等新媒体渠道，开展发布信息、促销活动、公关等行动，成效显著。

4)　第三方或私人自媒体

除此之外，许多企业还借助有影响力的第三方机构组织或个人自媒体进行广告投放、信息发布等营销沟通行为，主要工具就是博客、微信、推特、贴吧、社区论坛等自媒体主要形式。

第三方或私人的自媒体现已成为服务企业不可忽视的重要营销沟通新渠道。这些新媒体渠道最大的优势是将过去不太容易传达或获取的顾客口碑变得非常容易。

8.2.4　服务整合营销传播

无论有形实物产品还是无形的服务，其营销传播要达到理想效果都应该设计整合营销沟通计划并加以实施，而不是采取单一措施或阶段性措施。整合营销沟通理论是由美国学者舒尔茨等人大约于 1992 年提出，然后在世界范围内得到营销学界和企业界的普遍认同。

1. 整合营销传播概念与特征

1)　整合营销传播概念

中外学者或机构对于整合营销传播的概念表述有所差异，但其核心内容却很统一。中国学界比较认同的定义如下：

整合营销传播是以消费者为中心重组企业行为和市场行为，综合协调地使用各种传播媒介和方式，以统一的目标和统一的传播形象，传达一致的品牌与产品信息，实现与消费者的双向沟通，迅速树立产品品牌在消费者心目中的地位，建立长期关系，更有效地达到营销传播和产品销售的目标。

2)　整合营销传播基本特征

整合营销传播理论得到认同主要源于其现实价值得以认证，其核心思想较传统营销传播理论有质的提升。该理论具备以下基本特征。

(1) 双向性。以顾客为中心，开展双向沟通。

(2) 整合性。运用所有媒介、所有方式进行一致性信息的传播，获得协同效果。

(3) 目标性。传播不在于销售目标，而在于建立与顾客良好的长期关系，从而提升企业和品牌形象。

2. 整合营销传播目标与措施

针对服务产品和服务品牌的整合营销传播，强调将营销所有沟通渠道和要素整合成一体，相互配合地传达与服务产品和品牌定位相一致的营销信息，以达到明确、高效的沟通与传播效果。

1)　整合营销传播基本目标

整合营销传播计划的基本目标主要体现在三个维度：

(1) 传达企业、品牌和产品一致的形象。

(2) 不同媒介、渠道传达同一种声音。

(3)　功效叠加，获得最佳传播效果。

2)　整合营销传播的整合措施

整合营销传播的整合措施主要体现在以下三个方面：

(1)　沟通媒介渠道的整合。应采用哪些媒介渠道组合来进行营销传播。

(2)　沟通信息的整合。即决定传播什么样的一致性信息。

(3)　沟通机构的整合。应由哪些机构来负责开展沟通。

整合营销传播有利于建立产品定位，树立企业品牌形象，提升企业的品牌价值。

本 章 小 结

(1)　服务分销渠道主要有直销和中间商分销两类。直销是指服务项目由服务提供者直接供应给顾客消费的分销形式。中间商分销渠道有长有短，长渠道是包括两个层次及以上的中间商；短渠道可能只有一个层次的中间商(代理商、经纪人、零售商或特许经营者)等。

①　服务的直销模式本来就是服务分销最为普遍的方式，由于现代信息技术发展和移动互联终端设备的普及，服务直销越来越表现出高效率、低成本的优势。

②　中间商分销。中间商的类型主要有代理商、特许经营商、经纪人、批发商和零售商等。采用中间商分销的服务往往是顾客偏好于面对面人际关系渠道的情形。

(2)　不同顾客和不同性质的服务项目，对于服务销售渠道的选择偏好存在较大的差异，主要体现在以下四个方面：①对于复杂与高识别风险的服务项目，人们更倾向于依靠面对面人际关系渠道，而且多是有消费经历的满意渠道。②对某服务或渠道非常信任或了解的顾客更容易选择现场自助式服务或远程的网络自助式服务渠道。③重视便利性的顾客更倾向于使用非人际关系渠道和自助式渠道；而带有社交目的或享受服务过程体验的客人会更喜欢选择面对面的人际关系渠道。④顾客在选择服务渠道时，除货币成本外，还会考量消费服务所付出的时间、精力和体力等非货币成本的大小。

(3)　服务分销渠道设计的关键点有时间、地点、服务方式和服务内容等四个方面。

①　服务时间安排：服务时间的安排是顾客服务消费便利性的一个重要影响因素。

②　服务地点选择：服务地点的选择与设计主要取决于服务性质以及顾客对于便利性的要求程度等。常见的服务网点主要有以下几种类型：独立的服务营业场所；安装自助设备的微空间；多功能空间选址混业经营；复合型服务网点设置。

③　服务传递方式：如何提供分销最终依靠服务传递来实现。服务传递的方式，服务企业应该根据服务对象性质和服务接触基本类型确定。

④　服务传递内容：从传递的服务内容形态上来分，传递的内容可区分为信息流、实物流、资金流和服务行为等四大类。

(4) 当前，服务企业采用电子分销渠道主要有以下三种情形：①服务分销完全依存网络渠道；②实体渠道与电子渠道并重；③服务分销实体渠道为主，电子渠道为辅。

(5) 服务营销沟通面临的挑战主要来自于服务无形性产生的同质性问题、抽象性问题、不可搜寻性问题和难以理解性问题。

(6) 服务营销沟通计划的制订需要明确两个基本前提：一是确立营销沟通受众，二是明确营销沟通具体目标。

① 受众目标确定：如何确定服务营销沟通计划受众目标以及沟通计划要素，成熟的营销 5Ws 模型给我们提供了思路和方法：谁是我们的目标受众(Who)；我们需要传递什么信息，达到什么样的目标(What)；我们应该如何传递信息(How)；我们应该在何处传递(Where)；要在什么时候传递信息(When)。

② 服务企业或机构的营销沟通计划目标主要包括以下方面：打造深入人心的企业和服务品牌形象；建立顾客对新服务产品或品牌的认知和兴趣；与竞争企业的竞品服务形成正面的对比效应；通过传递特定的品牌优势和利益形成消费者的品牌偏好；进行有别于竞争服务产品的服务重新定位；通过提供信息和建议降低顾客的不确定性感知及风险感知；提供服务保证，如做出服务承诺；通过促销鼓励顾客进行服务试用；使顾客在使用服务前就熟知服务过程；向顾客传授如何最有效地使用服务；刺激低峰时段的服务需求，转移高峰时段的服务需求；识别并奖励企业的重要顾客等。

(7) 传统营销沟通渠道主要包括：广告；公共关系；营业推广；人员推销；主题活动或事件营销。新媒体沟通渠道主要包括：企业网站或智能手机 APP；企业官方电子商城；企业博客、官微等新媒体；第三方或私人自媒体等。

(8) 整合营销传播是以消费者为中心重组企业行为和市场行为，综合协调地使用各种形式的传播媒介和方式，以统一的目标和统一的传播形象，传达一致的品牌与产品信息，实现与消费者的双向沟通，迅速树立产品品牌在消费者心目中的地位，建立长期关系，更有效地达到营销传播和产品销售的目标。

(9) 整合营销传播基本特征：①双向性。以顾客为中心，开展双向沟通。②整合性。运用所有媒介、所有方式进行一致性信息的传播，获得协同效果。③目标性。传播不在于销售目标，而在于建立与顾客良好的长期关系，从而提升企业和品牌形象。

(10) 整合营销传播计划的基本目标主要体现在三个维度：①传达企业、品牌和产品一致的形象；②不同媒介、渠道传达同一种声音；③功效叠加，获得最佳传播效果。

(11) 整合营销传播的整合措施主要体现在以下三个方面：①沟通媒介渠道的整合。应采用哪些媒介渠道组合来进行营销传播。②沟通信息的整合。即决定传播什么样的一致性信息。③沟通机构的整合。应由哪些机构来负责开展沟通。

案例实训课堂

雕爷牛腩餐厅的营销策略

雕爷牛腩餐厅，是中国第一家"轻奢餐"餐饮品牌，其烹饪牛腩的秘方，是向周星驰电影《食神》中的原型人物——香港食神戴龙以 500 万元购买而得。戴龙在香港餐饮界大名鼎鼎，经常为李嘉诚、何鸿燊等港澳名流提供家宴料理，他还是 1997 年香港回归当晚的国宴行政总厨。他的代表作，一道"咖喱牛腩饭"和一道"金汤牛腩面"，成为无数人梦寐以求之舌尖上的巅峰享受。

1. 雕爷牛腩"轻奢餐"产品定位

轻奢餐，是介于快餐和正餐之间的用餐感受，比低价位的快餐要美味和优雅，又比豪华正餐节省时间和金钱。

一家好的餐厅不在于菜品数量的多少，而在于产品的精致与用户体验的不断优化。"把一种食物，探索到细致入微，雕琢出大巧大拙！""无一物无来历，无一处无典故"：花重金从香港食神戴龙手中买断秘方，加工切制牛腩的刀选用大马士革钢锻造，炖牛腩的锅已申请专利，顾客到店喝的水则是"斐济(FIJI Water)"和"盛棠(Saratoga Spring Water)"，牛腩搭配世界顶级的米饭等。

雕爷牛腩只有 12 道菜品，比麦当劳还要少。雕爷牛腩少而精的菜品就是想改写一下中餐的定义，别动辄二三百道菜，却又哪道都不精致，而且上菜节奏纯属胡闹，不上菜就一直不上，或者七八道菜一起给你端上来。好味道全被浪费了。它学习一流的法餐厅意餐厅，菜谱只有一张纸，加甜品才二三十道菜，但每一道都极尽巧思，恰到好处。每道菜都在最佳食用时间给你端上来。

雕爷牛腩所配送的三碗米饭分别为：

(1) 日本越光稻——日本国宝级大米，号称"世界米王"。由于日本并不对外出口，雕爷牛腩选用了在丹东移植的越光米，口感柔美幼滑。

(2) 蟹田糙米——这种米，从不施人工肥，纯靠水田中的螃蟹形成生态循环。糙米还因为不深度加工，保留了更多营养物质，口感粗犷豪迈。

(3) 泰国香米——泰国五千年水稻种植史上的骄傲，这种长粒米拥有特殊的茉莉香气，与牛腩混合后口味独特。你如果喜欢，米饭可以无限量免费续添。

2. 雕爷牛腩追求完美的顾客体验

优秀的餐厅须具备三要素：口味、环境、服务。前两者改进的空间是有限的，而服务的改进空间是无限的。雕爷牛腩餐厅专门设置一个独特岗位——CTO(首席体验官)，餐厅CTO 会以顾客的角度去感知餐厅服务，不断反馈顾客的意见和改进服务，并有权为顾客喜爱的甜点和小菜免单。这也是雕爷牛腩餐厅的企业愿景，以求道之态度做一碗牛腩，并给

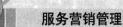

顾客饕餮之外的惊喜与感动。

雕爷牛腩餐厅为男性顾客提供西湖龙井、冻顶乌龙、茉莉香片、云南普洱四种茶水，但不必付费。味道从轻到重，颜色从淡到浓，工艺从不发酵、半发酵到全发酵。而女性顾客在餐厅则能同时享受到洛神玫瑰、薰衣草红茶、洋甘菊金莲花三种花茶，分别有美目、纤体和排毒之功效。同样不用付费，无限续杯。

雕爷牛腩所用筷子甄选缅甸"鸡翅木"，上面激光蚀刻"雕爷牛腩"LOGO，这些筷子是全新的，未曾被他人使用，用餐完毕套上特制筷套，当作礼物送给顾客。雕爷牛腩还研发了目前世界第一昂贵的中式菜刀。这种由"乌兹钢锭"锻造的刀身，拥有海涛般美丽纹理——古称"穆罕默德纹"。为什么相比所有吹毛断发的好刀，大马士革钢的刀具更适合切牛腩呢？答案在于牛肉纹理：虽然肉眼看不见，但在显微镜下，这纹理居然是由无数小锯齿组成的。所以在切割生牛腩时，配合"滚刀法"切割，行云流水，得心应手。

雕爷牛腩为这碗牛腩面，还发明了一款专利"碗"——下方很厚重，很粗糙，端起来手感好，而对着嘴喝汤的三分之一，则很薄、很光滑。在八点二十的位置，开了一个拇指斜槽，以方便卡住汤勺，这样端起来喝汤时，勺就不会乱动。这只碗的大小、薄厚、功能，若放别的食物，别扭无比，但吃鲍鱼骨汤牛腩面，则得心应手、舒适无比。换句话说，这碗面也只有放在这只碗里，才能呈现最佳状态。炖牛腩的锅，是雕爷牛腩申请的专利发明，并且还亲切地给锅起了个外号：铁扇公主。因为牛魔王，最怕的就是她。

3. 雕爷牛腩的营销推广与沟通

(1) 借鉴网游封测活动，免费试吃。一般网游即将上线之前都会搞个"封测"活动，邀请玩家来玩，找出缺陷并修正。这一办法也被雕爷搬到了餐厅经营中来，除了测试服务，也是优化产品。雕爷牛腩在开业前足足搞了半年的封测，邀请各路明星、微博大号、美食达人免费试吃，各类食品在这众多名嘴中不断优化，同时通过长期的封测活动，雕爷也挑选出了比较优质的供应商。

(2) 用微博制造话题，创造口碑点。网络营销的核心是流量，有了流量就有了一切。在餐厅的封测期，只有受邀的人才能来吃，而这些人往往会发微博或者微信说自己的消费体验，在制造餐厅神秘感的同时，也创造了良好的口碑。

在开业前期，雕爷牛腩邀请苍井空到店，被微博大号@留几手偶遇。苍井空在自己的微博上证实之后引发网友4.5万次转发，成为当天的热门微博话题。这种做法也是有风险的，雕爷没少挨骂。此外店内不允许12岁以下儿童进入就引来了极大的争议，但雕爷很高兴地帮着骂他的人转发微博，因为他要的是流量。

(3) 用微信维护老客户，即时互动。在经营餐厅的过程中，雕爷十分重视客户的回馈，每天盯着微博、微信等平台，一旦发现客户有不满意的地方，就会随时进行回馈，只要粉丝说不好吃的菜，这道菜一定会从菜单中消失。雕爷这种亲自当客服，每天处理差评的行为为所有的员工树立了榜样。重视用户反馈已经成为每位员工的信条。

如果餐厅有新菜品，就会通过微信通知老客户，有图片、有文字、有口味描述。而这个不能在微博上发,以此体现老客户的专属性。餐厅的 VIP 卡也是建立在微信上的,用户要关注雕爷牛腩的公共账号并且回答问题,通过后才可以获得身份,虽然这种玩法在网上很常见,但对于实体餐厅还是很有新意的举动。

永远将用户体验放在第一位,满足目标受众的口感,不断优化产品与服务,才使得雕爷牛腩餐厅获得如此成功。

(雕爷牛腩餐厅官网: http://www.diaoye.net/index.html)

思考讨论题:

1. 结合案例分析雕爷牛腩营销大获成功的主要原因。

2. 雕爷牛腩在进行营销推广过程中主要采用了哪些新媒体形式,这些新媒体的营销作用有何价值?

分析要点:

1. 在雕爷牛腩营销过程中充分体现了互联网新媒体和微媒体的特点与优势。

2. 在餐厅类营销活动中,口碑营销与体验营销是其最重要的营销方式选择。

思 考 题

一、基本概念题

服务营销渠道　服务分销商　新媒体沟通渠道　整合营销传播

二、思考训练题

1. 分析说明服务传统分销模式与直销模式的异同及优劣。

2. 不同顾客在选择服务渠道时考虑因素有什么差异性?

3. 以具体企业为例,说明电子分销渠道的应用现状怎样。

4. 服务营销沟通面临的主要问题或挑战是什么?

5. 以企业为例,分别说明传统营销沟通渠道与新媒体沟通渠道的主要形式及其内容。

6. 如何理解整合营销传播概念?其基本特征有哪些?

7. 选择一家你比较熟悉的服务企业,为其拟定一份简要的服务营销沟通计划书。

第9章　服务人员与内部营销

【学习要点及目标】

- 了解服务角色内涵和角色冲突的类型及内容；
- 了解服务人员对服务质量的影响维度，理解服务人员与服务质量之间的关系；
- 了解服务人员应具备的素养和技能，掌握服务人员招聘、培训与激励的基本内容；
- 理解并掌握服务利润链内容以及利润链内部不同环节间的逻辑关系；
- 掌握内部营销的概念、目标与策略、活动类型等。

【核心概念】

服务角色　服务技能　服务员工激励　服务利润链　内部营销

【引导情景案例】

一位餐馆服务员的变化

小伢是知名餐饮企业海底捞的一名服务员，到海底捞工作已经一年多了。其实，她在初中毕业那年就跟随村里的姐妹外出打工，来到了这座大都市，在另一家不知名的餐馆做服务员，工作了两年多。但是她对于这家给予自己第一份工作的餐馆老板不仅没有感激之情，甚至是有些愤恨。这家餐馆的工作时间比同行餐馆长，工资却低，领班和经理动辄就对员工呵斥和辱骂。两年后她主动选择了离职。此后，她先后在多家小餐饮企业做服务员，渐渐成了江湖老客。

小伢在入职海底捞前，曾在一家餐饮企业工作不到一年，因为多次受到顾客投诉而被领班和值班经理批评：工作散漫，缺少主动性；接待客人没有热情，心不在焉；还在同事中发牢骚、说企业的坏话；等等。总之一句话：她的经理不想要她了，而她自己也干够了。

有一天，小伢同村的一个好姐妹告诉她：她所在的海底捞餐厅在招人，希望她过去应聘，这样她们就可以在一起工作了。

入职海底捞后的小伢处处感受到一个大家庭的温暖。她不再像以前一样总有一种孤独感和不安全感，同事和领导都像兄弟姐妹一样，相互关心、相互关照。海底捞的食宿条件、工作环境和工资收入等都比过去的工作要好。她高兴地给爸爸和妈妈打电话，让他们放心，她现在工作很好，还有同村老乡照应，一下子竟觉得有说不完的话。以前，她给爸妈打电话，说到工作只违心地说很好，就没话说了。

现在的小伢与过去相比就跟变了一个人一样，乐观开朗，工作上任劳任怨、兢兢业业。现在她已经成为海底捞的优秀员工，了解她过去的姐妹们也惊讶于她的巨大变化。

思考： 同样是做服务员，为什么小伢现在与过去相比发生了这样大的变化？

服务人员是服务营销组合策略中唯一人的要素，也是最重要的要素。服务人员是服务的传递者和控制者，所以服务人员最终决定着服务企业的服务质量水平。从价值创造的角度看，服务人员也是服务企业收入和利润的直接创造者。

9.1 服务人员价值与角色

服务人员是服务企业传递服务和完成服务的直接责任者，服务人员要同时面对雇主和顾客，具有双重角色，并承担着双重压力。

9.1.1 服务人员影响服务质量的因素

服务人员是影响服务质量的最重要因素，服务人员因素直接或间接地影响了服务质量的所有基本维度：有形性、可靠性、响应性、保证性和移情性。关于服务质量评价及其影响要素的具体内容，我们将在第3篇中介绍。

简单地说，服务人员的以下情形会直接或间接影响顾客对于服务质量的评价，如图9-1所示。

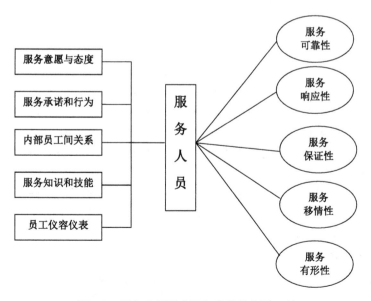

图 9-1 服务人员影响服务质量的主要因素

(1) 服务意愿与态度。服务人员是否具备真实、主动的服务意愿以及是否表现出来真诚友好的服务态度是决定其传递的服务质量高低的一个首要的、前提性的条件。

(2) 服务承诺和行为。服务人员在服务过程中所有能够被顾客感知到的言语、举止、行动都会影响本次服务质量的高低。

(3) 内部员工间关系。服务组织内部员工间的关系和谐与否也会影响服务质量高低。员工间的合作、衔接等工作关系以及私人关系，能被顾客感知到的部分都可能会对顾客的服务评价产生影响。

(4) 服务知识和技能。服务态度表现的是服务人员的服务意愿，只有良好的服务意愿不一定能够提供高水平的服务，还必须有足够的服务知识和服务技能。

(5) 员工仪容仪表。员工的外观形象，包括其外貌仪容、衣着外观、卫生状况等有形可见的所有条件都可能会影响顾客对于服务质量的评价。

9.1.2　服务人员的角色与冲突

服务人员实际上是一类"跨界者"，是联系服务组织和外部顾客不可或缺的"第三者"。服务人员实现了包括服务传递和服务交易等核心环节在内的服务全过程，是企业收入和利润的直接创造者。

1. 服务人员的服务角色

从顾客和企业两个视角来看，服务人员在服务中扮演着不同的角色。

1) 基于顾客视角的服务角色

以顾客的视角而言，服务人员就是服务企业的代言人和化身。具体来说，服务人员具有以下具体角色。

(1) 服务人员即是服务的核心部分之一。服务人员是服务中最显而易见的部分，顾客不能也不会将服务人员从服务中区分出来。

(2) 服务人员就是服务组织的化身、服务品牌代言人。服务企业是抽象的，而服务人员在顾客心目中是具体的。顾客将服务人员视为企业代表合情合理。

(3) 服务人员是服务组织的营销人员。无论一线还是后台服务人员，都会对顾客的服务消费和服务评价产生影响。

(4) 服务人员是服务内容的传递者和交易者，也是服务质量的保证者和责任者。服务人员在服务过程中既承担服务传递的工作内容，又要对服务质量负直接责任。

2) 基于企业视角的服务角色

从企业的视角来看，服务人员具有两个基本角色。

(1) 组织雇员。服务组织会对不同岗位的服务人员设置具体的岗位职责、工作内容以及相应考核目标。因此，服务人员要对服务组织负责，对服务组织的经营绩效负责。

(2) 内部顾客。按照内部营销理论，服务人员是企业的第一顾客，也称内部顾客。内部顾客在承担企业雇主设定的雇员职责时，也同时享有应有的物质的、精神的权利。

2. 服务人员面临的角色冲突

从工作目标角度来看，服务人员实际上具有三重角色，一线服务人员被要求必须实现三个目标：一是令顾客满意；二是提高服务效率；三是为企业创造经济效益。

具有三重角色的服务人员承担着比较普遍的角色冲突和角色压力。具体来说，一线服务人员的角色压力主要来源于三个方面：组织与客户之间的冲突、员工角色的自我冲突、客户与客户之间的冲突。

1) 组织与客户之间的冲突

在许多情况下，服务人员要应对那些与企业规定、程序、标准和生产效率要求相冲突的顾客需求和要求。而企业则无一例外地要求服务人员既要严格遵守组织规定，又要取悦顾客。而这些企业不合理的规定可能恰恰是导致顾客不满的主要原因。这种冲突被学者称为"两个老板的困境"。

2) 服务人员角色的自我冲突

服务人员，尤其是一线服务人员，常常会遭遇工作要求与个人人格、人生信念和自我认知等方面的冲突。提供优质服务要求服务人员具有独立、热情和友善的性格特征，而这种性格的员工往往具有较强的自尊心和成就感需求。例如，对服务人员较高的工作要求与低待遇现状，对无礼顾客保持微笑和友善，对无理取闹的顾客却要赔礼道歉等情况都会导致员工角色的自我冲突。

3) 客户与客户之间的冲突

客户与客户之间也可能会产生冲突，而服务人员对此却常常感到左右为难，甚至束手无策。例如，在非吸烟区吸烟、插队加塞、在公共场所喧哗等行为，有的顾客会要求服务人员进行制止。这种情况往往使得服务人员因不能满足双方的要求而感到压力巨大。

总之，服务人员承担着多重角色的压力，在完成内容繁重的正常服务任务外，还会面临这些多重的角色冲突。

【服务知识小贴士】

一线服务人员应该拥有的"五颗心"

○博爱之心

爱家人、爱亲友、爱顾客、爱自己，爱工作、爱生活，有爱有情才能温暖生活，这是我们平凡人生的意义与价值。对待顾客应该像对待亲友一样，真诚付出，才能收获真情、感动与成就感。

○善良之心

接待顾客，要想方设法地为其排忧解难，不能对顾客的问题与困扰漠不关心，甚至视而不见。急顾客所急，想顾客所想，全心全意地为顾客服务，见不得顾客有一点为难和受半点委屈。

○ **忍耐之心**

接待顾客要不急不躁，耐心服务。对待无理取闹、挑剔或粗鲁无礼的顾客也要以平静之心，保持职业优雅，冷静而积极地处理问题。服务人员遭遇不公平待遇、受委屈也是常见之事。为了顾客、为了企业的整体利益，宁愿委屈自己，也不能得罪"上帝"。

○ **感恩之心**

感恩企业，为我们提供了一个职业生涯发展舞台；感恩顾客，是顾客养活了我们，是顾客为我们提供了一份薪水和工作的乐趣。如果员工对企业缺少感恩之心，没有忠诚度，也就不可能发自内心地为顾客提供最优质的服务。

○ **快乐之心**

快乐可以幸福自己，也可以感染顾客。发自内心地为顾客服务，解决顾客难题，才能使自己的工作充满乐趣，远离枯燥与单调。快乐服务、真诚服务才能产生优质服务。

9.1.3　服务人员的素养和技能

1. 服务人员的整体服务素养

对于服务企业而言，对服务人员有着特定的素质要求。企业服务人员卓越服务素质的整体要求主要体现在以下方面(参见图 9-2)。

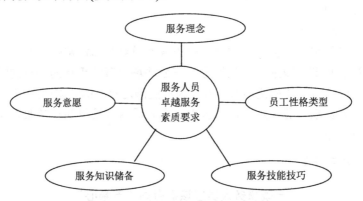

图 9-2　服务人员卓越服务素质的构成

1)　卓越而明确的服务理念

思想观念支配行为，具备卓越而全面的服务理念是提供优质服务的基本前提之一。学习并认同卓越的服务理念，服务人员才能高起点、高标准地提供优质服务。

2)　源自内心的主动服务意愿

服务人员的最高境界：主动、高效、快乐地服务。源自内心的服务意愿是服务人员主动提供优质服务的原动力，亦是服务人员提供高品质服务的前提条件之一。只有具备为顾客服务的强烈意愿，才可能真正为顾客着想，急顾客所急。

3)　外向随和的性格类型

其实，超一流的服务对于服务人员的服务潜质有较高的要求。外向、随和、乐观、不钻牛角尖的性格特征会使服务过程质量较高，顾客轻松自然、体验良好。

4)　充分必要的服务知识储备

充分必要的服务知识储备是一名优秀服务人员提供高品质服务的必备条件之一。对企业而言，服务知识主要包括服务行业基础知识、市场营销知识、顾客知识、服务产品知识、服务技能技巧知识、法律法规知识等。

5)　娴熟合规的服务技能技巧

服务人员的服务技能与技巧主要是指为顾客办理服务项目的基本技能以及处理服务问题和纠纷的服务技巧。具体而言，服务人员应该具备相应的沟通协调能力、语言表达能力、快速应变能力、肢体语言表达能力、快速反应能力、思考理解能力、洞察分析能力等。

总之，一名优秀的服务人员应该符合全面而优秀的服务素质要求：内化于心的服务理念和服务意愿；天生外向随和的性格类型；善于学习并掌握充分的服务知识；熟知服务规则与标准，在此基础上娴熟的服务处理技能与技巧等。

2. 服务人员的基础服务技能

服务人员的服务技能主要体现在为顾客办理服务项目的效率和准确性上。服务人员的日常服务技能是服务工作的基础技能，可以从单一服务项目办理速度、同一顾客多项服务的最佳办理方式选择、服务项目一次办理到位率、服务项目说明与解释的清楚度以及与顾客的互动性等方面进行评价。

从服务人员自身角度可以将企业一线服务人员的基础服务技能分解为以下 5 个方面的能力：倾听力、表达力、微笑力、理解力和行动力，如图 9-3 所示。

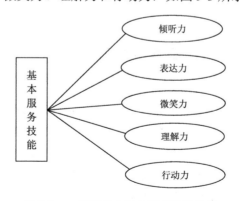

图 9-3　一线服务人员的基础服务技能

1)　倾听力

服务人员的倾听力是服务基础技能中最基本也是最容易被忽视的一项技能，主要用于获取顾客方的需求信息。很多人错误地认为耳朵没聋就会倾听，其实不然，倾听是一门艺术，需要大脑配合思维，需要掌握一定的技巧。

2）表达力

服务人员的表达力在此主要是指服务人员的语言表达能力，普通话标准、口齿清楚、言辞达意、语气语调适宜恰当等。除语言表达之外，还需要有眼神、表情、动作等肢体语言配合传达服务信息。

3）微笑力

微笑是服务人员最重要、最基本的服务表情，它是化解服务矛盾与纠纷最有力的武器。微笑不仅是一种魅力，更是一门服务艺术，具有丰富的服务内涵和情感内涵：热情、信任、期待、关怀、体谅、友好、祝福……微笑仅是服务表情中的典型表情，其实服务人员需要一整套体现真情服务的表情、神态、肢体动作等。

4）理解力

服务人员服务水平高低的另一个重要考察因素——是否具备足够的理解能力，真正地理解和关怀顾客，能够换位思考，想顾客所想、急顾客所急，对待顾客如亲友。

5）行动力

服务质量最终要体现在服务行动上，体现在服务人员为顾客解决服务问题的速度、效率和效果上。因此，彻底解决顾客问题的能力与最小的时间成本应该是服务行动力的主要评价指标。

9.2 服务人员类型及其激励

服务人员的工作动机类型及其动机满足程度直接决定了服务人员的服务意愿、服务效率和服务传递质量。

9.2.1 企业服务人员的常见激励方法

服务企业为满足服务人员的不同需求，激发其工作的积极性，依据基本的激励原理，可以采取多种多样的激励方法，大致可分为物质激励、精神激励和竞争激励等三类。在现实企业经营管理中，往往是多种激励措施共同使用、相互补充，而且因人因时因地而异。

一般而言，物质激励必不可缺、精神激励同等重要。物质激励就是通过物质刺激的手段鼓励员工工作，它的主要表现形式有正激励，如发放工资、奖金、津贴、福利等；负激励，如惩罚、减扣奖金等。我们知道，物质需要是人类的第一需要，是人们从事一切社会活动的基本动因。所以，物质激励是激励的主要方式，也是企业内部使用得最为普遍的一种激励手段。

有效的物质激励往往是通过建立公平合理的薪酬体系来实现的。而且物质激励往往与精神激励结合使用，纯粹的物质激励和精神激励会效果不佳或难以持久。其实，薪酬激励不单单是金钱的激励，实质上它是一种很复杂的激励方式，隐含着对服务人员能力与业绩、成就与地位的认同等。

如果能巧妙地结合物质激励和精神激励，不但能调动员工的高昂士气和工作的激情，还可以吸引外部人才，为企业的进一步发展注入生机和活力。关于员工激励的非物质性激励方法参见表 9-1。

表 9-1　常见的员工非物质性激励方法

方法名称	内容或依据	主要措施
目标激励	目标激励是一个十分有效且经常使用的激励方法，对服务人员尤其有效。确定一个明确的服务目标，可以使服务人员的行动与目标对照，时时了解自己前进的速度和与预定目标的距离，持续地激励斗志	管理层可以根据顾客满意度、投诉率、顾客数、顾客流失率等指标来制定目标，对服务人员进行激励。指标过高或过低都不能起到有效的激励。另外，激励目标的完成程度应与员工的报酬密切联系起来，纯粹的目标激励效果有限
成就激励	有高度成就感的员工，他们渴求工作上的成就回报，同时他们也害怕失败。具有成就感的服务人员，喜欢对他们怎样进行工作的情况得到明确而迅速的反馈，往往不爱休息，喜欢长时间工作，很喜欢独当一面	可以赋予他们有挑战性的工作。因为挑战性的工作也是一种激励，它能激励起他们的自信、热情，以及工作积极性和创造性
赞美激励	事实上，每个人都渴望得到赏识。由于服务人员身居企业的最前线，受到上级领导的赏识机会比较少，所以他们更需要赞美激励。赞美激励主要通过沟通来实现，是一种有效且具有不可思议的推动力量的激励方式	赞美激励可以从以下几方面进行：赞美服务人员的优点；大力赞扬提建议者；批评变成赞扬等。在赞美激励的同时务必要注意：赞美要持平等的态度；赞美要公正；赞美要及时、真诚；赞美要公开、得体等
信任激励	信任也是一种非常有效的精神激励方式。服务人员常常独立或被授权解决服务问题，所以他们需要必要的信任感。否则，就会挫伤他们的工作积极性和创造力	经理人员应以"用人不疑，疑人不用"的精神，给予员工充分信赖，以此来激发他们的积极性和创造性
晋升激励	晋升当然是一种重要的激励方式。将员工从现有岗位提拔到新的较高的岗位，同时赋予其与职务相符的权力和责任。对于服务人员来说，人人都有晋升的愿望。晋升激励能发挥他们的工作热情	对于服务人员的晋升，管理层应慎重决定，晋升的人员应具备一定的条件：强烈的责任意识，优秀的管理能力，良好的人际关系，十足的干劲。"称职"和"适时"的晋升激励才能有效
授权激励	加强服务人员的工作职责和挑战性并授予他们相应的权力，也是一种有效的激励方法。授权就是给服务人员适当的自主权力，让他们自己承担一定的责任，对自己的行为负责	充分运用授权，则能够激发服务人员的主动积极性，从而达到激励他们的目的。授权权力应该包括人、财、物等各方面与责任对等的权力

方法名称	内容或依据	主要措施
榜样激励	榜样的力量是无穷的，榜样是大家行动的参照物。企业要善于运用行业内优秀服务人员的成功案例来激励员工	将本企业身边的优秀服务人员树为榜样，使大家更觉得真实可靠，激励也更为有效
竞争激励	对于竞争型服务人员而言，创设一种竞争环境，引入竞争机制就是最有效的激励	通过各种竞赛的形式来激励服务人员。在营销活动中，开展竞赛，激励服务人员使出浑身解数来提高销售业绩，评定优秀的服务人员，对其业绩进行宣传和高回报
内训激励	当今市场信息瞬息万变，营销概念、方式以及服务产品也不断变化，这就要求服务人员必须具有不断学习的意愿与能力。员工不仅要重视工作的完成，而且要越来越重视从工作中学习知识与技巧	内部培训也是必要的一种信息激励手段，它可以使服务人员接受企业文化，也可以借鉴成功服务人员的经验，以便更好地审视自己的工作，加强了营销团队内部的信息转化功能，从而给以后的营销工作带来更大的方便。培训机会也具有相当的激励力
外部学习激励	现代企业都很重视外部学习激励，通过对国内外同行先进企业的考察、参观、交流等方式，了解差距，发现原因	企业应该努力为服务人员提供外部学习机会，从而达到对员工激励的目的

总之，服务人员的激励方式方法多种多样，不分优劣，以混合使用为基本形式，以有效为基本原则。

9.2.2　服务人员的主要类型及其激励

由于服务人员的工作动机不同，其对待工作的态度和行为也会有所不同。根据服务人员工作动机的差别，可以将其大致细分为以下 6 种常见类型。

(1) 物质型。物质型服务人员是那些以获得经济报酬为主要工作目标的人，对于这类服务人员来说，刺激性的奖金制度将产生良好的激励效果。

(2) 成就型。成就型服务人员是那些以表现出自己的优秀工作能力、赢得尊重并具有自我挑战精神的人。给予他们足够的尊重，并让他们有机会去接受服务营销难题的挑战，往往能有效地激起其工作热情。

(3) 权力型。权力型服务人员是指那些具有较强烈的权力欲望和一定野心的人。他们喜欢支配，愿意承担更多的责任。对这类人员的最有效激励就是赋予他们足够的权力与责任。从长远看，这种类型的服务人员如果具备管理潜质，为其铺就踏入服务经理职位之路的预期激励最为理想。

(4) 竞争型。竞争型服务人员是那些争强好胜、不服输，以表现出比同事更优秀的能力为工作目标的人。服务质量竞赛是激励他们的最好工具。

(5) 惯性型。惯性型服务人员是那些缺乏明确工作目标，不愿意变化，喜欢无压力、按部就班工作的人。在管理实践中，他们往往比较难以激励。对于这类员工应打破其惯性，施以处罚或职业解雇等不稳定性压力或调整工作职位。

(6) 混合型。混合型服务人员往往表现出复杂的动机因素，同时体现出多种需求。他们的主导需求还可能会随外部环境和个人际遇的变化而变化。混合型服务人员的激励比较复杂，但具有这种倾向的人在现实中并不少见。

在管理实践中，企业高层常常把绝大多数服务人员根据其主导需求归为上述某一类型。但他们的真实动机确实比较复杂，多种需求并存，表现出混合性特征。因此，激励措施应该灵活掌握。

9.3　服务人员招聘与培训

由于服务人员的重要性和不可或缺性，服务运营管理的起点应该回溯到招聘合适的服务人员上来，如图 9-4 所示。

图 9-4　通过人传递服务质量的人力资源战略

[资料来源：瓦拉瑞尔 A.泽斯曼尔，玛丽·乔·比特纳，德韦恩 D.格兰姆勒.
服务营销(第 6 版)[M].北京：机械工业出版社，2015：204.]

9.3.1 服务人员的招聘

服务企业在招聘服务人员的问题上需要高度重视，而不能像有些企业认为的那样，这是一项日常性的、无足轻重的事务性工作。原因在于：其一，真正优秀的人才往往十分抢手，需要给予有竞争力的待遇才可能招致门下；其二，服务人才最重要的服务品质往往是隐性的，需要专业方法的甄别加以发掘。

1. 服务人员招聘条件设定

服务企业招聘服务人员一般会设定以下几个方面的招聘条件。

(1) 个人自然条件，如健康状况、身高、外貌等状况。

(2) 政府部门或行业管理部门要求的刚性从业资质，例如餐饮业的健康体检证明、汽车维修工的职业资格等。

(3) 职业资历、现有专业技能状况等。

(4) 个人从事本岗位服务工作的天赋和职业潜力。这是一个隐性条件，但却是最重要的从业条件。

许多企业只强调一些客观的外在条件，却忽视了最重要的前提条件，即求职者从事本行业的天赋和职业潜力。

或许，许多人不愿承认这样一个客观事实：人的绝大多数性格特征和人格特质是先天的。也就是说，人们的大多数品质特征是由先天的因素决定的，这应该是企业招聘与选拔服务人员最基本的前提性要求。而服务人员需要具备的服务技能和相关知识都可以通过企业的专项培训获得，这也是企业对服务人员培训的重要内容。

正如西南航空公司前CEO赫伯·凯勒赫所说，有些人天生就是比别人亲切和乐观。就算是有可能，要培训人们提供亲切周到的服务也是一件艰巨的任务。因此，在招聘过程中要注重将那些生性不快乐、消极、总挑刺和不外向的人筛选出去。

因此，从理论上说，服务企业招聘与挑选服务人员最看重的应该是适宜服务工作的先天性格特征和职业发展潜力。因为没有哪个人在某一领域不是从零开始的。但现实经营的压力却往往迫使许多企业采取了短视的行为，更看重求职者以往的同行业工作经验与经历，而忽视了一些新人在这个领域的天赋和潜力。

2. 服务人员招聘主要工具

服务人员工作在一线，地位和收入相对于劳累、繁杂的工作量而言并没什么值得外界羡慕的，有许多服务人员也不认同自己的收入、待遇和社会地位。但是一名优秀的服务人员却十分难得。如何从众多的应聘者中挑选出那些优秀人才，剔除那些缺乏潜力或缺失服务意愿的人是服务企业人力资源管理的永恒课题。

随着人力资源管理理论和实践的发展，除传统的面试、笔试、背景调查方法外，越来越多的服务企业开始采用更多样、更有效的招聘工具，例如多考官的结构化面试、行为观察、人格测试、真实场景测试等。

1)　采用多考官的结构化面试法

事实证明，根据工作要求使用多名面试官的结构化面试更具科学性，大大降低了类我偏差的风险(我们都喜欢与自己类似的人)，有利于招募到合适的服务人员。

2)　行为观察法

俗话说得有道理，说得好听未必干得好。雇主们使用行为模拟或评价中心测试可以直接或间接地观察行为，这是利用标准化情景来观察申请人是否展现了企业所期望的行为。那些曾获优秀服务奖励、受到许多顾客表扬以及得到前雇主大力推荐的求职人员应该受到重视，这是过去行为的参照。

3)　性格与人格测试法

性格和人格测试是通过专业的方法识别求职者在性格和人格方面与某一特定工作相关的特质。服务业需要雇用那些性格外向、处事乐观、态度积极，认真细致、机敏灵活的人员，以提供更高水平的服务，赢得顾客满意。现在，提供这种测试服务的专业公司已应运而生，而且成为一个重要的服务产业。

4)　真实场景测试法

没有比真实工作场景测试能更准确地了解求职者对于这个岗位合适与否的方法了。服务企业常常为求职者提供一个实习或尝试的实地工作机会，这也为劳资双方提供了选择机会。经理们可以近距离观察求职者的实际表现，而求职者也可以自我评估是否适合这份工作。

5)　服务价值取向测试法

求职者是否具有强烈的内心服务意愿以及正确的态度和服务价值取向是能否胜任服务岗位的内在性前提条件。许多企业在招聘时非常关注求职者的这些隐性品质。

9.3.2　服务人员的培训

服务人员的培训是企业培训工作不可缺少的重要组成部分。服务人员的培训对于企业具有特别的意义与价值，它可以直接或间接地为公司带来销售额和利润增长等现实利益。

1. 服务人员培训的意义与价值

据英国科学家詹姆斯·马丁预测：人类社会的科学知识增长速率是，20 世纪中期每 10 年增长 1 倍，20 世纪 70 年代每 5 年增长 1 倍。当今时代，据估计，科学知识每 3 年就增长 1 倍。换言之，相当一部分原有的知识会在短时期内因过时而变得毫无价值，由此即可窥见企业员工培训的必要性。

一般而言，企业服务人员培训的意义与价值主要体现在以下方面：

(1) 掌握更多的相关知识、服务技巧与方法。

(2) 降低服务成本，提升服务质量，增加企业销售额。

(3) 提高服务人员的素质，从而强化客户关系，提高企业竞争力。

(4) 有利于员工加强对企业的归属感和认同感，减少服务人员流失率等。

2. 服务人员培训的基本目标

不同服务企业的服务人员培训具有不同的具体培训目标，如图9-5所示。但总体而言，服务企业的员工培训要达到以下三个方面的目标，而且这三个目标应该同时实现，否则培训就应归于失败。

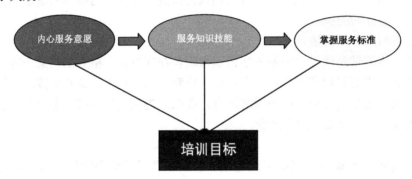

图 9-5 服务员工培训基本目标

1) 发自内心的服务意愿

任何服务培训如果不能真正确立服务人员发自本心的服务意愿，服务培训都不能视为成功。服务人员缺乏真诚的服务意愿就会缺少服务动机，不可能向顾客传递高水平的服务。

2) 专业娴熟的服务技能

具备了良好的服务意愿，还需要具备娴熟的专业技能，才能够迅速有效地完成服务任务、解决服务过程中的问题。

3) 完全掌握服务规则标准

任何员工都需要在企业规则、制度、标准要求下提供服务，同时能够清楚地了解企业的导向和奖惩等待遇情况。

3. 企业服务人员培训的主要内容

服务企业对服务人员的培训一般会区分为针对新入职服务人员的岗前培训和针对有经验服务人员的在职培训。从培训例常性上可以分为定期日常岗位培训和不定期随机内容培训两大类。单纯从培训内容来看，又可以区分为知识性培训和技能技巧性培训等。

1) 新员工与老员工的培训差异

总体而言，新老服务人员培训的侧重点是不相同的。新服务人员的培训应当有 80%的时间和内容集中在了解客户知识、建立工作关系方面，其余 20%集中在服务产品知识和服务技能方面；而对于已在职服务人员的培训，30%的时间和精力集中于客户和产品知识，70%集中在服务技能技巧和方法的学习上，如图 9-6 所示。

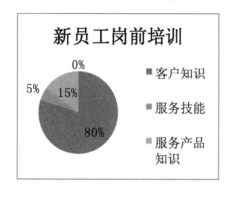 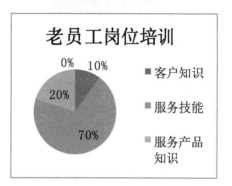

图 9-6　不同服务人员的培训内容差异

2)　服务人员知识性培训的主要内容

尽管不同企业的服务人员培训内容会有很大差别，但培训的知识性内容类型基本相同。一般来说，服务人员知识性培训的主要内容应包括公司知识、服务产品知识、市场知识、顾客知识、行业法律法规知识等。

(1)　公司概况、战略与文化。公司整体知识的培训主要是针对新的服务人员进行的。这部分知识应包括企业宗旨与价值观、服务理念、发展战略、企业现有市场地位、公司主要服务产品、组织结构、财务状况、服务流程、公司形象以及服务工作状况等。让新员工了解公司知识，消除新服务人员的陌生感，使其逐渐认同企业文化，增强其归属感。

(2)　服务产品知识。服务人员了解服务产品知识是能够进行服务工作的必要条件。只有服务人员充分地掌握服务产品知识，才能在服务过程中回答和解决顾客的问题时得心应手，提高顾客的满意度。

服务产品知识应当包括如下主要内容：服务产品如何申请办理；服务产品功能；服务产品的特点和优势；服务产品的价格与增值信息；服务产品的后续服务；服务产品的转换与退订等。此外，服务人员还应该充分了解竞争对手的类似服务产品信息。

(3)　市场知识。服务人员必须既了解行业市场的总体形势，又了解行业市场现状、市场竞争状况和本企业的竞争力关键要素所在；服务人员还需要了解客户需要、客户购买影响因素以及使用服务产品的能力水平、顾客消费规律等。

(4)　顾客知识。服务人员还应该掌握一定的顾客知识，研究顾客消费类型、购买心理等，能够识别不同类型顾客并做出相应反应。另外，还要了解本企业顾客群的基本情况：顾客的地理分布、采购策略、购买动机和模式、经济收入、教育程度以及消费习惯偏好等。

(5)　公司制度和相关法律知识。服务人员还需要接受一些非直接服务活动的重要内容的培训，如消费者权益保护、劳动关系、养老保险等方面的法律知识，企业的规章制度和岗位服务规则程序等内容的培训。

4. 服务人员技能技巧培训

服务技能与技巧对服务人员的重要性众所周知。从服务过程角度认识，服务技能与技巧培训内容主要包括：

(1) 发掘潜在客户。

(2) 从客户收集竞争对手的相关信息。

(3) 吸引潜在客户。

(4) 确定潜在客户的欲望和购买力。

(5) 服务讲解与演示。

(6) 服务异议与纠纷的预测与应对。

(7) 完成交易以及如何与客户保持良好互动关系等。

从服务人员通用性技能的认识角度，如本章前文所述，服务人员应进行倾听力、表达力、微笑力、理解力和行动力等基本技能的专业培训。就行动力而言，服务人员需要掌握本岗位的所有必要技能，才能快速准确地为顾客提供服务，或当顾客遇到问题时及时解决问题。

要注意的是，不同服务行业、不同服务岗位的服务技能不同，其要求标准也不一样。

9.4 服务内部营销

服务人员的服务传递质量直接影响着顾客的满意度和忠诚度，从而影响企业收入和利润。因此，服务内部营销理念认为，企业应该将员工视为一种特殊顾客，人力资源是企业组织的战略性稀缺资源。

9.4.1 员工满意度与忠诚度的价值

1. 服务利润链

哈佛大学詹姆斯·赫斯克特和他的团队经过长期研究，将员工激励、服务质量和企业盈利能力的内在因果关系的成果绘制成服务利润链。从图 9-7 显示的服务利润链中，我们可以发现：员工满意度与忠诚度是服务利润链的起点，是服务人员传递高质量服务的保证，也是企业高水平盈利能力的内在根源。

哈佛大学的另一项调查研究显示：员工满意度每提高 3 个百分点，顾客满意度就会提高 5 个百分点，而利润则会增加 25%~85%。

具体来说，服务利润链展示了以下要素的相互关联关系：

(1) 顾客忠诚驱动企业盈利能力和成长。

(2) 顾客满意度驱动顾客忠诚。

(3) 服务价值驱动顾客满意。

(4) 服务质量和生产率驱动服务价值。

(5) 员工忠诚驱动服务质量和生产率。

(6) 员工满意驱动员工忠诚。

(7) 内部营销质量驱动员工满意。

(8) 高层管理者认同并强调服务利润链的成功。

服务利润链的研究结果表明，服务利润链条中的各个环节要素紧密相关，存在因果关系，企业内部营销的质量高低决定了员工的满意度和忠诚度。

现实中，真正成功的服务企业无一不是成功实施了高质量的内部营销战略，将管理人员的关注焦点从盈利目标和市场份额上转移到员工满意度和服务质量上来。

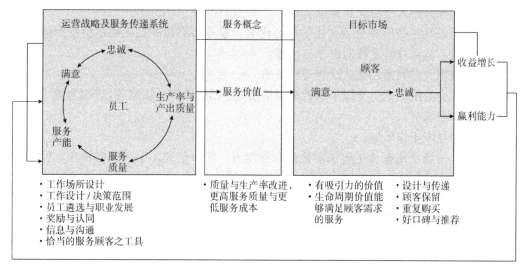

图 9-7 服务企业服务价值链示意图

[资料来源：(美)克里斯托弗·洛夫洛克，约亨·沃茨. 服务营销(原书第 7 版·全球版)[M].

北京：机械工业出版社，2016：364]

2. 忠诚员工的价值与回报

员工是企业价值的创造者，是企业战略性稀缺资源。更确切地说，高度忠诚的员工才是企业最宝贵的资产。高度满意和高度忠诚的员工为企业直接创造了收入和利润，也是企业核心竞争力不和或缺的战略性要素，员工给企业带来的巨大战略利益，往往难以用财物指标简单衡量。

下面我们从员工角度介绍具有较高满意度和忠诚度的员工所获得的工作价值和回报。

1) 稳定而有价值的人际关系资源

任何人在一个组织中所获得的除了物质报酬之外，很重要的一部分就是人际关系资源。忠于组织、工作时间长久，就会用心维护同事关系，为自己营造愉快宽松的工作氛围，于是也就自然拥有稳定而有价值的诸多人际关系资源。

相反，一面之交或数面之缘的人际关系交往基本没有什么重要价值可谈。

2) 更好的工作业绩和成就感

忠诚员工一定会竭心尽力地履行岗位职责，很好地融入组织文化，时间越久，由于专业技能、经验知识以及人际关系资源的积累会导致更好的工作业绩。突出的工作业绩自然会带来更高的工作成就感。

3) 更好待遇和更多晋升机会

忠诚员工容易做出突出成绩，也会被组织高度认同，薪水高、晋升机会多也是水到渠成的事。

4) 获得充分的人格与职业尊重

敬业、忠诚几乎是所有企业文化的核心内容。敬业而忠诚的员工必定会受到组织和其他员工的尊重，从而获得足够的自尊与他尊。

5) 收获职业归属感、被认同感与自豪感

忠诚员工会对组织产生类似于家的深厚情感——归属感和被认同感，进而形成个人的职业自豪感和职业偏爱。

6) 获得更多工作乐趣

快乐工作应该是所有员工追求的最高职业境界。简单地说，追求工作快乐，能够从工作中获得乐趣也是工作的目的之一。

9.4.2　服务内部营销理念与内容

1. 内部营销内涵与核心理念

1) 内部营销内涵和基本方式

营销学者菲利浦·科特勒曾指出："内部营销是指成功地雇用、训练和尽可能激励员工很好地为顾客服务的工作。"简单地说，内部营销是指服务企业通过内部系统性措施满足雇员需求来吸引、发展、刺激、保留能够胜任的员工更好地为顾客服务，促进企业战略有效实施的一种工具。

关于内部营销的具体概念，我们采用芬兰服务营销学者克里斯廷·格罗鲁斯的定义：

在服务意识驱动下，通过一种积极的、目标导向的方法为创造顾客导向的业绩做准备，并在组织内部采取各种积极的、具有营销特征的、以协作方式进行的活动和过程。在这种过程中，处于不同部门和过程中的员工的内部关系得以巩固，并共同地以高度的服务导向为外部顾客和利益相关者提供最优异的服务。

内部营销的根本目的是向内部人员提供良好的服务和形成内部人员良好的互动关系，以便一致对外地开展外部服务营销。内部营销过程实际上也就是对服务营销组合中人员要素的管理过程。

任何一家企业都应该意识到，企业中存在着一个内部员工市场，内部营销作为一种管理过程，通过态度管理和沟通管理两种基本方式将企业的多种职能结合起来，实现其基本目标。

(1) 内部营销态度管理。必须对所有员工的态度及顾客意识和服务意识的产生动机进行管理。这是一个在致力于服务战略中占得先机的组织中实施内部营销的先决条件。

(2) 内部营销沟通管理。经理、主管、与顾客接触的员工和其他服务人员需要各种信息(工作规定、产品和服务特征以及对顾客承诺等信息)以完成其工作；他们也同样需要与管理层就其需要、要求、对提高业绩的看法和顾客需要等内容进行沟通。

2) 内部营销核心理念和整体目标

内部营销理论建立在如下理论假设框架内：①只有满意的员工才能产生满意的客户。要想赢得客户满意，首先需要让员工满意，只有满意的员工才可能以更高的效率和效益为外部客户提供更加优质的服务，并最终使外部客户感到满意。因为满意的员工产生满意的客户，是内部营销的基本前提。②内部营销的对象是企业内部员工，目的是通过吸引、保留和激励员工，开发员工的服务理念和客户意识，以满意的员工来实现企业外部客户的满意，从而获得企业竞争优势。

正是内部营销的核心理念的形成将内部营销提升为一种管理哲学。内部营销的核心理念可以简单概括为：内部营销核心理念是一种将员工视为顾客的管理哲学。

内部营销是将营销管理的思想和技术运用到企业内部，在内部开展一系列积极的、营销式的、协同的活动来激励员工，实现员工的满意，使他们的工作表现体现出服务意识和客户导向，最终实现外部客户满意的目标。

从关系导向的内部营销目标来看，内部营销具有 4 个特定的整体目标：

(1) 确保员工所做的具有顾客导向和服务意识的工作能够得到激励，并可以在互动营销过程中成功地履行自己作为兼职营销人员的职责。

(2) 吸引和留住好的员工。

(3) 确保在组织内部以及网络组织和合作伙伴之间彼此提供顾客导向式的内部服务。

(4) 为提供内部服务、外部服务的人员提供充足的管理和技术上的支持，使他们可以作为兼职营销人员充分地履行职责。

2. 内部营销活动模型

服务组织中几乎所有的职能或活动都会对组织的内部关系、员工服务意识和顾客意识产生影响。将内部营销包含或涉及的所有活动逐一列出不太可能，但依据内部营销是将员工视为第一顾客的哲学理念，我们可以有效识别出典型的企业内部营销活动。

克里斯廷·格罗鲁斯从建立和强化服务战略与服务文化的角度总结提出了一个内部营销活动模型。这个模型包括 8 项典型内部营销活动：培训、管理支持与内部对话、内部大规模沟通和信息支持、人力资源管理、大量外部沟通、系统和技术支持、内部服务补救以及内部市场研究和市场细分(具体内容参见表 9-2)。

表 9-2　典型的内部营销活动

培训
- 确定目标市场：所有高层、中层管理者和各级主管及支持性、与顾客接触的员工。
- 明确员工在与顾客全面关系中所扮演的角色及在维持、强化这种关系中的作用和责任。
- 互动与沟通技能

管理支持
- 领导与管理支持是培训的后续过程，既可以使培训阶段的成果生效，亦可以使之功亏一篑。
- 高层管理者必须在顾客导向和服务导向态度方面以身作则并依此行事。
- 每位管理者或主管都必须将顾客导向和服务导向准则付诸实践。
- 管理者必须支持而不能阻碍员工依照顾客导向和服务导向方式行事的动机和可能性

内部沟通与对话
- 不一定使用备忘录。
- 尽可能减少单向信息的数量。
- 尽可能多的人际接触。
- 使用内部网络传达重要信息。
- 可以使用电子邮件，但要避免过量，并在适当时候尽快回复

使内部营销效应扩展到外部沟通
- 员工往往是企业外部沟通活动的热切、忠实的观众。
- 重视员工在广告及其他外部活动中的作用

让员工参与制订计划
- 企业员工是关于顾客偏好、顾客日常行为、期望与需求的信息来源。
- 让员工参与对员工有激励作用。
- 让员工参与进来，以制订出更好的营销组合计划

对员工良好的工作绩效进行奖励
- 鼓励、尊重员工，认可员工良好的工作绩效。
- 以积极、鼓励的方式纠正员工的错误，并为以后的工作提供建议。
- 虽然鼓励和员工的工作满意度是很好的工作动力，但奖金和报酬却是必不可少的支持性动力因素

创建支持性技术系统
- 确保服务过程中必需的支持系统、数据库和有形设施能够有效地支持服务导向与顾客导向性行为与绩效，而不能妨碍到这些行为

运用人力资源管理工具
- 有效地运用人力资源管理工具，不仅有助于产生工作满意感，创造员工满意的工作环境，同时还能使员工的工作兴趣转向顾客及顾客导向性行为，使员工成为称职的兼职营销人员

内部市场研究和市场细分
- 员工工作满意度通常与顾客满意度息息相关。
- 研究员工对工作环境的态度和偏好，理解他们的工作及执行顾客导向与服务导向行为时面临的困难。
- 综合运用定量与定性研究方法，充分利用管理人员、主管与团队成员相互冲突时的信息和反馈。
- 牢记员工也会形成各不相同的团体，因此有必要按照某些特点将他们细分为各个子群体

资料来源：(芬兰)克里斯廷·格罗鲁斯. 服务营销(第 3 版)[M]. 北京：机械工业出版社，2009：285-286.

3. 内部营销整体策略

对服务企业而言，应该围绕服务品牌战略，努力建设和维护以人为本的企业文化，积极实施内部营销，视员工为特殊顾客，努力提高其整体满意度和忠诚度，构建企业核心竞争力，从而提高企业最终市场份额和盈利能力。

从战略管理角度而言，服务企业旨在提升员工满意度和忠诚度的内部营销策略主要包括以下方面内容：

(1) 创建并维护以人为本的企业文化。

(2) 制定实施公平而富于激励的薪酬制度。

(3) 为员工提供充分的个人成长空间。

(4) 创造良好的工作氛围和工作环境。

(5) 建设畅通的内部沟通机制。

(6) 提供形式多样的培训机会。

(7) 形成良好的服务运行与支持体系。

其实，不仅是服务性企业，任何企业永远都需要忠诚的优秀员工。企业员工的高满意度和高度忠诚不仅仅取决于服务企业或员工一方，而且取决于双方的共同努力，更重要的是企业的战略和战术性内部营销措施的质量。

本 章 小 结

(1) 服务人员是影响服务质量的最重要因素，服务人员因素直接或间接地影响了服务质量构成的所有基本维度：有形性、可靠性、响应性、保证性和移情性。简单地说，服务人员的以下情形会直接或间接地影响顾客对于服务质量水平的评价：服务意愿与态度；服务承诺和行为；内部员工间关系；服务知识和技能；员工仪容仪表。

(2) 服务人员的服务角色

- 基于顾客视角的服务角色：①服务人员即是服务的核心部分之一；②服务人员就是服务组织的化身，服务品牌代言人；③服务人员是服务组织的营销人员；④服务人员是服务内容的传递者和交易者，也是服务质量的保证者和责任者。

- 基于企业视角的服务角色：①组织雇员；②内部顾客。

- 服务人员面临的角色冲突。一线服务员工被要求必须实现三个目标：①令顾客满意；②提高服务效率；③为企业创造经济效益。具有三重角色的服务人员承担着比较普遍的角色冲突和角色压力。一线服务人员的角色压力主要来源于三个方面：①组织与客户之间的冲突；②员工角色的自我冲突；③客户与客户之间的冲突。

(3) 服务人员的服务素养与技能。对于服务企业而言，其服务人员有着自身特定的素质要求：①卓越而明确的服务理念；②源自内心的主动服务意愿；③外向随和的性格类型；④充分必要的服务知识储备；⑤娴熟合规的服务技能技巧。

服务人员应该具备相应的沟通协调能力、语言表达能力、快速应变能力、肢体语言表达能力、快速反应能力、思考理解能力、洞察分析能力等。

服务人员日常服务技能是服务工作的基础技能，可以从单一服务项目办理速度、同一顾客多项服务的最佳办理方式选择、服务项目一次办理到位率、服务项目说明与解释的清楚度以及与顾客的互动性等主要方面进行评价。具体来说，可以将企业一线服务人员的基本服务技能分解为 5 个方面的能力：倾听力、表达力、微笑力、理解力和行动力。

(4) 企业服务人员的常见激励方法。服务企业为满足服务人员的不同需求，激发其工作的积极性，依据基本的激励原理，可以采取多种多样的激励方法，大致可分为物质激励、精神激励和竞争激励等三类。在现实企业经营管理中，往往是多种激励措施相互补充、共同使用，而且因人因时因地而异。

一般地，物质激励必不可缺，精神激励同等重要。物质激励就是通过物质刺激的手段，鼓励员工工作。它的主要表现形式有正激励，如发放工资、奖金、津贴、福利等；负激励，如惩罚、减扣奖金等。

(5) 服务企业在招聘服务人员的问题上需要高度重视，原因在于：其一，真正优秀的人才需要竞争才可能招至门下；其二，服务人才最重要的服务品质往往是隐性的，需要专业方法的甄别加以发掘。

- 服务人员招聘条件设定：①个人自然条件，如健康状况、身高、外貌等状况；②政府部门或行业管理部门要求的刚性从业资质，例如餐饮业的健康体检证明、汽车维修工的职业资格等；③职业资历、现有专业技能状况。④个人从事本岗位服务工作的天赋和职业潜力。这是一个隐性条件，但却是最重要的从业条件。

- 服务人员招聘主要工具：采用多考官的结构化面试法；行为观察法；性格与人格测试法；真实场景测试法；服务价值取向测试法等。

(6) 服务人员的培训是企业培训工作不可缺少的重要组成部分。服务人员的培训对于企业具有特别的意义与价值,它可以直接或间接地为公司带来销售额和利润增长等现实利益。

- 企业服务人员培训的意义与价值:①掌握更多的相关知识、服务技巧与方法;②降低服务成本,提升服务质量,增加企业销售额;③提高服务人员素质,从而强化客户关系,提高企业竞争力;④有利于员工加强对企业归属感和认同感,减少服务人员流失率等。
- 服务人员培训的目标。不同服务企业的服务人员培训具有不同的具体培训目标,但总体而言,服务企业的员工培训要达到以下三个方面的目标,而且这三个目标应该同时实现:①发自内心的服务意愿;②专业娴熟的服务技能;③完全掌握服务规则标准。
- 企业服务人员培训的主要内容。一般来说,服务人员知识性培训的主要内容应包括公司知识、服务产品知识、市场知识、顾客知识、行业法律法规等相关知识。

服务技能与技巧培训内容主要包括:①发掘潜在客户;②从客户中收集竞争对手的相关信息;③吸引潜在客户;④确定潜在客户的欲望和购买力;⑤服务讲解与演示;⑥服务异议与纠纷的预测与应对;⑦完成交易以及如何与客户保持良好互动关系等。

从服务人员通用性技能的认识角度,服务人员应进行倾听力、表达力、微笑力、理解力和行动力等基本技能的专业培训。

(7) 哈佛大学詹姆斯·赫斯克特和他的团队经过长期研究,将员工激励、服务质量和企业盈利能力的内在因果关系的成果绘制成服务利润链。从服务利润链中,我们可以发现:员工满意度与忠诚度是服务利润链的起点,是服务人员传递高质量服务的保证,也是企业高水平盈利能力的内在根源。

具体来说,服务利润链展示了以下要素的相互关联关系:顾客忠诚驱动企业盈利能力和成长;顾客满意度驱动顾客忠诚;服务价值驱动顾客满意;服务质量和生产率驱动服务价值;员工忠诚驱动服务质量和生产率;员工满意驱动员工忠诚;内部营销质量驱动员工满意;高层管理者认同并强调服务利润链的成功。

(8) 内部营销是指服务企业通过内部系统性措施满足雇员需求来吸引、发展、刺激、保留能够胜任的员工更好地为顾客服务,促进企业战略有效实施的一种工具。

内部营销的根本目的是向内部人员提供良好的服务和形成内部人员良好的互动关系,以便一致对外地开展外部服务营销。内部营销过程实际上也就是对服务营销组合中人员要素的管理过程。

内部营销作为一种管理过程,通过态度管理和沟通管理两种基本方式将企业的多种职能结合起来,实现其基本目标。

(9) 从关系导向的内部营销目标来看,内部营销具有 4 个特定的整体目标:①确保员工所做的具有顾客导向和服务意识的工作能够得到激励;②可以在互动营销过程中成功地履行自己作为兼职营销人员的职责;③吸引和留住好的员工;④确保在组织内部以及网络组织和合作伙伴之间彼此提供顾客导向式的内部服务;⑤为提供内部服务、外部服务的人员提供充足的管理和技术上的支持，使他们可以作为兼职营销人员充分地履行职责。

(10) 克里斯廷·格罗鲁斯从建立和强化服务战略与服务文化的角度总结提出了一个内部营销活动模型。这个模型包括 8 项典型的内部营销活动：培训、管理支持与内部对话、内部大规模沟通和信息支持、人力资源管理、大量外部沟通、系统和技术支持、内部服务补救以及内部市场研究和市场细分。

(11) 从战略管理角度而言，服务企业旨在提升员工满意度和忠诚度的内部营销策略主要包括以下方面内容：创建并维护以人为本的企业文化；制定实施公平而富于激励的薪酬制度；为员工提供充分的个人成长空间；创造良好的工作氛围和工作环境；建设畅通的内部沟通机制；提供形式多样的培训机会；形成良好的服务运行与支持体系；等等。

案例实训课堂

丽嘉酒店的员工"再造"

丽嘉酒店是世界知名的高端酒店服务代表，其员工的培训再造工程独具匠心。丽嘉酒店的再造之路集中反映了从技术向人的重心转移：流程再造来自技术，技术刷新始自每一位员工。培训与学习，或者说"再造员工"正是一切改变之源。

(1) 员工培训点线面

难以适应新流程、新文化？或许这不仅不是员工的错，反而证明了此前培训的好效果。现在的问题是，如何利用培训"再造"新惯性。

首先是"面"：找准新方向是再造企业的第一步，也是再造员工的基础。方向既定，所有员工需接受统一培训。

作为传统高端酒店的代表，丽嘉酒店自称的"企业文化的一点儿改变"可能吓跑客人，更可能难住多年谨守"黄金标准"的一线员工。但集团副总裁 Diana Oreck 仍坚定地表示，"我们不再明确地告诉你怎样让客人满意"，而是让员工以更个性化的方式服务于更个性化的顾客。为此，上海的波特曼丽嘉酒店费时半年才分批完成 700 多名员工的培训。

如哈默所说："生意兴隆的将是这些企业——他们以面向顾客、服务顾客和方便顾客为宗旨来再造企业。"为树立全新意识，这种全员培训无异于入职培训。

其次是"线"：从高层开始再造员工，将顾客导向层层分解到各级员工的日程表。

作为个性化战略的一部分，丽嘉不再千店一面。每家酒店都被要求根据所在地环境，确定并布置一个独特的"主题"。例如，位于加州葡萄酒之乡的半月湾酒店以"海滩上的火与酒"为主题，客人可以在阳台饮佳酿、赏篝火。总之，"酒店的每件事都与此(主题)相关，从灯光、制服到建筑外观。"各酒店的总经理及创意总监因此参加了为期一天的相关培训。

这种高层的集中培训，既是再学习，也是新文化、新战略、新流程沿权力路线落实的催化剂。

最后是"点"：以案例学习突破重点难点，用小组讨论明确新标准、新流程如何执行。

"我们遇到的最大困难就是对于自由度和灵活度的尺度感觉非常模糊，"丽嘉的上海员工遇到的问题不是个案。之前，该酒店著名的黄金标准包括 20 条基本守则，详细到规定了客人说"thank you"时，员工不能回答"you are welcome"，而要说"my pleasure"。现在，为了更人性化的服务，员工不得不抛开一切明文规定，去摸索怎样才是自然真诚的待客之道。

培训中的案例讨论不可能回答所有问题，但这种相互学习、重点突破，无疑增加了员工接受再造的勇气和底气。

(2) 向错误学习

企业再造，需要从整个业务流程中挖掘每个岗位的潜能。无疑，员工个人将担负更大的责任。恰当的培训后续措施可以营造"持续改进"的学习氛围，帮助员工化压力为动力。

再造即创新，其中的失误在起步阶段必然增加。丽嘉意识到了这一点，他们对待失误的方式不是指责，而是及时指出、及时修正。工作过程就是向错误学习的过程。

一方面在于公司从上到下的态度，已构成最适于企业及员工再造的非正式环境。在丽嘉内部，工作中的失误被统称为一个卡通味道的"BIVs 先生"，也就是 breakdowns(挫折), inefficiencies(低效), variations(不合拍)三个单词的缩写。这让每位员工能够以学习的心态直面每次失误，并且保证每个可能影响再造全局的失误被及时上报，而不是被掩盖起来。

另一方面，常规性的正式学习体系为员工再造提供了良好的成长平台。丽嘉的每一家酒店、每一个部门、每一天都会举行一次例会。会议中，员工们一般会学习讨论当日黄金标准、名人名言、客人满意度指数、酒店营业数据、昨日客人投诉、当日客人特殊喜好等，以保证全球员工对再造过程中的公司文化保持统一认识。当然，讨论也包括最近出现频率最高的"BIVs 先生"是何类型。

现在，越来越多的企业正加入丽嘉的学习式再造，以实践呼应着大师们十年前的反思。就在哈默着手再造自己的"再造"理论时，彼得·圣吉这样描述 21 世纪的企业："传统的'命令——控制模式'的企业很难带领我们进入 21 世纪……总裁们再也不能企望用命令的方式去激励下属变革。逐渐地，成功的组织将把竞争优势建立在少控制、多学习的基础上。这样，我们就必须重新思考领导和学习。"

植根于员工的学习型组织，将让企业走上再造新途。最终，学习就是再造的同义词，而企业再造将成为一个持续改进的良性循环，不再只是一次次激动人心的"革命宣言"。

(资料来源：世界经理人官网，http://www.ceconline.com/hr/ma/8800047523/01/，标题与文字有改动。)

思考讨论题：

1. 丽嘉酒店再造员工工程主要包括哪几方面的内容？

2. 为什么丽嘉酒店把员工学习与培训作为流程改造不可缺少的重要组成部分？

3. 结合内部营销理论，说说为什么丽嘉酒店要提倡向错误学习。

分析要点：

1. 服务企业流程再造的执行者是服务人员，服务人员直接接触顾客，是传递服务质量的最关键要素。

2. 难以适应新流程、新文化，这不是员工的错，应该从管理者和制度上来寻找其根本原因。

思 考 题

一、基本概念题

服务利润链　内部营销

二、思考训练题

1. 服务人员的哪些因素会影响服务质量水平？

2. 在服务过程中，服务人员会扮演哪些不同角色？有什么角色冲突？

3. 作为一名优秀的服务人员，需要具备哪些基本素养和服务技能？

4. 服务人员招聘的主要条件如何？招聘的主要工具有哪些？

5. 服务人员培训的目标和基本内容有哪些？

6. 简要阐述内部营销对于企业的价值。想一想为什么把员工视为第一顾客的理念称之为一次营销指导哲学的升华。

7. 试述内部营销内涵、目标、策略和活动的基本内容。

8. 选择一家你比较熟悉的服务企业，为其拟定一份简要的人员招聘告示。

9. 假如你是一家房地产营销公司的人力资源经理，请你为公司新招聘来的营销人员制订一份培训计划书。

第 10 章 服务流程与有形展示

▓▓▓ 【学习要点及目标】

- 了解服务流程、服务蓝图、服务接触、有形展示的基本概念;
- 了解服务流程设计的前提条件和基本目标;
- 掌握服务蓝图的绘制步骤、方法以及包含内容;
- 了解服务接触的常见类型,理解服务接触关键时刻对服务产生的影响;
- 掌握服务有形展示包括的内容以及在服务中的作用和价值。

▓▓▓ 【核心概念】

服务流程　服务蓝图　服务接触关键时刻　有形展示

▓▓▓ 【引导情景案例】

孩子们的科技之旅圣地: 中国科学技术馆新馆

中国科学技术馆新馆于 2009 年 9 月建成开放, 位于北京市朝阳区北辰东路 5 号, 东临亚运居住区, 西濒奥运水系, 南依奥运主体育场, 北望森林公园, 占地 4.8 万平方米, 建筑规模 10.2 万平方米, 是奥林匹克公园中心区体现 "绿色奥运、科技奥运、人文奥运" 三大理念的重要组成部分。该馆是由政府投资建设的大型科普教育场馆, 设有 "科学乐园" "华夏之光" "探索与发现" "科技与生活" "挑战与未来" 五大主题展厅、公共空间展示区及球幕影院、巨幕影院、动感影院、4D 影院等 4 个特效影院, 其中球幕影院兼具穹幕电影放映和天象演示两种功能。

中国科学技术馆新馆工程建筑造型新颖, 风格简约, 整座建筑呈现为一个体量较大的单体正方形, 利用若干个积木般的块体相互咬合, 整个建筑呈现出一个巨大的 "鲁班锁" 形状, 又像一个巨大的 "魔方", 蕴含着 "解锁" "探秘" 的寓意。建筑体长 228m, 宽 182m, 总建筑面积 $102300m^2$, 建筑总高度 45m。地下一层主要为动感影院、4D 影院、停车库及设备用房; 地上四层、局部五层, 设有出入大厅、中央大厅、主题展厅、穹幕影院、巨幕影院、报告厅、多功能厅及办公用房等。

新馆的主要功能为展览教育, 通过科学性、知识性、趣味性相结合的展览内容和参与互动的形式, 反映科学原理及技术应用, 鼓励公众动手探索实践, 不仅普及科学知识, 而且注重培养观众的科学思想、科学方法和科学精神。在开展展览教育的同时, 新馆还组织各种科普实践和培训实验活动, 让观众通过亲身参与, 加深对科学的理解和感悟, 在潜移默化中提高自身科学素养。

新馆现已成为全国少年儿童向往的科技体验圣地，每年接待量近 200 万人次，也是北京市乃至全国少年儿童节假日最常光顾的去处之一。

思考：中国科技馆新馆的场馆外观、空间设计、科技实验设施设备等因素对参观者的体验有什么影响？

这一章主要介绍服务营销策略 7P 要素中两个明显区别于实物商品营销 4P 要素的基本要素，即服务过程和服务有形要素。这两个要素十分独特而重要，对于服务交易的实现和服务价值的创造发挥着不可替代的重要作用。

10.1 服务流程管理

服务过程从顾客的角度认识，应该是保证顾客消费服务得以实现并且获得服务体验的完整过程。而从服务管理角度来看，服务过程是一个精心设计的连续性系统，以保证顾客服务全程获得良好的服务体验。因此，服务过程在服务管理领域通常被称为"服务流程"。

对于服务流程概念的界定，不同的学者有着不同的解释，综合学者们的观点，简要定义如下：

服务流程是企业经过事先设计好服务程序，安排人员、资源投入和控制，合理地将服务产品传递给顾客的完整过程。在这个过程中，企业产生了成本，获得了收益，得到系统性的产出。与此同时，顾客完成了服务交易，获得了服务价值，留下了或好或坏的服务过程体验。

10.1.1 服务流程设计的前提与目标

服务流程优劣关系到顾客服务体验质量的高低。因此，设计出高水平的服务流程对于企业的服务质量管理至关重要。而服务流程设计工作的首项任务无疑是真正理解这项工程的前提条件和基本目标。

1. 服务流程设计前提条件

设计服务流程前，首先需要界定以下几个基本前提条件：

(1) 服务概念。

(2) 服务过程要素。

(3) 服务的交付方式。

(4) 服务风格。

1) "服务"概念

在前面服务产品设计的有关章节中，我们已经对服务概念进行了较详尽介绍：不同行业的服务概念不同，同一行业的服务概念也不尽相同，甚至同一企业在不同的时期对于服务概念的界定也不相同。

总的来说，明确"服务"概念就是要清楚地界定这样几个问题：

(1) 目标顾客是谁。

(2) 目标顾客的真实核心需求是什么。

(3) 企业提供的核心服务和附加服务分别是什么。

(4) 为顾客创造什么样的服务结果和服务价值。

2) 服务过程要素

服务流程设计需要清楚地了解服务全程中所有的关键点和要素，主要包括以下方面：

(1) 服务步骤。

(2) 流程中的员工决策点。

(3) 流程中的顾客等候点。

3) 服务交付方式

服务流程设计还需要明确该项服务的交付风格，即以什么样的方式实现服务消费过程。

根据服务过程中服务人员参与方式和程度的差异，服务交付方式一般区分为三种基本类型：

(1) 人工服务方式。

人工服务方式是主要依靠服务人员来完成服务过程的服务方式。例如中医按摩服务、家电上门维修服务等。

(2) 自助服务方式。

自助服务方式是顾客主要依靠信息技术系统、自助设备等条件或工具来实现服务交易全过程的服务方式，例如加油站自助加油服务、ATM 机自助存取款等。

(3) 半自助服务方式。

半自助服务方式是介于人工服务和自助服务之间的一种服务方式。在服务过程中既有服务人员的参与，又有自助技术系统或设备的帮助。例如一名顾客利用网络自动预约系统选择在线律师进行法律事务咨询服务。这项服务的前半程由顾客自助地实现律师选择，后半程又有具体的律师为其进行即时法律服务。

4) 服务风格

服务流程设计还需要明确该项目的服务风格，即在什么样的环境条件下营造了什么样的文化氛围以实现服务消费过程，并且涉及顾客的服务感受是怎么样的问题。

当然，这个问题主要与服务人员和有形要素密切相关。因此，服务风格相关的因素主要包括以下方面：

(1) 特定风格的服务空间设计。

(2) 特定的服务氛围营造(从视觉、听觉、嗅觉和触觉方面)。

(3) 服务流程中的各子系统服务方式以及与顾客互动方式等。

(4) 服务设施和服务工具风格与布置。

(5) 服务人员外观和服务风格等要服从特定风格的设定。

2. 服务流程设计的基本目标

服务流程设计前需要明确其基本目标,服务流程设计的基本目标能否实现既是流程设计的根本检验标准,也是对设计过程与结果的有效控制。

服务流程设计应该遵循以下基本目标:

(1) 顾客体验导向。

(2) 顾客常识性认知逻辑。

(3) 顾客非货币成本最小化(时间、体力、精神成本等)。

(4) 流程完整性与衔接性。

1) 顾客体验导向

服务流程设计最根本的目标就是要实现顾客服务过程体验的完美性。顾客体验导向也是服务流程设计的首要原则和总体性原则,这个原则应该贯彻在服务流程设计的始终,体现在服务流程的所有因素和时间节点上。

2) 顾客常识性认知逻辑

该原则要求服务流程设计者在设计服务程序时,不能违背人们关于这项服务的常识性认知逻辑顺序。

一些企业的服务流程违背了这个基本原则,其原因主要源于设计者单纯地追求服务流程创新求异,或者片面追求降低企业费用成本,或者仅仅强调了服务提供者的便利等。这样的流程设计同时违背了顾客体验导向原则。

3) 顾客非货币成本最小化

服务流程设计,从顾客的角度出发,还要考虑最大限度地降低顾客消费服务所付出的非货币成本,例如花费的时间、付出的体力、感受到的风险以及服务过程中的不悦,等等。顾客非货币成本的支出也是服务顾客的重要成本组成,同样会影响顾客对于服务性价比和服务质量的评价。

4) 流程完整性与衔接性

对于服务流程设计而言,最直接、最基本的设计目标就是要保证服务流程的完整性和有效衔接性。

完整性是要求服务流程不缺失任何必要的服务环节,以及像服务补救这样的不是每个服务过程都必备的服务环节。而一旦出现服务失误或服务纠纷,预设的服务流程就会启动服务补救的相应程序。

衔接性是要求服务流程的不同环节之间无缝衔接,不会出现空白节点或出现服务进程缓滞等问题,进而导致顾客体验不佳的结果。

10.1.2　服务接触类型与接触点

企业的服务流程规划除遵循以上基本目标外，还要考虑目标顾客与服务企业或服务人员的接触类型。在服务流程设计过程中，设计者还要有意地设计一些服务接触的"关键瞬间"，以突出或强化顾客的正向服务体验。

1. 服务接触类型

通常来说，服务接触类型主要取决于企业对于服务交付方式的设计。根据服务人员与顾客的接触方式与接触程度的不同，服务接触类型也可以划分为三类：

(1) 人机接触。

(2) 远程接触。

(3) 面对面接触。

1) 人机接触

在这种服务接触类型中，服务人员基本不参与具体的服务过程，顾客面对的是服务商的自助服务设备，由顾客借助自助设备自行完成服务交易过程。在我们生活中，像汽车加油站的自助加油服务、银行 ATM 设备完成的金融业务操作等都属于典型的人机接触。顾客的服务感受主要来源于自助设备的反应速度、智能化水平等人机对话的友好程度。

2) 远程接触

远程接触是指在服务过程中需要服务人员参与完成，但并不与顾客直接面对面的服务接触类型。我们常见的电话服务、网络在线服务等都是典型的远程服务接触。企业服务人员与顾客的远程接触仍然需要借助于现代信息技术和终端服务设备实现。目前，服务远程接触的媒介工具较传统的方式主要有有线电话、移动电话等，新媒体工具主要有网站、推特、微信、博客、QQ 以及各类手机 APP 等。

在远程接触类型中，顾客的服务感受主要来源于服务信息传输系统和服务人员两个维度。

3) 面对面接触

面对面接触是最传统的服务接触方式，是指服务人员和顾客直接接触。例如一名病人与就医医院的挂号人员、分诊护士、医生、药房人员以及餐厅人员等其他工作人员之间的面对面接触。

在面对面接触中，影响服务质量的因素是较为复杂的。服务人员的语言和非语言行为以及仪容、服装等因素都可能发挥作用。服务过程中的其他因素，例如服务设施设备等有形因素也会产生影响。此外，顾客的服务参与行为也扮演着重要角色。

2. 服务接触点

服务接触点是指服务组织或服务人员在服务过程中与顾客发生的有效接触点。服务接触在服务营销领域也被称作"真实瞬间"或"关键时刻"。从这个名称上，我们就可以看出服务接触对于顾客服务感知质量的影响和价值。

1) 服务接触的功能和重要性

关于服务接触及其重要性，我们可以给出如下基本结论：

(1) 不同的服务项目，服务接触或多或少，但其中任何一次不愉快的接触都可能导致顾客对服务整体否定的评价。

(2) 顾客是在初次服务接触的过程中获得对服务组织服务质量的第一印象，第一印象极其重要。但每一次服务接触都会对顾客的整体满意度和再次进行交易的可能性产生影响。

(3) 从逻辑上说，在建立顾客与服务组织的关系方面并不是所有的接触都一样重要。一些特定的接触是实现顾客满意的关键时刻。

2) 服务接触中愉快或不愉快的来源

由于服务接触的重要性，服务学者和服务管理者都很关注服务接触中造成顾客愉快与否的来源因素。有关研究表明，在服务接触中，顾客满意或不满意主要来源于 4 个方面：

(1) 服务补救能力。

(2) 员工适应能力。

(3) 服务自发性。

(4) 应对问题顾客。

① 补救能力是指服务人员对服务传递系统失误的反应。例如预订房间被无故取消、飞机航班延迟数小时等服务失误，服务人员会被要求及时采取措施来应对顾客的投诉和失望情绪。服务补救的好，会重新赢得顾客的心；没有补救措施或补救失败，可能导致顾客不满或愤怒。关于服务补救，我们会在后面详细介绍。

② 适应能力。当顾客对服务过程有特殊需要和要求时，服务系统如何适应，能否满足顾客的要求是顾客满意与否的第二个重要来源。这时，顾客会依据服务人员和系统的灵活性来评判服务接触的质量。在此，服务制度的弹性和灵活程度显得相当重要。

③ 自发性。自发性是指未经鼓动的、服务人员主动提供的服务行为。自发性服务行为又区分为正面行为和负面行为。正面的自发行为会超出顾客预期，使顾客得到惊喜；而负面行为，如态度粗暴、歧视顾客等，自然会导致顾客的不满、沮丧，甚至愤怒的坏情绪。许多顾客对海底捞餐厅的服务非常满意，常常源自于服务人员的自发服务行为超出了顾客服务预期。

④ 应对问题顾客。有一些服务问题是由顾客自身原因引起，但是顾客并不这样认为。因此，无论服务人员如何努力也难以使顾客满意。如何应对这些顾客的问题非常能够体现服务系统和服务人员的水准。一般多采取倾听、解释、试图容忍、给予顾客自由时间等正面服务行为，而不是置之不理，甚至影响到其他顾客的利益。

由于服务过程中的每一个"关键时刻"都是顾客可能对服务质量做出评估的机会点，也是企业创造顾客感知价值的关键点。因此，服务流程设计者应该充分了解服务过程中的有效接触点及其重要程度，设计、强化一些关键接触点以加深顾客服务感受，其主要手段就是增加细节性或特色性服务内容。

10.1.3　服务蓝图

1. 服务蓝图的概念

服务蓝图是应用在设计开发新服务或说明、展示服务流程及其要素的一种技术工具。

服务蓝图是详尽描画服务系统的图片或地图，其本质就是一张服务流程图。服务蓝图为服务流程设计者提供了一种把服务合理分块，再逐一描述服务步骤或任务、执行任务的方法，并清晰地展示了顾客能够感受到的有形服务要素。

服务蓝图可以直观地展示服务过程和服务要素，如图 10-1 所示。

(1) 服务实施过程。

(2) 顾客接待地点。

(3) 顾客与员工角色。

(4) 服务有形展示。

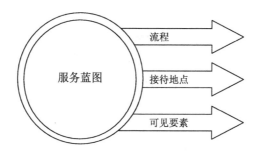

图 10-1　服务蓝图展示要素

服务蓝图能够客观地描述关键服务过程及其特点，并使之形象化。服务管理者、员工和顾客因此能够了解正在进行的服务内容以及当时服务人员所扮演的角色。

2. 服务蓝图的内容构成

服务蓝图的构成内容主要包括顾客行为、前台员工行为、后台员工行为和支持过程，以及一些特殊符号和分界线。服务蓝图中的名称、符号、分界线等并非一成不变，而是根据服务流程和内容的复杂程度而定。

下面就从服务蓝图构建的角度来介绍其构成部分及其内容。服务蓝图被三条线分成四个相对独立的部分，自上而下分别为顾客行为、前台员工行为、后台员工行为以及支持过程。四个行为板块由三条分界线区分开：顾客行为与前台员工行为由一条互动分界线隔开；前台员工行为与后台员工行为由一条可视分界线隔开；后台员工与支持过程之间由一条内部互动分界线隔开，如图 10-2 所示。

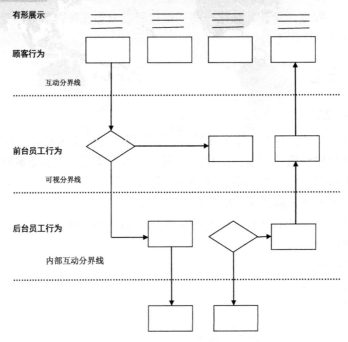

图 10-2　服务蓝图构成示意图

1)　顾客行为

顾客行为部分包括顾客在购买、体验和评价服务过程中的步骤、选择、行动和互动。例如在心理咨询服务中，顾客的行为可能包括：选择心理咨询师、给咨询师打电话、面谈、收到文件和账单等。

2)　服务人员行为(前台和后台)

服务人员行为又分为前台员工行为和后台员工行为。前台员工行为是指顾客能够看到的服务人员表现出来的行为。例如餐饮服务中，顾客可以看到的门前迎宾、引领入座、提供菜单点菜、沏茶、上菜、提供账单等行为。

那些发生在后台，支持前台服务的员工行为被称作后台员工行为，这些部分顾客一般不可见。例如餐饮服务中的营业前卫生保洁工作和菜肴的后厨加工等行为。

3)　支持过程

支持过程部分包括内部服务和支持服务人员而执行的服务步骤和互动行为。例如，在企业管理咨询团队中专门负责安排资深咨询师机票、酒店、交通工具预订等保障服务的行为属于典型的内部服务行为；外部专家对该团队遭遇决专业难题而实施的援助行为属于支持前台服务人员的行为。

4)　有形展示

服务蓝图中的有形展示是指在顾客的有效接触点设置相应的有形要素，以辅助服务顺利完成，同时提升顾客服务体验质量水平。关于有形展示的内容将在下一节具体介绍。

5)　三条分界线

(1) 第一条：互动分界线。表示顾客与组织间直接的互动，有垂直线穿过互动分界线即表明顾客与组织间发生服务接触。

(2) 第二条：可视分界线。这条线把顾客能够看到的服务和看不到的服务分隔开来，还把服务人员的前台工作和后台工作分开。

(3) 第三条：内部互动分界线。这条线用以区分服务人员的工作和其他支持服务的工作。垂直线穿过内部互动线代表发生内部服务接触。

3. 建立服务蓝图的步骤

建立服务蓝图是一项复杂的工作，需要内部多职能部门参与并整合来自顾客等的外部资源协作完成。根据著名服务营销学者泽丝曼尔等人研究，构建服务蓝图一般遵循 6 个基本步骤，如图 10-3 所示。

图 10-3　建立服务蓝图基本步骤

1)　步骤 1：识别需要制定蓝图的服务过程

服务蓝图可以在不同水平上开发，但需要一个总的前提，即识别顾客需求。也就是说，绘制服务蓝图首先要对建立服务蓝图的意图分析清楚。

2)　步骤 2：识别顾客(细分顾客)对服务的经历

市场是细分的，每个细分市场的需求是不同的。因此，服务过程会因细分市场的不同而有所差异。识别细分顾客的不同服务经历对于绘制服务蓝图是必要的。理论上而言，服务蓝图应该将所有细分顾客的服务经历纳入其中。如确有特殊性，应有针对性地开发单独的服务蓝图。

3)　步骤 3：从顾客角度描绘服务过程

该步骤包括描绘顾客在购物、消费和评价服务中执行或经历的选择和行为。值得注意的是，服务蓝图绘制者务必要搞清楚目标顾客是谁，顾客是如何认知服务过程的。因为服务管理者或服务人员关于服务过程的认识常常与顾客有差异。

4)　步骤 4：描绘服务人员的行为和技术

首先画上互动线和可视线，然后从顾客和服务人员的观点出发绘制过程，辨别出前台服务和后台服务。对于现有服务的描绘，可以向一线服务人员询问其哪些行为顾客可以看到，哪些行为在幕后发生。

【服务工具方法示例】

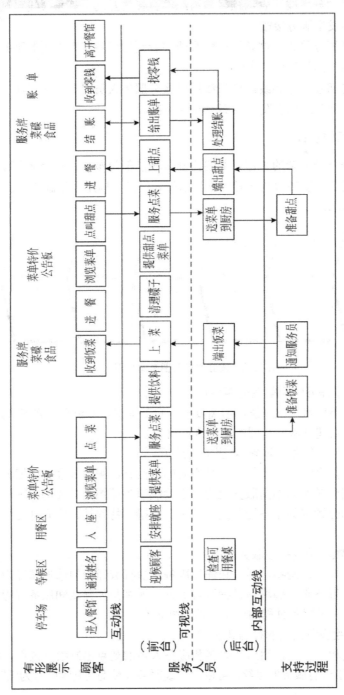

一家餐馆服务的服务蓝图

在进行技术传递服务或者要结合技术和人力传递的情况下，技术层面所需要的行动也要绘制在可视线的上方。如果服务过程中完全没有员工参加，那么这个部分要标注上"前台技术活动"。如果是同时需要人员和技术的交互活动，这些活动之间也要用水平线将"可见的员工接待活动"与"可见的技术活动"分开。使用这种辅助线可以帮助有效地阅读和理解服务蓝图。

5)　步骤 5：把顾客行为、服务人员行为与支持功能相联系

这一步可以画出内部互动线，随后即可识别出服务人员行为与内部支持职能的联系。在这一过程中，内部行为对顾客的直接或间接影响方才显现出来。从内部服务过程与顾客关联的角度出发，它会呈现出更大的重要性。如果顾客经历与主要内部支持服务的关联并不明显，则该过程中有些步骤则显得不那么重要。

6)　步骤 6：在每个顾客行为步骤上加上有形展示

最后在蓝图上添加有形展示，说明顾客看到的东西以及顾客体验中每个步骤所得到的有形物质。包括服务过程的照片、幻灯片或录像在内的形象蓝图在该阶段也非常有用，它能够帮助分析有形展示的影响及其与整体战略及服务定位的一致性。

10.2　有 形 展 示

服务有形展示是服务营销 7P 要素中关涉服务环境的一个要素。不同的服务营销学者对这个要素可能会使用不同的词汇加以表达，例如"服务环境""有形要素""有形展示"等。在此，我们统一使用"有形展示"这个概念。

下面就简要介绍有形展示要素的构成内容及其在服务中的用途和价值等。

10.2.1　有形展示及其构成内容

实际上，有形展示是一个十分宽泛的概念系统，包括了服务外部环境和内部空间以及服务设施设备范围内的任何有形要素。

在此我们将"有形展示"概念明确界定如下：有形展示是为有效进行服务传递、提升顾客感知质量，服务企业创设或提供顾客所处的服务环境以及有利于服务执行或传播交流的任何有形商品或要素。

简单来说，有形展示要素的构成大致分为三类：外部服务环境、内部服务场景和其他有形物。具体内容参见表 10-1。

表 10-1 服务有形展示的要素示例

外部服务环境	内部服务场景	其他有形物
○建筑物外观	○内部空间总体布局	○服务工具
○外部设计	○服务设施设备	○员工仪表/服装
○企业标识	○企业或项目标识	○名片
○停车场地	○空间色彩	○电脑、文具
○周围景色	○空气质量/温度/湿度	○报告、单据
○周边环境	○声音/音乐	○手册、宣传页、海报
○交通条件	○气味/光照	○网站、网页
○公共服务设施	○虚拟空间	○赠品、糖果
……	……	……

1. 外部服务环境

这部分要素又包括两部分内容：服务建筑物周边的自然环境和社会环境，企业或服务项目自身的外观形象因素。

例如一家服务企业的总部大楼选址在一个环境优美的公园边上建造，那这个公园的自然景色、人文环境、公共服务设施等都会影响顾客关于服务企业认知或服务过程的体验；同时企业建筑物的设计风格、悬挂标识、停车场等也会对顾客感受产生影响。

2. 内部服务场景

内部服务场景包括的内容要素较多，主要由空间布局和设施配备、功能性或装饰性标识符号以及环境条件组成。

服务机构应全方位地设计这些有形要素以从视觉、听觉、嗅觉、触觉等维度强化服务环境氛围，最终实现服务交易，并提升顾客服务质量感知水平。

1) 服务空间及其功能性

服务空间布局主要涉及设计风格、功能布局以及设施设备安放等内容。服务场景必须要满足顾客的特定目标和需求，以促进服务交易的推进和实现。

具体来说，服务场景同时具备了两种基本功能：视觉环境和功能环境。

(1) 实现了服务交易功能，为顾客提供了便利性。

(2) 创建了友好的顾客视觉环境，影响了顾客的服务体验。

例如令人厌烦的装修风格、过高的服务柜台，不舒适的座椅等问题都不能很好地实现服务场景的这两项基本功能，而导致顾客感觉糟糕。

2) 功能性或装饰性标识符号

服务环境中的许多事物作为显性或隐性的信号传递着公司的形象，进而引导顾客推进服务进程。功能性标志对于首次光顾的顾客尤为重要。而一些关于企业或服务项目的标识符号、装饰品等对于营造良好的服务文化氛围也起到重要作用。

功能性标志种类及主要用途如下：

(1) 标签，如部门名称、业务柜台的指示牌等。

(2) 方向指示，如服务台、出入口、电梯、卫生间等指示。

(3) 行为规则，如禁止吸烟、禁止喧哗、手机关闭等。

服务场景设计师应该在服务流程设计中恰当地使用这些标志、符号，以指导顾客行为或传递特定服务信息。

3) 环境条件

环境条件则是指那些与我们五官感觉相关的环境特征，如音乐、气味、颜色、温湿度等。它们是影响顾客情绪、感知，甚至态度和行为反应的重要因素，却常常没有得到足够的重视。这类环境条件要素主要包括音乐、气味、颜色。

下面我们简要介绍这些重要的环境条件因素的具体内容。

(1) 音乐。在服务环境中，音乐的节奏、音量、和声等这些不同的结构特点被顾客整体感知，并对顾客的认知和行为产生强有力的影响。

具体而言，音乐可以影响顾客兴奋程度，加快或放慢行动速度；音乐类型与顾客消费量有直接关联性；音乐还可以使顾客感知的等候时间缩短，满意度也提升；有些类型的音乐还可以有效驱逐服务场所内一些不良顾客或游荡破坏者；还有的音乐有清场的作用，等等。

(2) 气味。气味是服务环境条件的另一个重要维度。顾客有意或无意感知到环境中气味，它会对顾客的情绪、情感以及服务评价产生反应，甚至对购买倾向和购买行为产生强烈的影响。

最常见的气味应用如面包房可以通过散发面包香味来刺激顾客的饥饿感。研究还发现，恰当的气味会有效刺激顾客的消费量提升。服务企业还把特定的香味作为强化顾客品牌体验的一种有效手段。

(3) 颜色。颜色具有刺激、镇静、富于表现力、令人不安、易受影响、代表文化等特征，它对人们的情绪具有重要的影响。

研究表明，颜色可以调整环境的温暖程度，暖色能使人增加快乐和兴奋的程度，但也会加剧焦虑感；冷色能减少兴奋程度，也能使人产生安静、喜爱和幸福的感觉。大多数人会被暖色环境吸引，但是红色的零售环境却使人产生紧张感。暖色能鼓励人们产生快速购买决策，比较适合低参与决策或冲动购买的服务环境。当顾客需要时间来做高参与的购买决策时，冷色环境更受青睐。

关于人们对于颜色的普遍性反应参见表 10-2。

表 10-2　人们对颜色的普遍联系与反应

颜　色	温暖程度	自然符号	由颜色产生的反应和联想
红色	暖	地球	高能量和激情，可以使人兴奋，激发情感和热情
橙色	最暖	日落	情感、表达和温暖
黄色	暖	太阳	乐观、纯净和理解力，调动情绪
绿色	冷	成长、小草、大树	培育、治疗和无条件的爱
蓝色	最冷	天空、海洋	放松、宁静和忠诚
靛蓝	冷	日落	冥想和灵性
紫色	冷	紫罗兰花	灵性，减少压力，可以创造一种内在的平静感觉

（资料来源：Sara O.Marberry and Laurie Zagon, The Power of Color:Creating Healthy Spaces.new York:John Wiley, 1995, 18; Sarah Lynch, Bold Colors for Modern Rooms: Bright Ideas for People Who Love Color.Gloucester, MA: Rockport Publishers, 2001, 24-29.)

基于以上环境条件对顾客感受和行为的重要影响，现在已有许多公司专门为服务企业提供在音乐组合、气味设计或颜色设计等某一方面的咨询和设计服务，而且许多服务企业因此获益匪浅。

3. 其他有形物

其他有形物是指除外部服务环境和内部服务场景外的其他有形物，包括的内容极其繁多，主要是实施或辅助服务的各类工具、信息展示物以及人员外观等。具体内容参见表 10-1。

10.2.2　有形展示的作用和价值

有形展示作为服务营销组合策略的重要因素，对于服务企业的服务设计与管理、顾客的服务体验评价都发挥着不可替代的作用。

根据泽斯曼尔等多位学者的研究总结，服务有形展示在以下四个方面体现其独特的作用和价值：包装作用、辅助作用、交际作用、区别作用。

1. 包装作用

服务场景和有形展示的其他要素一起成为服务的外包装，这些外包装因素时刻在向顾客传递服务产品的内在信息。

具体来说，有形展示的包装作用主要体现在以下方面：一是通过设计有形展示要素树立企业或服务某种特定形象，引发顾客某种特殊的视觉或情感上的反应；有形展示有助于新顾客对服务形成良好的第一印象；有形展示还可以有效地强化服务品牌定位的重要作用。

世界上许多知名企业，如苹果、星巴克、联邦快递等公司，投入大量的时间和金钱在有形展示要素的设计和使用上，以向顾客提供鲜明的视觉隐喻，传达其品牌定位。

2. 辅助作用

服务场景和其他有形展示具有辅助服务功能实现的重要作用。服务环境的设计能够促进或阻碍服务场景中活动的进行，使顾客和员工更容易或更难达到目标。设计良好的功能设施可以使顾客的服务过程成为愉快经历，在员工看来也将提供服务视为快事一桩。与此相反，不理想的设计会使顾客和员工都感到不满。

例如，飞机上的座椅既要坐姿舒适又要充分满足乘客的睡眠需求。一个座椅会成为乘客对航空服务满意与否的重要因素，进而影响乘务人员的工作积极性。因此，设置更好的座椅一直是国际航空公司间的一个主要的竞争点。

3. 交际作用

服务场景和服务设施还有促进和辅助交际的功能，它们有助于员工和顾客间、顾客与顾客间、员工之间进行互动交流等。

良好的服务设施设计能够让顾客和员工清楚地了解自己的职责，所处的服务场景应该怎样，自己应该采取怎样的行为等。知名的星巴克咖啡店设计舒适咖啡屋环境的出发点，就是让顾客觉得星巴克不仅是一个单纯喝喝咖啡的地方，而是顾客的"第三场所"，当顾客不工作或不在家的时候，这是花时间思考或与人聊天的地方。

4. 区别作用

服务场景与设施的设计可以有效地把自己同其他竞争对手区分开来，表明该服务所指向的细分市场。所以设计者会使用这一工具来重新占有或开辟新市场。

服务场景不同的设计风格、装饰类型以及特定的音乐、气味、颜色等会指向特定的目标顾客群体，形成与竞争对手明显的服务定位差异。服务场景的设计还可以突出本企业服务的特色。

有些时候，有形展示要素还被用来区分一家企业内部不同档次、不同定位的服务。例如一家酒店会提供不同定位的住宿房间，其差别主要从有形展示要素和价格要素上体现。

10.2.3　有形展示的类型

服务有形展示依据不同的分类标准可以有不同的类型划分。下面介绍基于服务方式和传达内容的不同而将有形展示划分为两种常见的分类方法。

1. 基于服务方式差异的服务场景类型

不同的服务企业，不同的服务方式需要设计不同服务场景，以更好地促进服务完成，提升顾客服务质量感知。

根据服务接触程度的不同，服务方式可以分为自助式服务、交互式服务和远端式服务。对应这三种不同的服务方式，其服务场景也有很大差别。

1）自助式服务场景

自助式服务基本没有服务员工参与，主要依靠顾客自行完成服务过程。这种类型服务的场景设计应专注于服务设施设备的使用，交互性好，便利快速，通过自助设备创造良好的顾客体验。

2）交互式服务场景

交互式服务多是最常见的传统服务，例如餐馆、医院、理发店的服务等。在交互式服务中，顾客和员工都置身于服务场景之中。服务场景的设计必须能够同时吸引、满足、便利于顾客和员工的活动需求，而且要关注到服务场景对顾客、员工以及两者间互动产生的影响。

3）远端式服务场景

与自助式服务相对应的另一种极端的服务方式是远端式服务。在远端式服务中，顾客很少或根本不参与到服务场景中。例如移动通信服务、电话咨询服务、呼叫中心服务等，都是典型的远端服务。一般而言，远端式服务场景的设计应主要考虑员工工作需要的舒适性和便利性，而较少或不考虑顾客因素。

2. 基于传达内容差异的有形展示类型

根据有形展示传达内容以及构成要素的差异，可将有形展示划分为场景展示、信息展示、价格展示和人员展示等。

1）服务场景展示

根据服务体验剧场理论，服务就是一场戏剧，服务场景就是戏剧的舞台场景。服务场景展示要素又分为环境要素、设计要素和社交要素。

(1) 环境要素。环境要素主要包括气温、湿度、通风、气味、声音等因素。

(2) 设计要素。设计要素主要用于改善服务产品包装，突出产品功能，以建立有形的、赏心悦目的服务产品形象，如服务空间设计、装设风格、服务标识设计等。设计要素又分为美学要素和功能要素。服务场景设计者通过这些要素的选择及组合，能够有效刺激顾客积极的感觉，增强其消费欲望。

① 美学要素：主要包括建筑风格、材料、结构、形状、色彩等有助于建立有形形象的要素。

② 功能要素。主要包括陈设、舒适、标志等强化和完善服务功能的要素。

(3) 社交要素。社交要素主要是指在服务环境中参与和影响服务消费过程的服务人员和顾客。他们的数量和行为会影响另一些顾客的服务质量感知和评价。顾客与员工间、顾客与顾客间、员工之间的互动交流行为都属于服务场景展示中的社交因素。

2)　服务信息展示

信息展示是通过多种媒介传播企业或服务相关信息的一种方式，如企业的简介、宣传单、内部刊物以及电子屏幕等都是服务企业信息展示的常见形式。

我们常见、比较典型的展示就是医院的服务信息：医院简介、医疗科室及其特色专长介绍、仪器设备介绍、知名专家及特长介绍、主要荣誉和案例展示、组织文化活动简介等。

3)　服务价格展示

价格是服务产品不可分割的信息组成。顾客往往会根据服务的价格信息来判断服务的档次和质量水平。服务企业展示恰当的价格信息能够培养顾客的信任感，使顾客形成适宜的服务期望；反之，不合理的价格信息展示则会降低顾客对服务的信任，进而导致顾客产生不当的服务期望。

总之，服务企业应该对顾客进行价格展示，价格信息要合理适度，以免出现误解。

4)　人员展示

人员展示包括顾客和服务人员外观和精神面貌的整体展示。对企业而言，服务人员的有形展示可以整体设计，展示过程可控。服务人员的仪容、仪表、仪态等有形要素以及服务人员的年龄、性别、身高、声音、做事风格等都属于人员展示的范畴。

本 章 小 结

(1)　服务流程是企业经过事先设计好服务程序，安排人员、资源投入和控制，合理地将服务产品传递给顾客的完整过程。在这个过程中，企业产生了成本，获得了收益，得到系统性的产出。与此同时，顾客在这个过程中完成了服务交易，获得了服务价值，留下了或好或坏的服务过程体验。

(2)　服务流程设计需要界定的基本前提条件：①"服务"概念；②服务过程要素；③服务的交付方式；④服务风格。

(3)　服务流程设计应遵循基本目标：①顾客体验导向；②顾客常识性认知逻辑；③顾客非货币成本最小化(时间、体力、精神成本等)；④流程完整性、衔接性等。

(4)　根据服务人员与顾客的接触方式与接触程度的不同，服务接触类型可以划分为三类：①人机接触；②远程接触；③面对面接触。

(5)　关于服务接触及其重要性的基本结论：①不同的服务项目，服务接触或多或少，但其中任何一次不愉快的接触都可能导致顾客对服务整体否定的评价。②顾客是在初次服务接触的过程中获得对服务组织服务质量的第一印象，第一印象极其重要。但每一次服务接触都会对顾客的整体满意度和再次进行交易的可能性产生影响。③从逻辑上说，在建立顾客与服务组织的关系方面并不是所有的接触都一样重要。一些特定的接触是实现顾客满意的关键时刻。

(6) 在服务接触中，顾客满意或不满意主要来源于 4 个方面：①服务补救能力；②员工适应能力；③服务自发性；④应对问题顾客。

(7) 服务蓝图是详尽描画服务系统的图片或地图，其本质就是一张服务流程图。服务蓝图为服务流程设计者提供了一种把服务合理分块，再逐一描述服务步骤或任务、执行任务的方法，并清晰地展示顾客能够感受到的有形服务要素。

服务蓝图可以直观地展示服务过程和服务要素：①服务实施过程；②顾客接待地点；③顾客与员工角色；④服务有形展示。

(8) 建立服务蓝图的基本步骤：①识别需要制定蓝图的服务过程；②识别顾客(细分顾客)对服务的经历；③从顾客角度描绘服务过程；④描绘服务人员的行为和技术；⑤把顾客行为、服务人员行为与支持功能相联系；⑥在每个顾客行为步骤上加上有形展示。

(9) "有形展示"概念：有形展示是为有效进行服务传递、提升顾客感知质量，服务企业创设或提供顾客所处的服务环境以及有利于服务执行或传播交流的任何有形商品或要素。

(10) 基于服务方式差异的服务场景类型：自助式服务场景、交互式服务场景和远端式服务场景。

根据有形展示传达内容以及构成要素的差异，可将有形展示划分为场景展示、信息展示、价格展示和人员展示等。

(11) 服务有形展示在四个方面体现其独特的作用和价值：包装作用，辅助作用，交际作用，区别作用。

案例实训课堂

建行首家无人银行开业，传统柜台是否终结

2018 年 4 月 9 日，全国首家无人银行——位于上海九江路的建行无人网点开业，网点内全智能化操作，传统的柜员、大堂经理等统统消失。无人银行是如何运作的？

这家全国首个主打刷脸取款、机器人服务、VR 体验等科技概念的无人银行开业以来，参观体验者络绎不绝，以至于建行特意配备了数名工作人员现场指导操作。

此次建行推出的"无人银行"除了取款、转账、汇款等常规业务外，还集合机器人、智慧柜员机、VTM 机(远程视频柜员机)、外汇兑换机以及各类多媒体展示屏等于一身，各种自助机具承担了 90%以上传统网点的现金及非现金各项业务。

按业务来看，该无人银行大致分为金融/理财服务区、生活服务区、VR 体验区和智慧社交区。在金融业务方面主要有开卡、存取款、转账汇款、外币兑换等基本金融服务，客户

可通过"人脸识别+语音识别"实现业务办理，由于涉及风险管理问题，无人银行目前不包括理财业务；在生活服务方面，主要包括可供客户免费阅读下载的图书、办理相关业务可获得的免费饮品、合照墙的拍照服务等；VR 体验区除了前文中的 AR、VR 游戏体验之外，主要涉及 VR 看房，体验者可通过 VR 体验室看到建行"建融家园"中所有在租房源，360 度观察屋内细节；此外，对于较为复杂的业务，在 VIP 理财室和 VTM 机上，可通过远程视频专家系统获得远程一对一的尊享咨询服务。

就物理渠道的转型升级方面，建行一方面推进网点分类建设，包括根据实际情况设立综合性旗舰网点和轻型网点，同时推进柜员向营销服务岗位转型，全面实现网点功能由交易处理向营销服务转变。此外，银行的物理渠道电子化过程早在几年前已经启动，建行 2017 年报显示，截至 2017 年末，共有 1329 个支行、1213 个支行以下网点，在运行的自助柜员机有 97007 台，自助柜员机账务性交易量 38.46 亿笔，达到柜面的 7.66 倍。

无人银行的运营，一方面降低银行运营成本，另一方面也促进银行业务无纸化、数字化，以及人脸数据库等基础设施的补充和建设，这些都是业务智能化前提。此外，VR、AR 等技术，也可方便银行触角伸向更多场景。

(资料来源：央广网 2018-04-18 13:14:00，

http://finance.cnr.cn/gundong/20180418/t20180418_524203092.shtml，文字有删节)

思考讨论题：

1. 结合案例，思考无人银行能够实现营业的条件有哪些。

2. 对比无人银行与传统银行柜台业务办理的服务流程有何差异。

3. 列表总结一下这家无人银行展示了哪些服务有形要素。

分析要点：

1. 结合银行传统业务服务流程，分析无人银行在信息技术和智能设备帮助下的新服务流程。

2. 无人银行的服务流程给顾客带来的非货币成本的降低。

思　考　题

一、基本概念题

服务流程　有形展示　服务蓝图

二、思考训练题

1. 什么是服务流程？服务流程设计的前提和目标分别是什么？

2. 服务接触分哪几种类型？服务接触中，顾客的满意或不满意主要来源于哪些地方？

3. 建立服务蓝图有哪些基本步骤？

4. 服务有形展示可以分为哪些不同类型？

5. 服务有形展示的作用和价值是什么？

6. 自己选择一家熟悉的服务企业，详细列举该企业的服务有形展示要素。

第3篇 服务质量评价与管理

第11章 服务质量评价

▓▓ 【学习要点及目标】

- 掌握服务质量、服务预期、理想服务、适当服务和电子服务质量概念；
- 了解服务预期的类型，掌握服务预期的主要影响因素；
- 重点掌握顾客感知服务质量基本维度及其内容；
- 了解服务质量顾客评价模型和顾客感知服务质量综合模型基本内容。

▓▓ 【核心概念】

服务质量 服务预期 理想服务 适当服务 结果质量 过程质量 电子服务质量

▓▓ 【引导情景案例】

国庆节饕餮盛宴的缺憾

刘缪是一家主营艺术场馆设计与装饰装修业务公司的项目经理。他在国庆节前如期完成一个十分重要而时间要求异常紧张的项目，客户方对项目进度和质量都十分满意。

整整半年的高强度工作终于结束了，他打算趁国庆假日好好休息休息，然后再好好庆祝一下。

于是，他在国庆节期间第4天召集多位好友在W餐厅聚会庆祝节日。这家餐厅他以前没有去过，是同事小杨在微信上极力向他推荐的："如果只能向你推荐一家餐厅，我只能推荐W餐厅……"想到小杨是朋友圈内有名的吃货，刘缪觉得他的推荐错不了，又查看了美团网上该餐厅的客户评价也是好评如潮。年近不惑的他对此次聚会竟有些渴望和期待。

俗话说：期望越大，失望越大。国庆节的聚会不仅没有带来惊喜，反而让刘缪觉得大失所望。这家餐厅看上去环境很有档次，但菜品价格也贵得有些惊人，味道也没有小杨吹嘘的那么好。而且在很多细节上服务不到位，例如客人招呼服务员总是半天才来，客人吩咐的事情服务员因为忙会忘记等，这些小问题导致有些朋友很不高兴，开始向请客人刘缪抱怨。

饭吃到一半，刘缪就有些后悔，早知道这样，还不如选择离自己家很近的另一家川菜馆。刘缪一家人经常光顾的这家川菜馆，饭菜味道正宗，价格也实惠。两者一对比，简直不可同日而语。

一个愉快的假期没想到被一顿价格不菲的节日宴毁了，刘缪事后还有些耿耿于怀。

思考：刘缪为什么会对 W 餐厅的服务质量评价这么差？

服务质量是服务营销学中最为核心的概念，但是直至今天，学者们也未能给出一个普遍认同的权威概念。这也说明服务质量这一概念的复杂性。这一章主要介绍服务质量的内涵、顾客感知服务质量维度以及顾客如何评价服务质量等内容。

11.1　什么是服务质量

11.1.1　服务质量的定义

关于什么是服务质量？即使是服务营销学者也难以一句话说清楚。美国哈佛商学院戴维·加文教授在对质量概念进行了深入研究后，总结出以下五种典型的质量观。

(1) 基于产品的质量观：质量是对产品中的成分或特征数量与标准值的比较。

(2) 基于用户的质量观：质量是指产品或服务满足顾客需求的程度，即顾客满意度。

(3) 基于生产的质量观：将质量作为工程和生产过程的产出，产出与顾客需求一致就表明质量是好的。

(4) 基于价值的质量观：价格是价值的真实体现，质量是经营结果与顾客可接受价格之间的平衡。

(5) 出类拔萃的质量观：顾客通过接触或使用而做出超越同类产品的主观评价。

目前，学界较多地采用美国质量学会对于质量的定义："质量是一个产品或服务的特色和品质的总和，这些品质特色将影响产品去满足各种明显的或隐含的需要的能力。"这个定义显然属于上述基于用户的质量观，而且并未将有形产品和无形服务区分开来。

具体到服务质量，我们一般采用国际质量认证组织的定义："服务质量是指服务满足规定或潜在需要的特征和特性的总和。"

关于服务质量的内涵远不像定义这样简单，它包含了极其丰富的信息内容。要较全面地理解服务质量，应该从理解服务的本质与特性出发，多维度、多视角来认识它。

(1) 服务或多或少是一种主观体验过程。

(2) 特定产品或服务的质量是顾客所感知的质量。

(3) 顾客关于质量的概念认知是宽泛的。

(4) 服务质量既要有客观方法加以制定和衡量，更多地要按照顾客主观认识加以衡量与检验。

(5) 服务质量发生在服务生产和交易过程之中。

(6) 服务质量提高需要内部形成有效管理和支持系统。

(7)　服务质量的高低取决于顾客预期同实际感受的服务水平的对比。

(8)　服务质量评价不仅要考虑服务结果，而且涉及服务过程。

11.1.2　服务质量的构成要素

根据芬兰服务营销学者格罗鲁斯教授的研究，顾客感知到的服务质量是由服务生产过程的技术质量(或称为结果质量)与功能质量(或称为过程质量)构成，如图 11-1 所示。

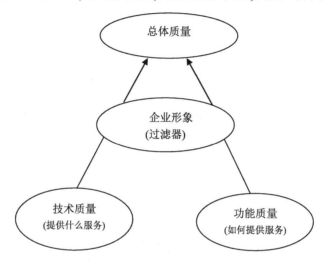

图 11-1　服务质量构成示意图

服务的结果质量是顾客在服务结束后的所得，表明的是顾客"接受了什么样的服务(What)"。顾客对于服务结果质量的衡量是比较客观的，因为结果质量涉及的往往是技术方面的有形要素。例如，一位手机用户对于通信信号传输的质量以及客服人员的态度，储户使用商业银行 ATM 机的便捷性等都属于结果质量的范畴。

服务过程质量体现的是顾客是"如何接受服务的(How)"。顾客对于服务过程质量往往难以直接客观评价，而是以主观方式来感知的。例如顾客排队等候时间过长或服务环境不舒适等因素都会影响顾客对于服务质量的评价。

近年来的研究发现，服务质量的这两个要素还可以扩展，即除了"接受什么服务""如何接受服务"之外，还应该增加"在何处接受服务(Where)"要素。当然，也有学者认为，服务环境要素应该包含于服务过程质量范畴之内。

此外，企业形象也会以不同的方式和路径对顾客感知服务质量产生影响，起到一种"过滤器"的作用。一家形象非常好的服务企业，即使出现点小差错，顾客一般会给予谅解。反之，顾客会放大一家形象糟糕的服务企业的服务失误。

关于服务质量的构成可以简单总结为一句话：高水平的服务质量需要服务结果符合顾客要求，服务过程顾客体验完美，服务环境感觉舒适。

11.1.3　服务质量的顾客评价

格罗鲁斯教授认为，服务质量实质上是顾客感知到的服务质量，他将感知服务质量界定为顾客对服务预期与实际服务绩效的对比，实际服务绩效大于服务预期，则顾客感知服务质量良好；如果实际服务绩效不及服务预期，则顾客感知服务质量低下。

由此可以确立服务质量顾客评价模型，如图 11-2 所示。我们可以通过这个简单模型来了解顾客是如何对服务进行评价以及评价的典型结果。

(1) 当顾客的实际服务感受符合服务预期时，其心理状态应该是一种中性状态，即既无满意也无不满情绪。

(2) 当实际服务感受好于服务预期时，顾客会产生满意情绪；而当实际感受远好于预期时，顾客会产生惊喜。

(3) 当实际服务感受低于服务预期时，顾客会产生失望或不满情绪；而当实际感受远低于预期时，顾客则会产生愤怒情绪。

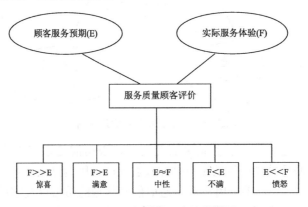

图 11-2　服务质量顾客评价模型

11.2　顾客服务预期

11.2.1　什么是顾客服务预期

顾客服务预期是服务传递到顾客心智中的服务本身及相关信息，这些信息是评估服务绩效的标准和参考点。

由此前介绍的服务质量顾客评价模型可以知道，顾客服务预期是决定服务质量高低的两个基本要素之一。研究和理解顾客预期对于服务企业和服务管理者而言意义重大，是服务营销的首要步骤，也是最为关键的一步。

成功的服务营销应该充分理解并掌握关于顾客预期的如下主要问题：

(1)　顾客对于服务持有怎样的期望标准？

(2)　哪些因素对这些期望的形成影响最大？

(3)　这些因素在改变顾客期望中起什么作用？

(4)　服务企业怎样达到或超越顾客的期望水平？

11.2.2　顾客服务预期及影响因素

顾客对于服务存在着不同水平的期望，而且顾客的服务预期不是一条线，而是一个区域，被称之为顾客"容忍区域"。容忍区域的上限称之为"理想服务"，下限称之为"适当服务"。

1. 理想服务及影响因素

理想服务是顾客预期服务的最高级水平，可以定义为顾客想要得到的服务水平——希望的服务绩效水平。理想服务是顾客认为"可能是"与"应该是"的结合物。例如一名在校大学生在学校的勤工俭学办公室登记，希望能够找到一份兼职工作，他对于勤工俭学办公室的理想服务预期可能是给他介绍一份各方面都十分满意的工作：工作时间安排在课余，劳动强度不大，薪酬丰厚，地点距离学校较近等。

具体来说，影响顾客理想服务预期的主要因素如下。

1)　顾客需要的差异

在服务消费中，顾客的需要往往是多层次的，而且有主次之分。一般而言，顾客的主需要是重要的，辅助需要是次要的；顾客对于满足主需要的服务维度的理想程度比较关注，期望水平较高。

2)　顾客背景、服务理念、价值观念

由于顾客个人的成长或教育等背景不同，以及服务理念、价值观念的差异，会导致一些顾客对于同样服务的要求和期望不同于其他顾客。

例如，成长在一个富裕中产阶级家庭的，受过高等教育，曾经从事服务企业管理多年的中年人对理想服务的预期水平往往会高于一般人；相反，一个进城务工的农民，缺乏高消费服务经验，也缺乏对服务标准的认识，往往会对理想服务期望较低。

3)　派生服务期望

顾客的理想服务预期有可能会受到非直接购买服务或非直接消费服务者因素的影响。例如，儿子为母亲庆祝八十寿诞而选择酒店宴席时的服务预期，就会综合家庭各成员的期望和要求；一位企业采购人员从服务供应商处预定某项服务时，会受到其主管经理或其他相关人员的要求的影响；一位美团网的顾客对于一份外卖午餐的期望，可能还有顾客对于美团网这个知名平台品牌的期望因素在内。所有这些情况都属于派生服务因素。

2. 适当服务及影响因素

像我们刚刚讲到勤工助学的大学生，关于兼职工作的理想服务预期，在通常情况下，他也会承认这是不太可能的。因此，除了理想服务预期外，他还有一个低水平的服务预期——顾客可以接受的服务水平，我们称之为"适当服务"。

适当服务代表了最低的可接受的服务预期，同时反映了顾客相信其在服务体验的基础上可得到的服务水平。这位大学生在这份兼职工作的各个要素上或清晰或模糊的都存在着一个最低要求限度，低于这个水平，他就无法接受这份工作。

影响顾客适当服务预期高低的主要因素如下。

1) 暂时性服务强化

如果顾客认识到，在服务过程中服务提供者遭遇了不可控因素而影响了服务进程或服务质量，那么顾客可能会因为这些暂时性因素而提高或降低其适当服务预期。例如，在沿海地区发生了台风灾害，导致道路交通中断，这时顾客会降低对快递公司送达时限的预期。

2) 服务性质

当顾客消费的服务重要而紧急时，顾客的适当服务预期会较高。例如，一位患者病情危重时与得了普通感冒就医时的适当服务预期水平是不同的。当服务出现失误后，顾客接受二次服务时的适当服务预期往往会更高。例如一位顾客网上购物时因产品在运输过程中有一定程度损坏而要求换货，他在接受二次服务时的适当服务预期就会大大提升。

3) 可感知服务的替代物多少

顾客对于一项服务的可接受的最低服务水平预期与该项服务是否有可替代物或可选择替代物的多少有直接关系。一般情况下，服务没有替代物，顾客对于最低限度的适当服务水平有更低的预期；可替代服务的选择越多，其适当服务预期水平越高。

例如，一位顾客居住的小区及其周边区域只有一家便利超市，其对该超市的服务水平具有较低的预期，因为缺少选择自由。如果在这个小区附近有多家同类型超市，顾客的适当服务预期水平会自然提升。

4) 顾客服务参与和自我感知程度

顾客在服务过程中的参与程度和自我角色认知程度也会影响顾客的适当服务预期水平。顾客的服务参与程度越高，对服务的了解越明晰，会提升对适当服务的期望；在服务中，顾客对自我角色的认知，如属于企业 VIP 会员、经常光顾的忠诚顾客或者是与企业老板有密切关系的顾客等，都可能因为顾客对自我特定角色的感知而提升其适当服务预期。

5) 基于环境条件的顾客预测

顾客对于即将开始的服务有较确定性的效果预测时，其适当服务预期水平会发生变化：当顾客预期服务效果较好时，其适当预期水平会提高；当顾客预期服务效果较差时，也会适当下调自己的最低服务水平预期。

例如，当一名顾客进入一家知名餐馆就餐时，发现该餐馆生意火爆，等候顾客很多，这名顾客基于这种状况就会预测就餐的等候时间会较长。因此，该名顾客会降低对服务等候时间的适当预期水平。与此相反，当一名顾客在非服务高峰时段去服务场所消费，顾客会预测可能会享受到更好的服务，自然会提升自己的适当服务预期水平。

3. 理想服务与适当服务共同影响因素

除了上述分别影响顾客理想服务预期和适当服务预期的因素以外，还有以下因素会同时对理想服务和适当服务期望产生影响。

1)　明确的服务承诺

服务提供商通过广告、宣传、人员推销、现场促销等各种方式向顾客直接提出的承诺，是形成顾客服务预期水平的直接因素。顾客的理想服务和适当服务预期水平都会受到服务机构明确的服务承诺的影响。

2)　含蓄的服务承诺

服务提供商没有明确承诺，但是顾客会根据企业的服务定价、服务场所、空间环境、服务人员表现以及企业广告宣传中的暗示等因素来推断未来的服务效果。所有这些暗示性承诺也会影响顾客理想服务和适当服务预期的形成。

3)　企业的服务口碑

服务提供商的市场口碑是影响顾客服务预期形成的另一个重要因素。服务的好口碑会影响顾客形成较高的理想服务和适当服务预期；而坏口碑则会降低顾客的理想服务和适当服务预期水平。

4)　顾客过去的服务消费经历

顾客的消费经验也是形成顾客服务预期水平的重要的直接因素。一般而言，顾客对某一服务行业或机构的服务情况越了解，以往的服务经历中服务体验较好，就会提升其理想服务和适当服务预期水平；相反，假如顾客缺乏对该项服务的了解或者是以往的服务体验并不如意，则会降低顾客的理想服务和适当服务预期水平。

4. 顾客的容忍区域

不同服务商提供的相同服务，同一服务商提供的不同服务人员服务，甚至相同的服务人员，服务绩效都会存在差异。这是由于服务异质特性造成的。顾客承认并愿意接受该差别的范围称之为"容忍区域"，如图 11-3 所示。

如前所述，那位希望找到一份勤工助学工作的大学生，他对于这份工作的预期是一个容忍区域，在这个区域内，他是可以接受的。假如工作状况超过了他的理想服务水平，他会非常满意甚至产生惊喜；相反，假如工作状况低于适当服务水平，会让他感到失望而拒绝接受这份工作。

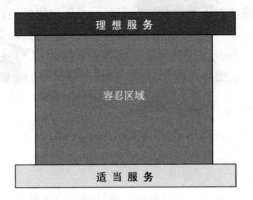

图 11-3 两个服务期望水平和容忍区域

认识和理解顾客的容忍区域，需要关注容忍区域的特点和影响因素：

(1) 同一位顾客的容忍区域在不同环境条件下既可以扩大也可以缩小。 例如一位乘客对于候机安检排队的耐心程度在离登机时间充裕和紧张时会差异巨大。

(2) 不同的顾客具有不同的容忍区域。影响顾客容忍区域的因素十分复杂，例如顾客的文化背景、教育背景、家庭环境、职业类型、性格特征、社会地位、经济状况，等等。

(3) 不同服务维度导致不同容忍区域。一般而言，越重要的服务维度，顾客敏感度越高，容忍区域越窄；相反，不够重要的服务维度，顾客的感知就没那么敏感，而容忍区域会变宽。例如，一位律师向快递公司申请发送一份重要合同给客户，一般情况下，客户对这份快件的安全性更加关注，该顾客对于快递服务安全维度的容忍区域窄而高。而对于速度、价格等服务维度的容忍区域较安全性而言会变宽变低。

(4) 初次服务和服务补救的容忍区域不同。当服务出现失误时，顾客服务预期会发生变化，即服务容忍区域变窄，而且适当服务预期水平会相应提高。例如，一位顾客将汽车交付给汽车 4S 店维修刹车松软毛病，没想到，顾客应约取车时发现自己汽车的问题没有得到解决。这时，顾客对于汽修企业的二次服务的速度、响应性和服务结果等都有较高的最低服务要求。否则，就会产生不满情绪。

11.3 顾客服务质量感知

11.3.1 顾客感知服务质量维度

研究表明，顾客感知服务质量并非是一个单一维度。著名的服务营销研究组合 PZB(Parasuraman，Zeithaml and Berry)创建并发展了服务质量度量模型 SERVQUAL，筛选出顾客感知服务质量的 10 个维度：有形性、可靠性、响应性、服务能力、可接近性、礼仪性、沟通性、可信性、安全性和理解性。

1) 有形性

无形的服务需要有形的服务场景、设施设备、员工仪表等有形要素来加以表现。

2) 可靠性

可靠性是指服务人员要及时、准确地完成第一次服务，如财务数据准确，顾客数据记录准确，在指定时间内办理完毕业务流程，不返工以增加顾客负担等。

3) 响应性

响应性是指客服人员为顾客服务的主动意愿和及时反应性。服务企业员工，尤其是服务一线人员应当具备主动帮助顾客的愿望并能够对顾客所面临的问题给予迅速而有效的解决。对于不能解决或需要时间解决的问题要尽快回复。

4) 服务能力

服务能力是指服务企业为顾客服务所需要的必要技能与知识。这种服务能力包括企业和员工两方面的服务能力。如通信企业，应该具备某些特定先进服务设备、网络运行维护能力，服务人员接待顾客的知识与技能，运营技术支持人员应该具备的知识与技能等。

5) 可接近性

服务能否使顾客方便地获得也是顾客评判服务质量高低的一个重要方面。如营业场所地理位置选择，营业网点密度与均匀度，营业时间长短，节假日是否营业，交通是否便利，停车位充足与否，服务设施是否齐全、方便使用，等等。

6) 礼仪性

服务的礼仪性，是指以感恩的心情对待顾客，礼貌、尊重、友善，仪表整洁，举止得体。

7) 沟通性

服务人员要尽量用通俗的语言表达，避免使用难懂的专业术语，并耐心、认真地倾听顾客的要求和问题。用顾客一听就明白的语言来介绍服务内容、服务费用、服务性价比等，并明确、有针对性地解答顾客的问题。

8) 可信性

可信性是指凭借企业一贯诚信度、严格的服务规范与制度以及服务人员的个人品质特征，均能够以顾客利益为重，获得顾客信任。

9) 安全性

任何顾客在进行消费时，都可能会产生疑虑和风险认知。高水平服务，一定要保证顾客身体、心理上、财务上的安全性，无忧无虑地接受服务。是否具备安全性是顾客进行消费决策极其重要的影响因素。

10) 理解性

要理解不同顾客的不同需求，不能大惊小怪；要了解顾客的特殊需求，要尽量满足；能够认识老顾客，并了解其需求特征等。在符合服务标准前提条件下，尽量为顾客提供人性化、个性化的服务。

后来，PZB 研究组合利用因子分析的方法，将这 10 个维度压缩为 5 个，通常简称为 RATER 维度。这 5 个基本维度及其基本含义如下。

(1) 可靠性(reliability)：准确可靠地执行所承诺服务的能力。

(2) 响应性(responsiveness)：帮助顾客及提供便捷服务的能力。

(3) 保证性(assurance)：服务雇员的知识和谦恭态度，以及能使顾客信任的能力。

(4) 移情性(empathy)：给予顾客的关心和个性化的服务。

(5) 有形性(tangibles)：有形工具、设备、人员和书面材料的外观。

学者们和服务企业经常使用这五个基本维度的 SERVQUAL 量表来测量和监控服务质量(参见表 11-1)。

表 11-1　关于顾客如何评价服务质量五个维度的例子

行 业	可靠性	响应性	保证性	移情性	有形性
汽车修理 (消费者)	第一时间确定问题并按承诺时间完成	可接近、不用等待、对要求做出反应	具有知识丰富的技工	以名字来认识顾客、记住顾客原先的问题及顾客偏好	维修设施、等候区、制服和设备
航空 (消费者)	到达指定地点的航班、按时刻表起飞抵达	迅速快捷的售票系统、空运行李的处理	真实姓名、良好的安全记录、胜任的雇员	理解特殊的个人需要、预测顾客需求	飞机、订票柜台、行李区、制服
医疗 (消费者)	按约定时间会面、诊断准确	可进入、不用等待、愿意倾听	知识、技能、证书和声誉	承认病人的存在、记得以前的问题、良好的倾听能力、耐心	候诊室、检测室、设备和书面材料
建筑 (企业)	按承诺提出方案并控制在预算范围内	回电、能适应变化	资格、声誉、社会上的名气、知识和技能	明白顾客的行业、承认并适应特殊顾客需求、逐渐了解顾客	办公区、报告、计划本身、费用报告及员工着装
信息处理 (内部)	按要求提供所需服务	对要求及时做出反应、杜绝官僚主义、及时处理问题	具有丰富知识的员工、良好的培训、能胜任	将内部顾客以不同个人看待、明白个人及部门的需求	内部报告、办公区及员工着装
网上经纪 (消费者和企业)	提供正确信息，准确执行顾客要求	快速、易进入且无障碍的网站	网站上可信的信息来源、品牌识别、明显的网站资格	根据需要与人配合做出反应的能力	网站、单页、宣传册和其他印刷资料的外观

资料来源：(美)瓦拉瑞尔·A.泽丝曼尔，玛丽·乔·比特纳，德韦恩·D.格兰姆勒.服务营销(原书第 6 版)[M].北京：机械工业出版社，2015：60.

11.3.2 顾客总体感知服务质量模型

美国学者 Brogowicz、Delene 和 Lyth 对顾客感知服务质量模型进行了大量研究，并提出了顾客感知服务质量综合模型(见图 11-4)。这个模型较为全面地揭示了我们前面介绍的顾客评价服务质量的机制和影响因素。

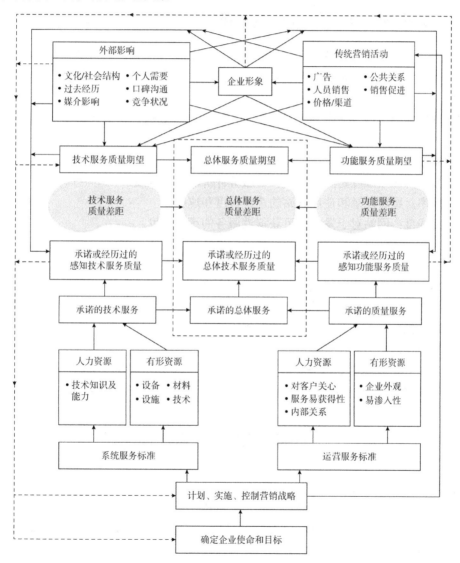

图 11-4 顾客感知服务质量综合模型

[资料来源：(芬兰)克里斯廷·格罗鲁斯.服务管理与营销(第 3 版)[M].北京：电子工业出版社，2009：58.]

在这个模型中，顾客感知服务质量被分成了技术质量差距和功能质量差距，两者汇合形成总体服务质量差距。影响这些差距的顾客经历被分为技术服务组合经历和功能服务组合经历，两者合二为一形成总体服务组合。模型能够清楚地展现这两类服务组合经历对于顾客感知服务质量形成的作用。模型的上部给出了影响顾客预期的要素，底部则列出了影响服务技术质量和功能质量的要素：人力资源和有形资源。

11.3.3 关于感知电子服务质量维度

近年来，随着电子零售业和电子服务的增长，如何界定并评价电子服务质量成为一个新课题。一项名为"关于消费者如何评价电子服务质量的系统研究"为我们识别出感知电子服务质量的 7 项维度，其中 4 项为核心维度。

在此项研究中，电子服务质量被定义为一个网站有效购物、采购和发货的便捷程度。我们认为，在中国电子零售市场，该定义是不够完善的，应该增加产品品类齐全性和产品性价比的维度。具体结果有待进一步研究确定。

该研究中有 4 项维度是围绕网站核心服务评价的核心维度：

(1) 效率：顾客登录和使用网站的难易程度和速度。

(2) 完成度：网站对于发货和可获得性服务的满足程度。

(3) 系统有效性：网站的正常运转。

(4) 保密性：网站安全，保护客户信息的程度。

当顾客在网站购物遭遇问题时，另有 3 项维度是用来评价服务补救的：

(1) 响应性：有效解决问题，恢复网站。

(2) 赔偿性：网站为遇到困难的顾客提供的补偿。

(3) 接触性：电话或在线服务的有效程度。

由此可见，新型的电子服务质量评价与传统服务质量评价维度及内容大不同，其评价标准也有所差异。

本 章 小 结

(1) 服务质量是指服务满足规定或潜在需要的特征和特性的总和。较全面地理解服务质量，应该从理解服务的本质与特性出发，多维度、多视角来认识它。

顾客感知服务质量是由服务生产过程的技术质量(或称为结果质量)与功能质量(或称为过程质量)构成。

● 服务的结果质量：是顾客在服务结束后的所得，表明的是顾客"接受了什么样的服务(What)"。

- 服务过程质量：体现的是顾客是"如何接受服务的(How)"。

(2) 顾客服务质量评价模型：服务质量实质上是顾客感知到的服务质量，我们将感知服务质量界定为顾客对服务预期与实际服务绩效的对比，即实际服务绩效大于服务预期，则顾客感知服务质量良好；如果实际服务绩效不及服务预期，则顾客感知服务质量低下。

(3) 顾客对于服务存在着不同水平的期望，而且顾客的服务预期是一个区域，称之为顾客"容忍区域"。容忍区域的上限称之为"理想服务"，下限称之为"适当服务"。

- 理想服务：顾客预期服务的最高级水平，可以定义为顾客想要得到的服务水平——希望的服务绩效水平。理想服务是顾客认为"可能是"与"应该是"的结合物。

  影响顾客理想服务期望的主要因素有：①顾客需要的差异；②顾客背景、服务理念、价值观念等；③派生服务期望。

- 适当服务：顾客可以接受的服务水平。适当服务代表了最低的可接受的服务预期，同时反映了顾客相信其在服务体验的基础上可得到的服务水平。

影响顾客适当服务期望高低的主要因素有：①暂时性服务强化因素；②服务性质因素；③可感知的服务替代物多少因素；④顾客服务参与和自我感知程度因素；⑤基于环境条件的顾客预测因素。

同时对理想服务和适当服务期望产生影响的因素有：①明确的服务承诺；②含蓄的服务承诺；③企业的服务口碑；④顾客过去的服务消费经历。

(4) PZB 研究组合利用因子分析的方法，得出顾客感知服务质量 5 个基本维度。这 5 个基本维度及其基本含义如下：

- 可靠性(reliability)：准确可靠地执行所承诺服务的能力。
- 响应性(responsiveness)：帮助顾客及提供便捷服务的能力。
- 保证性(assurance)：服务雇员的知识和谦恭态度，以及能使顾客信任的能力。
- 移情性(empathy)：给予顾客的关心和个性化的服务。
- 有形性(tangibles)：有形工具、设备、人员和书面材料的外观。

(5) 顾客感知服务质量综合模型：顾客感知服务质量被分成了技术质量差距和功能质量差距，两者汇合形成总体服务质量差距。影响这些差距的顾客经历被分为技术服务组合经历和功能服务组合经历，两者合二为一形成总体服务组合。模型能够清楚地展现这两类服务组合经历对于顾客感知服务质量形成的作用。模型的上部给出了影响顾客预期的要素，底部则列出了影响服务技术质量和功能质量的要素：人力资源和有形资源。

(6) 电子服务质量是指一个网站有效购物、采购和发货的便捷程度。电子服务质量评价有 4 项维度是围绕网站核心服务评价的核心维度：①效率；②完成度；③系统有效性；④保密性。

当顾客在网站购物遭遇问题时，另有 3 项维度是用来评价服务补救的：①响应性；②赔偿性；③接触性。

案例实训课堂

快捷酒店与传统酒店的软硬件差异

随着酒店行业日渐兴盛，提供可靠的房间住宿以及为顾客提供优质服务已难以形成独特的竞争优势，顾客满意已成为企业竞争的重点。通过对快捷酒店和传统酒店顾客的比较发现，不同类别的顾客对服务的期望和感知存在很大差异。

(1) 整体色彩：简约与华贵。

对于快捷酒店的顾客而言，他们对于酒店的关注度不高，通常干净即可，因此，快捷酒店客房内部整体装饰色彩与外部一致，色彩纯正，无强烈视觉冲击感，搭配力求淡雅简约，符合心理学精神调节原则。快捷酒店装饰整体感强，形成较强归属感，形象装饰利于提升品牌可信度。

传统中高档酒店的顾客期望酒店营造出一种庄重华贵的感觉。这些酒店的顾客对于整体色彩的期望要高于快捷酒店的顾客，这导致中高档酒店在房间装饰上多选用深色调。

(2) 家具陈设。

一般而言，快捷酒店的顾客期望得到便利的服务，这就要求快捷酒店在设计上应精巧，如选用可折叠衣架，不使用时可以收起以节省空间，选用性价比高的小尺寸彩电，屋内桌柜精致小巧，无衣柜及储物间，利用电视柜或置物架下方空间放置行李，不占用屋内活动空间，使用起来贴心方便。床具宽大舒适，被单选用与屋子整体颜色搭配的浅色系。

传统中高档酒店的客户则期望获得高层次的服务。因此，酒店进门设有衣柜和小吧台，方便顾客更衣置物，卫生间设有浴缸等洗浴设施，一般陈设两个沙发于床侧等，力求凸显服务的层次感。

(3) 细节设置。

快捷酒店的顾客对细节的要求并不是很苛刻，通常来说，他们并不期望快捷酒店能够满足他们尽可能多的要求，但是必须满足基本需求。针对这一点，快捷酒店备有洗漱用具、小贴士、茶杯托盘等器皿，插销、宽带端口的位置以方便实用为原则，不以美观为首选。另外，快捷酒店还常将标识绘于小器皿之上，突出酒店的品牌。

传统中高档酒店的顾客期望能够获得尽可能优质的服务。因此，酒店在细节方面需要做得更好，比如需要考虑客人的不同需求，在门口放置开水壶、饮料以供顾客享用，提供小型电器、地区黄页及服务指南满足旅客需求，体现酒店的人文关怀和优质服务理念。

(4) 软件配置。

顾客对酒店服务的优劣认知波动很大，受到很强的主观态度的影响。比如一个酒店的服务质量与另一个酒店的相差无几，但是顾客对于服务的细节不甚满意，便造成了主观评价的极大差异。对于快捷酒店而言，顾客对一些外加服务的期望不是很高，如前台服务、客房服务等，如果快捷酒店为了节约成本而没有设置，顾客也可以接受，这些对顾客来说是需要的，但不是必须存在的。对于传统中高档酒店而言，如果仅有基本的服务不能达到顾客的期望，还必须在此基础上提升服务质量，才能获得顾客的认可。

(5) 收费方式。

服务受众不同，经济状况不同，付费的方式也有差别。快捷酒店经营成本低，入住费多采用预付制，缴纳房费的同时还需支付一定数量的押金，退房结账时如果未消费完再如数退还。传统中高档酒店一般采用记账式消费，所有消费在退房时一并结算。

(资料来源：马征.快捷酒店赢在哪里？——快捷酒店与中档传统酒店之比较[J].

经济与管理.2012，26(6)：66-68.文字有删节、变动)

思考讨论题：

1. 顾客对于酒店服务质量的评价主要来源于哪两个大的维度？
2. 从案例中总结快捷酒店与传统中高档酒店的顾客期望的差异是什么。
3. 为什么说什么档次的酒店就会产生什么水平的顾客预期？

分析要点：

1. 不同顾客定位的酒店就会有相应的服务标准设置，以满足顾客需求。
2. 顾客的服务质量评价来源于顾客服务预期和服务感知的对比。

思　考　题

一、基本概念题

服务质量　理想服务　适当服务　服务结果质量　服务过程质量　电子服务质量

二、思考训练题

1. 理解服务质量，应该包括哪些基本内容？
2. 影响理想服务预期的因素有哪些？影响顾客适当服务预期的因素有哪些？对理想服务和适当服务预期都会产生影响的因素有哪些？
3. 顾客感知服务质量的 5 个基本维度及其内容是什么？
4. 选择你生活中经常光顾或比较了解的一家服务企业，以此为例简要介绍这家企业顾客是如何具体感知服务质量的。
5. 你经常光顾的中国电子商城是哪一家？请根据所学知识，简要总结从哪些维度来评价这家电子商务企业的服务质量。最后总结顾客对电子服务质量与传统服务质量的评价有何差异。

第 12 章　服务质量差距与测量

▦ 【学习要点及目标】

- 重点掌握服务质量差距模型内容；
- 了解服务质量软性测量的主要工具及其内容；
- 了解服务质量硬性测量的含义和常见方法；
- 能够应用 SERVQUAL 评价方法设计测量顾客感知质量量表；
- 能够应用鱼骨图分析发现服务问题及其原因。

▦ 【核心概念】

顾客服务质量差距模型　服务质量软性测量　服务质量硬性测量　SERVQUAL 评价方法　鱼骨图法

▦ 【引导情景案例】

问题究竟出在哪里

吴真是一家连锁酒店的客服经理。前几天他的助理小孙向他汇报：公司秘密聘请的神秘顾客向客服部反馈：某一分店出现服务质量不达标的问题，而且问题不是偶然性的，较为普遍。现在，刚刚出差回到公司的吴真就急匆匆地找来神秘顾客反馈的汇总材料，开始认真研读起来。

神秘顾客反馈的服务问题看起来都是细节问题，但是涉及的服务人员并非是个别人。这些服务人员的服务行为与服务标准要求普遍存在差距，而且大部分服务人员精神面貌差、工作缺乏主动性和积极性。主要的问题表现在：一线服务人员的面部表情僵化，敷衍式的微笑缺少亲切感和真实感；对于顾客咨询问题的解释过于简单，而且缺乏热情。一些与顾客相遇的二线服务人员不主动向顾客问候，有问候行为的，言语毫无感情，等等。而所有这些问题公司都有详尽的服务标准，而且每一个新员工入职都会接受严格、全面的入职培训，最后还要进行培训考试，合格者方能上岗。

吴真看完这些反馈材料，坐在办公桌后陷入了沉思：问题究竟出在哪里？直接原因和深层的原因是什么？当务之急应该如何从根本上解决这些问题呢？

最后，他决定第二天就赶赴这家分店进行实地调研，并分别召开管理人员和部分服务人员的座谈会，以便找出问题的根源是什么。现在，他还有很多准备工作要做，于是他拿起电话准备通知他的助理小孙过来，交代一下接下来的调研工作的安排问题。

思考：你觉得服务人员的服务行为不达标，工作缺少热情和动力的可能原因是什么？

这一章将主要介绍服务质量差距模型和服务质量测度方法这两部分内容。服务质量差距模型是研究服务的一种结构化的综合方法，它有效揭示了服务质量管理中的基本概念、差距产生的环节与原因，以及服务差距应对策略。服务质量测度是监控服务质量的基本工具，其具体方法是依据顾客服务质量评价模型和服务质量差距模型以及顾客感知服务质量维度理论，结合具体服务机构实际情况制定量表，在顾客群体中进行测度服务机构的服务质量水平。

12.1　服务质量差距模型

12.1.1　服务质量差距模型的提出

Zeithaml 和 Berry 等学者经研究提出了一个著名模型，即服务质量差距分析模型。该模型提出后得到普遍认同和广泛应用，它清楚地揭示出服务质量问题产生的环节和原因并帮助服务管理者了解应该如何改进服务质量(如图 12-1 所示)。

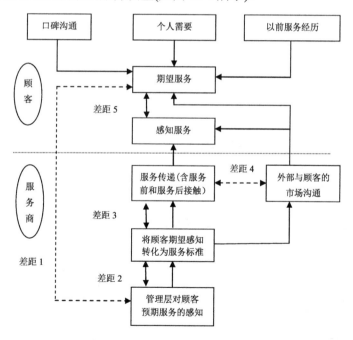

图 12-1　服务质量差距分析模型

(资料来源：Parasuraman, A., Zeithaml, V.A. and Berry, L.L..SERVQUAL: a multi-item scale for measuring consumer perceptions of service quality. Journal of Retailing, 1988, 64(1): 36.)

关于这个模型形式与内容说明如下。

(1) 该模型清晰地说明了服务质量是如何产生的。顾客基于期望服务和感知服务的对比得出服务质量的主观评价及其差距。模型上半部分介绍顾客因素，下半部分则与服务提供者相关。

(2) 该模型显示，顾客服务预期是顾客以前服务经历、个人需要和口碑沟通的函数。同时市场沟通活动对顾客服务质量的感知和期望均会产生影响。

(3) 该模型还说明了服务质量计划和分析工作的基本程序和步骤。

12.1.2　供应商感知差距(差距 1)

1. 差距 1 的含义

差距 1 即供应商感知差距，其含义是管理者对顾客期望服务在理解上存在偏差。

2. 差距 1 产生的主要原因

(1) 企业市场调研和需求分析信息不准确。

(2) 对顾客期望的解释不正确。

(3) 未进行需求分析。

(4) 上传高层的顾客信息不准确或被扭曲。

(5) 管理层次过多阻塞信息流动或改变了信息真实性，尤其那些从顾客直接接触者流向管理层的信息。

3. 消除差距 1 的主要思路与措施

(1) 建立企业市场需求和调研部门或机制。

(2) 建立或改进内部沟通机制，检查信息传导性能。

(3) 形成管理者直接接触顾客的工作机制。

12.1.3　服务质量标准差距(差距 2)

1. 差距 2 的含义

差距 2 即服务质量标准差距，其含义是企业制定的服务标准与管理层所认识到的顾客服务期望不一致，有差距。

2. 差距 2 产生的主要原因

(1) 服务计划失误或计划程序有误。

(2) 计划管理水平低下，服务标准制定者水平低。

(3) 组织目标不明确。

(4) 服务计划制订与实施缺少高层管理者的支持。

(5) 管理层次过多阻塞信息流动或改变了信息真实性，尤其那些从顾客直接接触者流向管理层的信息。

3. 消除差距 2 的主要思路与措施

(1) 提升服务标准制订的计划部门工作水平。

(2) 建立服务标准建立协调机制，吸收标准制定者、管理者和一线员工共同参与。

(3) 重新审视管理者对顾客预期的理解正确度。

12.1.4　服务传递差距(差距 3)

1. 差距 3 的含义

差距 3 即服务传递差距，其含义是企业的服务过程与服务传递没有按照企业服务标准来进行。

2. 差距 3 产生的主要原因

(1) 服务人员未接受标准，拒不执行这些标准。

(2) 服务质量标准与企业文化不相容。

(3) 服务运营管理水平低下。

(4) 服务企业缺乏有效的内部营销。

(5) 服务技术和服务系统无法达到标准要求。

3. 消除差距 3 的主要思路与措施

(1) 检查服务标准制定是否与企业激励与监督政策等在内的企业文化的一致性。

(2) 提升企业运营管理水平，加强员工服务培训的强度和力度。

(3) 检查并改进企业服务支撑技术和服务系统。

12.1.5　市场沟通差距(差距 4)

1. 差距 4 的含义

差距 4 即市场沟通差距，是指企业在其产品或服务的市场宣传中所做出的明确或隐含的承诺与企业实际提供的服务不一致。

2. 差距 4 产生的主要原因

(1) 企业市场宣传沟通计划与服务运营实际不一致。

(2) 企业外部市场沟通计划与运营部门缺乏协调与沟通。

(3) 企业没有执行市场沟通中宣传的服务质量标准和规范。

(4) 过度服务承诺。

3. 消除差距 4 的主要思路与措施

(1) 建立服务运营、传递和外部市场相互沟通的企业协调机制。

(2) 改善市场沟通质量。

12.1.6 顾客感知服务质量差距(差距 5)

1. 差距 5 的含义

差距 5 即顾客感知服务质量差距，也可以称为顾客差距，是顾客感知或实际经历的服务质量与其期望的有所差距。

2. 差距 5 产生的主要原因

(1) 顾客实际接受的服务质量低于期望的服务质量。

(2) 企业出现服务失误。

(3) 企业或部门形象差。

(4) 较差的口碑。

(5) 服务失败。

3. 消除差距 5 的主要思路与措施

差距 5 是顾客自身服务体验与服务期望之间的差距。差距 1～差距 4 都可能成为导致差距 5 的原因，服务企业可以通过缩小或弥合差距 1、2、3、4，同时有效管理和控制顾客预期来缩小、消除差距 5。

学者们和服务商经常利用服务质量差距分析模型来诊断和测量服务质量现状。在此，我们提供一个简明的差距评价表，仅供读者参考使用(参见表 12-1)。

表 12-1 服务质量差距模型评价表(示例)

说明： 以下列出的所有差距因素，根据组织在该因素上的表现进行打分。用 1～10 分表示从"差"到"优秀"	
顾客差距	
1.企业理解顾客服务预期的程度如何？	1 2 3 4 5 6 7 8 9 10
2.企业理解顾客服务感知的程度如何？	1 2 3 4 5 6 7 8 9 10
供应商差距 1：感知差距	
1.市场定位研究 ♂为了解顾客期望，是否进行了足够数量和类型的市场研究？	1 2 3 4 5 6 7 8 9 10
♂企业是否依此信息作为提供服务的决策？	1 2 3 4 5 6 7 8 9 10

续表

2.向上的沟通	
♂ 为了解顾客期望，管理层是否与顾客进行了足够的沟通？	1　2　3　4　5　6　7　8　9　10
♂ 接触人员是否将顾客预期告知管理层？	1　2　3　4　5　6　7　8　9　10
3.以关系为中心	
♂ 企业对不同细分市场的顾客期望了解多少？	1　2　3　4　5　6　7　8　9　10
♂ 企业关注顾客关系而非交易的程度如何？	1　2　3　4　5　6　7　8　9　10
4.服务补救	
♂ 组织进行服务补救的有效程度如何？	1　2　3　4　5　6　7　8　9　10
♂ 组织对服务失败的计划情况如何？	1　2　3　4　5　6　7　8　9　10
合计　供应商差距 1 得分	
供应商差距 2：服务质量标准差距	
5.系统服务设计	
♂ 企业服务开发过程的有效程度如何？	1　2　3　4　5　6　7　8　9　10
♂ 被顾客和员工定义为新服务的情况如何？	1　2　3　4　5　6　7　8　9　10
6.顾客定义的标准	
♂ 企业服务标准的有效程度如何？	1　2　3　4　5　6　7　8　9　10
♂ 标准是否按照顾客期望设定？	1　2　3　4　5　6　7　8　9　10
♂ 制定并实现服务质量目标过程的有效程度如何？	1　2　3　4　5　6　7　8　9　10
7.适当的有形展示与服务场景	
♂ 企业的设施、设备及其他有形物对提供服务的适用性如何？	1　2　3　4　5　6　7　8　9　10
♂ 企业的设施、设备及其他有形物的吸引力和有效程度如何？	1　2　3　4　5　6　7　8　9　10
合计　供应商差距 2 得分	
供应商差距 3：服务传递差距	
8.有效的人力资源政策	
♂ 企业招聘、雇用、培训、奖惩以及授权员工的有效程度如何？	1　2　3　4　5　6　7　8　9　10
♂ 在员工、小组、单元以及部门之间能保证服务质量传递的一致性吗？	1　2　3　4　5　6　7　8　9　10
9.有效的顾客角色实现	
♂ 顾客理解自己的角色和责任吗？	1　2　3　4　5　6　7　8　9　10
♂ 公司是否能够引导顾客实现自己角色，尤其是问题顾客？	1　2　3　4　5　6　7　8　9　10
10.有效的服务中间商合作	
♂ 服务中间商与企业的合作情况如何？	1　2　3　4　5　6　7　8　9　10
♂ 是否存在着目标与绩效、成本与奖金的冲突？	1　2　3　4　5　6　7　8　9　10
♂ 在所有店面中服务质量传递是否一致？	1　2　3　4　5　6　7　8　9　10

续表

11.供给与需求的联合	
⚲企业匹配供给与需求波动的能力如何?	1 2 3 4 5 6 7 8 9 10
合计　供应商差距 3 得分	

供应商差距 4：市场沟通差距

12.整合的服务营销沟通	
⚲标志着服务质量信息与水平的企业内所有的沟通情况如何(包括企业员工与顾客的沟通)?	1 2 3 4 5 6 7 8 9 10
⚲企业向顾客沟通介绍提供物的情况如何?	1 2 3 4 5 6 7 8 9 10
⚲企业是否避免过度承诺和过度销售?	1 2 3 4 5 6 7 8 9 10
⚲为保证服务质量承诺，组织不同部门间的沟通情况如何?	1 2 3 4 5 6 7 8 9 10
13.定价	
⚲企业是否因定价过高导致顾客期望提升?	1 2 3 4 5 6 7 8 9 10
⚲企业的定价是否与顾客的期望价值相符?	1 2 3 4 5 6 7 8 9 10
合计　供应商差距 4 得分	

资料来源：(美)瓦拉瑞尔·A.泽丝曼尔，玛丽·乔·比特纳，德韦恩·D.格兰姆勒.服务营销(原书第 6 版)[M].北京：机械工业出版社，2015：30-31.

12.2　服务质量测度

管理界都知道这样的常识："没有测量就没有管理"。没有服务质量测量，服务管理者就无法确认是否存在服务质量差距，更不知道是哪些差距、存在于何处、原因是什么，以及应该采取哪些纠正措施。

在此定义的服务质量测度，主要是指服务质量标准和测量方法。服务质量测度可以划分为两大类：软性测量和硬性测量。服务优良的企业或机构会同时采用这两类服务质量测量方法。

12.2.1　服务质量软性测量

所谓软性测量，不是简单地观察，而是必须通过与顾客、员工或其他人员交谈才能收集到服务质量相关信息。泽丝曼尔和玛丽·比特纳等学者认为，软性标准为员工提供了达到顾客满意的方向、指导和反馈，通过测量顾客感知与信念对软性标准进行量化。

严格来说，软性测量既需要顾客的反馈，也需要员工的意见。在此主要介绍对顾客反馈的软性测量方法。

1. 顾客反馈系统关键目标设定

服务企业需要使用多种方法建立一个有效的制度化顾客反馈系统以对顾客反馈信息进行系统的收集、分析以及发布，从而实现顾客驱动式的内部学习和服务质量改进。

一个有效的顾客反馈系统的具体目标，通常包括创建顾客导向服务文化、顾客驱动式学习提升和对标服务质量和服务绩效。

1) 评估并对标服务质量和服务绩效

这个目标是回答"我们的顾客满意度有多高？"这一问题。该目标的具体内容包括：

(1) 了解与竞争者相比，企业的服务绩效水平如何。

(2) 与上一年度(季度或月度)相比企业绩效又如何。

(3) 是否在服务某一方面的投资得到了顾客满意度方面的回报。

(4) 企业的下一步走向等。

许多优秀的服务企业还在某些服务维度上与其他行业的标杆性企业对标，以取得理想效果。如必胜客对标联邦快递的包裹准时送达，宜家对标军队出色的协同和后勤管理等。

2) 顾客驱动式学习与提升

这个目标主要围绕回答"什么使顾客高兴或不高兴？"以及"什么优势是我们需要巩固的？什么劣势是我们需要改进的？"等问题。这些问题信息的收集有利于企业提升服务质量，并发现较高服务投资回报的领域。

3) 创建顾客导向服务文化

该目标的设置使服务组织聚焦于顾客需求和顾客满意度，以形成良好的服务质量文化。

2. 顾客反馈信息主要收集工具

1) 全面市场调研、年度调研和交易调研

全面市场调研和年度调研常用来测量主要顾客对服务流程和产品的满意度，其目标是获得整个公司的全面服务满意度的总体指数或指标。

交易调研也被称为拦截调查，通常是在顾客完成某次具体交易后进行的。拦截调查一般随机进行。

2) 服务反馈卡

服务反馈卡是一种便捷而有效的工具。通常形式是在完成每一次主要的服务流程后提供给顾客一张反馈卡(或者在线弹出页面、电子邮件、手机短信等新形式)，顾客完成后交回顾客反馈中心。

3) 神秘购物

服务提供商通常使用"神秘购物"来确定一线员工是否展现了企业所希望的服务行为。银行、零售业、餐饮业以及酒店业常常是神秘购物者的积极使用者。

4) 顾客主动反馈

顾客的投诉、赞美和建议可以转化成能够用于帮助监控质量、突出服务设计和传递所需改进的信息流。这些信息应该被过滤到中心收集点，进行汇编、整理、分析。

5) 焦点小组讨论和服务评论

通常情况下，焦点小组是根据关键顾客细分市场或使用者群体就设定的某项服务或某一服务维度组织讨论，以发掘使用者的需求。

服务评论的形式一般是一对一深度访谈，通常是对公司最有价值的顾客一年采访一次。在信息技术发达的今天，借助于大数据，服务机构筛选价值顾客变得越来越容易。

以上多种顾客反馈信息收集工具各有利弊，在使用上注意其差别(参见表 12-2)。

表 12-2　关键顾客反馈系统收集工具的利弊

收集工具	测量水平				服务			
	公司	流程	交易具体性	可操作性	代表性可靠性	补救的可能性	直接学习	成本有效性
全面市场调研(包括竞争者)	●	○	○	○	●	○	○	○
全面满意度年度调研	●	⊙	○	○	●	○	○	○
交易调研	●	●	⊙	⊙	●	○	○	○
服务反馈卡	⊙	●	●	⊙	⊙	●	⊙	●
神秘购物	○	⊙	●	●	○	○	●	⊙
主动反馈(如投诉)	○	⊙	●	●	○	●	⊙	●
焦点小组讨论	○	⊙	●	●	○	⊙	●	⊙
服务评论	○	⊙	●	●	○	●	●	⊙

注：●表示完全满足要求；⊙表示基本满足要求；○表示几乎/完全不能满足要求。

资料来源：Adapted from Jochen Wirtz and Monica Tomlin, "Institutionalizing Customer-driven Learning through Fully Integrated Customer Feedback Systems." Managing Service Quality, 10(no.4, 2000)210. Copyrightc2000 MCB UP Ltd. Used with permission from Emerald Publishing Group.

12.2.2　服务质量硬性测量

服务质量的硬性测量通常指的是关于运营流程或结果的测量，主要包括正常运营时间、服务反应时间、服务失误率以及传递成本等指标。

不同的服务企业可能会创制自己的服务质量指数用以监控并不断提升服务质量。例如联邦快递就开发出服务质量指数(SQI)(见表 12-3)，成效显著。联邦快递的服务质量指数测量每天发生的可能引起顾客不满意的 12 种活动。该指数由每次事件发生的次数乘以权重，权重反映该事件对于顾客的严重程度。联邦快递公司还成立 12 个质量行动小组，每个小组负责服务质量指数的一个组成部分。

表 12-3 联邦快递服务质量指数(SQI)的构成

服务失误的类型	权重因素×事件发生次数=每天的得分
递交延误——日期正确	1
递交延误——日期错误	5
未回复追踪请求	1
重新投诉	5
遗失递送的证明材料	1
发票修正	1
错过取件	10
丢失包裹	10
包裹损坏	10
航班延误(分钟)	5
超载(包裹丢失了标签)	5
放弃致电垂询	1
服务失误总分(SQI)	×××，×××

资料来源：(美)克里斯托弗·洛夫洛克，约亨·沃茨.服务营销(原书第 7 版·全球版)[M].北京：机械工业出版社，2016： 349.

还有一些其他有效的硬性测量方法，如控制图等。控制图是一种对照服务标准进行硬性测量以反映长时间内服务表现的简单方法，非常有效。如航空公司用控制图来监测航班起飞延迟情况分布，装修公司使用控制图来监控装修工期进度情况等。

12.2.3 SERVQUAL 评价法

研究组合 PZB 根据顾客感知服务质量的五个维度，设计了包含有 22 个问题的调查表，学者们称为 SERVQUAL 评价方法。该方法完全建立在顾客感知的基础上，首先度量顾客服务预期，然后度量顾客对服务的感知，由此计算出两者之间的差异，作为判断服务质量水平的依据(见表 12-4)。

需要说明的是，该表应用于不同行业时，服务质量的五个维度可能会发生变化而进行微调。在不同服务行业，五个维度的权重也是不尽相同的。

表 12-4　SERVQUAL 量表(示例)

要素	组成项目	顾客预期	服务感知
有形性	1.有现代化的服务设施	1 2 3 4 5 6 7	1 2 3 4 5 6 7
	2.服务设施具有吸引力	1 2 3 4 5 6 7	1 2 3 4 5 6 7
	3.员工有整洁的服装和外表	1 2 3 4 5 6 7	1 2 3 4 5 6 7
	4.公司的设施与他们所提供的服务相匹配	1 2 3 4 5 6 7	1 2 3 4 5 6 7
可靠性	5.公司向顾客承诺的事情都能及时地完成	1 2 3 4 5 6 7	1 2 3 4 5 6 7
	6.顾客遇到困难时，能表现出关心并提供帮助	1 2 3 4 5 6 7	1 2 3 4 5 6 7
	7.公司是可靠的	1 2 3 4 5 6 7	1 2 3 4 5 6 7
	8.能准时地提供所承诺的服务	1 2 3 4 5 6 7	1 2 3 4 5 6 7
	9.正确记录相关的服务	1 2 3 4 5 6 7	1 2 3 4 5 6 7
响应性	10.不能指望他们告诉顾客提供服务的准确时间※	1 2 3 4 5 6 7	1 2 3 4 5 6 7
	11.期望他们提供及时的服务是不现实的※	1 2 3 4 5 6 7	1 2 3 4 5 6 7
	12.员工并不总是愿意帮助顾客※	1 2 3 4 5 6 7	1 2 3 4 5 6 7
	13.员工因为太忙以至于无法立即提供服务，满足顾客的需求※	1 2 3 4 5 6 7	1 2 3 4 5 6 7
保证性	14.员工是值得信赖的	1 2 3 4 5 6 7	1 2 3 4 5 6 7
	15.在从事交易时顾客会感到放心	1 2 3 4 5 6 7	1 2 3 4 5 6 7
	16.员工是有礼貌的	1 2 3 4 5 6 7	1 2 3 4 5 6 7
	17.员工可从公司得到适当的支持，以提供更好的服务	1 2 3 4 5 6 7	1 2 3 4 5 6 7
移情性	18.公司不会针对不同的顾客提供个别的服务※	1 2 3 4 5 6 7	1 2 3 4 5 6 7
	19.员工不会给予顾客个别的照顾※	1 2 3 4 5 6 7	1 2 3 4 5 6 7
	20.不能期望员工了解顾客的需求※	1 2 3 4 5 6 7	1 2 3 4 5 6 7
	21.公司没有优先考虑顾客的利益※	1 2 3 4 5 6 7	1 2 3 4 5 6 7
	22.公司提供的服务时间不能符合所有顾客的需求※	1 2 3 4 5 6 7	1 2 3 4 5 6 7

注：1. 问卷采用 7 分制，7 表示完全同意，1 表示完全不同意。中间分数表示不同的程度。问卷中的问题随机排列。

　　2. ※表示对这些问题的评分是反向的，在数据分析前应转为正向得分。

12.2.4　服务问题及原因分析法

关于寻求服务问题及其原因的方法多种多样。在此，我们向大家介绍简捷有效，且应用普遍的一种方法——鱼骨图。

鱼骨图又称因果图，是日本质量专家石川馨的发明。这种方法最早在制造业内被广泛采用，近些年来被普遍用于服务业。因果图顾名思义，是用来分析说明导致某一特殊结果或效果的原因的一种外形类似鱼骨架的图形。

鱼骨图分析法具体的操作步骤如下：

(1) 首先组成几个小组，成员包含管理者、员工，也可以外请专家参与。

(2) 确定服务问题，就其产生原因进行头脑风暴。

(3) 将所获得的问题原因因素归为设备、人力、物资、流程或其他类中的一类(不同企业原因归类有所不同，不必拘泥原方法)。

(4) 最后将这些因素显示在因果图上。

这就完成了服务质量问题原因的分析，其结果一目了然。这也是该方法被广泛应用的根本原因。

如图 12-2 所示是以一家餐馆为例来说明顾客不满意的因素及其分布：先归类大的原因产生维度，然后层层细分、深挖具体原因；当确认了顾客不满的原因后，就有必要衡量每个原因的影响程度，常常采用帕累托分析等相关量化工具进一步分析，最后提出改进策略和措施。

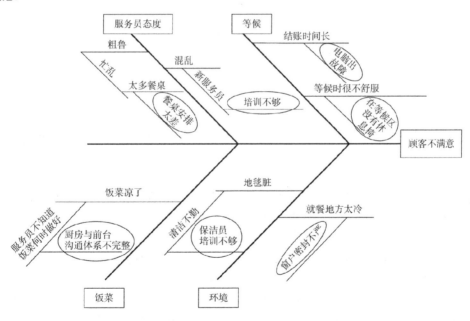

图 12-2　某餐厅顾客不满意鱼骨图示例

(资料来源：马克·戴维斯，贾内尔·海内克.服务管理——利用技术创造价值[M].

北京：人民邮电出版社，2006：312)

除此之外，在服务质量问题分析中还常常使用到帕累托图。帕累托图是将所收集的数据进行分类、整理，然后按照各分类项的出现频率(或所占比例)从大到小依次排列，再在图中加上一条累计百分比曲线，使人清晰地看出分类项合计值的变化。帕累托图可以帮助服务管理者确定行动的优先顺序，关注那些出现频率最高的服务变量。因为帕累托方法使用较为普遍，也比较简单，在此不再具体介绍。

本 章 小 结

(1) 服务质量差距分析模型。它清楚地揭示出服务质量问题产生的环节和原因并帮助服务管理者了解应该如何改进服务质量。在该模型中，提出了 5 个服务质量差距：1 个顾客差距和 4 个服务商内部差距。

- 差距 1 即供应商感知差距，其含义是管理者对顾客期望服务在理解上存在偏差。
- 差距 2 即服务质量标准差距，其含义是企业制定的服务标准与管理层所认识到的顾客服务期望不一致，有差距。
- 差距 3 即服务传递差距，其含义是企业的服务过程与服务传递没有按照企业服务标准来进行。
- 差距 4 即市场沟通差距，是指企业在其产品或服务的市场宣传中所做出的明确或隐含的承诺与企业实际提供的服务不一致。
- 差距 5 即顾客感知服务质量差距，也可以称为顾客差距，是顾客感知或实际经历的服务质量与其期望的有所差距。

差距 5 是顾客自身服务体验与服务期望之间的差距。差距 1～差距 4 都可能成为导致差距 5 的原因，服务企业可以通过缩小或弥合差距 1、2、3、4，同时有效管理和控制顾客预期来缩小、消除差距 5。

(2) 服务质量软性测量，不是简单地观察，而是必须通过与顾客、员工或其他人员交谈才能收集到服务质量相关信息。主要方法有：①全面市场调研、年度调研和交易调研；②服务反馈卡；③神秘购物；④顾客主动反馈；⑤焦点小组讨论和服务评论等。

(3) 服务质量的硬性测量通常指的是关于运营流程或结果的测量，主要包括正常运营时间、服务反应时间、服务失误率以及传递成本等指标。主要方法有编制服务质量指数、运行控制图等。

(4) SERVQUAL 评价方法。该方法完全建立在顾客感知的基础上，首先度量顾客服务预期，然后度量顾客对服务的感知，由此计算出两者之间的差异，作为判断服务质量水平的依据。量表一级维度为：有形性、保证性、可靠性、响应性和移情性。

(5) 鱼骨图又称因果图，是日本质量专家石川馨的发明。这种方法最早在制造业内被广泛采用，近些年来被普遍用于服务业。因果图顾名思义，是用来分析说明导致某一特殊结果或效果的原因的一种外形类似鱼骨架的图形。

案例实训课堂

芬兰艺术与设计博物馆的服务差距调查

艺术与设计博物馆是位于芬兰赫尔辛基市中心的一家私人博物馆。它建于 19 世纪，是一座漂亮的三层小楼，曾经是一家学校。它擅长于设计和工艺，该博物馆成立于 20 世纪初，其最初的目的在于向大众推广有关设计的知识。20 世纪 50 年代，芬兰式设计大行其道，博物馆聚焦在芬兰式设计上。然而，近来博物馆变得更加注重外部视野，并经常组织国际展览。

该博物馆生产自己的展品，也邀请芬兰及国外其他博物馆的展品参展，它每年力争展出 3～4 个拳头产品，另外也为一些小的展品和自己的私人收藏提供一些空间。博物馆有一个私人的咖啡厅和隶属于博物馆基金会的礼品店。博物馆的顾客包括专业设计人员和施工人员，典型的参观者是中年妇女，但随着博物馆日益增强的文化重点，它也吸引了范围更广阔的参观者。

博物馆由其基金会私人拥有，但是它预算的 60% 来自于政府资金，预算 40% 来自于经营收入。博物馆还有一个被称为"博物馆朋友"的紧密的社会关系网，它们为博物馆购买私人收藏品提供资金。博物馆的主要竞争来自于专业博物馆、设计论坛、设计博物馆大学和芬兰国家博物馆。

1. 步行穿越调查(WtA)

对该博物馆的步行穿越调查由赫尔辛基经济与管理学院的 MBA 学生们进行。步行穿越调查是从顾客体验的角度评价服务的问卷调查。同样的调查用于管理者和工作人员，其目的是为了发现管理者和顾客之间在感知上的差距。步行穿越调查是一种用于发现在服务传递过程中顾客感知上差异的诊断工具。

测试团队访问了博物馆 4 名工作人员，然后准备出了一份提供给参观者填写的问卷。32 位参观者回答了问卷。博物馆的管理者和与参观者接触的工作人员(初级导游)也填写了问卷，在回答问题时他们将自己看作是参观者。测试团队对结果进行了统计分析，发现了博物馆工作人员(博物馆的管理者和与参观者接触的工作人员)对服务的感知和顾客感知之间的差距。

2. 差距分析

根据问卷调查的情况，测试团队将博物馆工作人员和顾客感知上的差距分为数类。差距涉及参观者如何得知展出、信息和体验；参观者是否单独前来；以及辅助设施等。

(1) 对展览的了解。参观者主要是从报纸上得到有关展品的信息，也有的是从口头得到。然而管理者原认为报纸对参观者得到信息起的作用较小，但是他们对杂志影响的认识是正确的。管理者将口头消息和无线电广播的重要性高估了。

(2) 信息。两种有关信息的差距也被发现了。第一个差距与博物馆管理者以及服务接触人员有关，他们相信参观者对自身的服务非常了解，他们认为自己是顾客容易获得的信息源。然而参观者并不这样认为。这个差距的存在可能是由于与顾客接触的管理者没有感知到顾客发现问题并需要和他们交流。

关于第二个差距，管理者在清晰度的评价、信息的准确性和展品的解释上更加严格，而顾客在这些方面更积极。参观者似乎对自助设备没有什么兴趣(如耳机)，而博物馆的工作人员则认为拥有这些设备是必要的。他们可能认为参观者更偏爱人性化的接触。

(3) 体验。顾客体验多维的展览，如音乐，然而管理者低估了顾客注意和欣赏这些维度的程度。与顾客接触的工作人员比管理者更加能够接触到顾客关于展览间隔的看法。无论是参观者，还是博物馆工作人员，都对试验新的具有更多交互作用和演示过程的体验不以为然，如那些包含感觉的体验。可能这是由于对这些类型的交互作用还不熟悉。

(4) 参观者习惯。博物馆工作人员认为参观者是独自前来，实际上并非如此，大量的参观者是两人或三人结伴而来。他们在参观者对展览品兴趣上的感知也与实际有所差异，尽管管理者认为参观者会参观所有的展品，但是实际上只有 38%的人这样做，其他的参观者一般只到主要展品之一去参观，并不在其他展品上花费时间。不变的展品吸引的顾客数目最小(只有13%，并且包括3名外国游客)。不难总结出每一件展品吸引着不同的参观者。

(5) 设施。参观者对设施的看法比博物馆的管理者和工作人员更加满意，特别是对食品的质量、可选择的礼品、指示服务、休息室的整洁程度尤其满意。可能顾客对这些的期望并没有管理者和工作人员认为得那样高。

(6) 语言。从博物馆的管理者和与顾客接触的工作人员所获取的信息看来，大部分的顾客是芬兰和瑞典人。在对32位参观者的调查中发现，只有三个人不讲当地语言，因此大部分人不认为语言是一个问题。但是在夏季的旅游季节，博物馆将面对更多的参观者，这时可能会发现只提供芬兰语和瑞典语颇有局限性。

(资料来源：(美)詹姆斯·A.菲茨西蒙斯，莫娜·J.菲茨西蒙斯.服务管理：运作、战略与信息技术[M]. 北京：机械工业出版社，2007：135-136.文字有个别变动。)

思考讨论题：

1. 阅读案例，结合服务质量差距模型分析该调查发现的这些差距分别归属于哪类差距。
2. 简要总结这次调查得到的各种差距及其主要原因。
3. 请提出你对于缩小这些差距的措施建议。

分析要点：

1. 步行穿越调查是评估顾客和管理者对服务传递系统感知上差距的一种有效诊断工具。
2. 调查的关键在于确定调查内容的基本维度和量表的设计。

思 考 题

一、基本概念题

顾客感知服务质量差距　供应商感知差距　服务质量标准差距　服务传递差距　市场沟通差距　服务质量软性测量　服务质量硬性测量

二、思考训练题

1. 服务质量差距模型中，顾客差距取决于哪两个基本维度？

2. 服务质量差距模型中差距 5 与差距 1、2、3、4 之间的关系是什么？

3. 常见的服务质量软性测量方法有哪些？

4. 就你个人实习或调研过的服务企业，使用 SERVQUAL 方法设计一个简要量表。

5. 简述鱼骨图的建立步骤。

第13章　服务补救管理

■■■【学习要点及目标】

- 了解服务失误、服务抱怨和服务补救概念;
- 掌握服务补救的基本原则、程序步骤、基本措施以及补救方式与方法;
- 掌握服务质量管理规划系统构成和服务质量管理基本准则。

■■■【核心概念】

服务失误　顾客抱怨　服务补救　服务悖论

■■■【引导情景案例】

愤然离去的顾客

章先生一家原来一直选择×通快递公司作为快递物品的服务商。可是,从去年春节前的一次服务纠纷后,章先生一家彻底弃它而去。

每年春节前,章先生按照惯例会选购一些福建漳州水仙花种球,并通过气温、水分等条件控制使其恰好在春节期间开放,给自家的房间、客厅带来生机,给全家人带来时刻的喜悦。

去年春节前,章先生特意多买了一些水仙花种球,留下自己的一份,把其余的水仙花种球通过×通公司快递给了在同城居住的自己大学时期的老师——苏老师。

没想到的是,这份满含心意的水仙花快递包裹,直到今年的今天,苏老师还没有收到。事情的经过大致如下:

在快递寄出一星期后,章先生通过网络使用快递单号查询快递物流情况,发现对方已经本人签收。可是经电话核实,苏老师根本没有收到这些水仙花种球。章先生十分生气,按照以往经验,同城快递一般会在两日内收到。他决定投诉,接线投诉电话的客服倒是客气,并向他解释说是因为春节期间邮件太多,而一部分快递员已经回外地老家过春节而导致邮件延缓,请求原谅。章先生听了客服的解释,也觉得合理,又是春节这个特定时期,就平息了不满情绪。又等了三天,快递还是没有收到。章先生再次联系×通快递公司客服,得到的答复是快递包裹丢失了,正在寻找。又过去了一周,已经是除夕之日,快递公司的答复是还在寻找。章先生已经出离愤怒了,也彻底放弃了查询与投诉。

这家公司在两个月后的一天,要求章先生提供网上购买水仙花种球花费金额的截图,然后表示要给予章先生相同金额的赔款。章先生没有提出任何异议，因为他已经决定永远不会再使用这家快递公司的服务了。

思考： 一家公司在出现服务失误后，就一定会失去顾客吗？

本章将主要介绍顾客抱怨、服务补救，以及服务管理总体原则等内容。服务补救作为服务流程中不可缺少的内容，对顾客感知服务质量影响极大，尤其是在服务出现失误时。服务补救质量如何直接决定了顾客的满意度和忠诚度，高质量的服务补救是由一个服务补救系统来完成的。

本章最后介绍了服务企业进行服务管理和质量控制的一些基本原则，以作为全书的小结。

13.1　顾 客 抱 怨

13.1.1　顾客抱怨的产生

所有服务企业或机构的服务管理原则都会要求：服务人员一次就把事情做对。但遗憾的是，无论多么卓越的服务商，总会在服务过程中出现失误。当出现服务失误后，顾客就会产生不满情绪，有少部分顾客会提出抱怨，而大部分顾客会选择沉默。

一项有关顾客抱怨的研究表明：

(1)　通常情况下，在对服务不满意的顾客中，平均只有 5%～10%的顾客会真正投诉。

(2)　小比例的抱怨顾客比占多数的不抱怨顾客更有可能继续消费。

(3)　如果问题得到解决，那些抱怨顾客中将有 60%会继续购买。如果能够得到快速解决，这一比例可上升到 95%。

(4)　不满意的顾客会把他们的经历告诉 10～20 人；抱怨被解决的顾客会向 5 个人讲述其经历。

13.1.2　服务失误后的顾客反应

顾客面对服务失误，可能会从以下三种行动中选择其一：①采取某种形式的公开行动；②采取某种形式的私人行为；③不采取任何行动。其行为模型如图 13-1 所示。

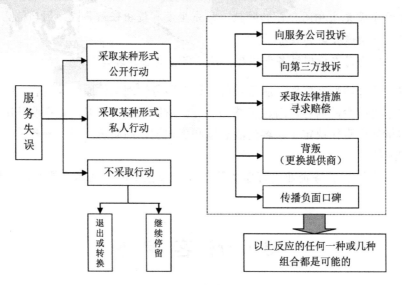

图 13-1　顾客对服务失误的反应类型

13.1.3　顾客抱怨的主要目的

　　充分认识和理解顾客抱怨的目的，会帮助服务提供者在进行服务补救时能够准确满足顾客的要求，重新赢得顾客的心。

　　学者们通过对顾客抱怨行为的研究，识别出顾客抱怨的 4 种主要目的：

　　(1)　获得退款或补偿。顾客通过投诉来弥补自己的经济损失。

　　(2)　泄愤。通过抱怨以重建自尊或发泄愤怒和挫折感。

　　(3)　希望帮助改善服务质量。如校友会成员、企业忠诚顾客等。

　　(4)　利他主义。有些顾客出于利他思想驱动而投诉。

13.1.4　抱怨者的类型

　　根据学者在一些服务行业的研究，抱怨者可以划分为 4 种类型。尽管这 4 种类型抱怨者在不同服务行业可能占比不同，但类型划分是相对一致的。

　　(1)　消极者。他们怀疑抱怨的有效性，认为结果与花费的时间和努力相比不值得。因此较少采取行动。

　　(2)　发言者。这类顾客乐于向服务人员抱怨，他们相信抱怨的结果是积极的。但他们不太可能传播负面消息，改变供应商或向第三方讲述不满。

　　(3)　发怒者。这类顾客一般会向供应商抱怨，且不太可能向第三方抱怨。他们会极力地向朋友、亲戚、同事等传播负面消息并改变供应商。

（4）积极分子。这类顾客不仅会向供应商抱怨，还会告诉其他人，更可能向第三方抱怨。他们对于所有类型抱怨的潜在正面结果都感到非常乐观。

13.2　服务补救管理

13.2.1　什么是服务补救

从服务流程管理角度看，服务补救是一种管理过程：发现服务失误——分析失误原因——定量分析——对服务失误进行评估——采取恰当管理措施予以解决的过程。服务补救的独特性在于并不是每次服务都会有这个补救过程发生。因此，很多企业在其服务流程中缺少制度性的服务补救流程设计。

调查表明，服务补救会对顾客满意度、忠诚度、口碑传播产生重大影响。成功的服务补救措施完全可以重新挽回顾客的心。有研究显示，当投诉被非常满意地解决时，顾客保持忠诚的概率更高。相反，一项不成功的服务补救策略不但会使顾客产生严重不满情绪，还会选择更换服务提供商，而且会向他人传播其负面信息。

关于服务补救，多项研究已得出这样的确定性结论：

（1）解决投诉应该被视为盈利中心而不是成本中心。

（2）当顾客背叛企业时，企业损失巨大：一笔交易价值，企业负面口碑传播以及相关信息获得者放弃选择该企业消费的潜在损失等。

（3）在服务补救上的投资，不能单纯看这次补偿的成本；要从长期利润获取角度来看，以使顾客高度满意为补救标准。

13.2.2　服务补救系统与程序

服务人员可以发现并解决服务失误问题，但支持并保证服务人员高质量地进行服务补救的是包括服务补救原则、程序与制度等在内的企业服务补救系统。

需要注意的是，服务补救的完整程序包括内外两个部分，一是针对顾客实施的外部补救程序；二是企业内部的操作流程以及补救后的总结与完善管理制度的措施等(参见图 13-2)。

简单而言，企业内部的服务补救基本程序如下。

1. 计算服务失误的成本

服务失误会导致顾客流失，而且会传播企业的坏口碑。留住老顾客比争取新顾客的成本要低得多。因此，企业给予顾客超值补偿，从长远的角度来看是值得的。

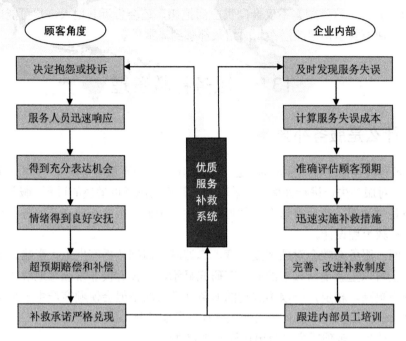

图 13-2　优质服务补救系统构成

2. 主动征求顾客意见

在绝大多数情况下，最先发现问题的应该是顾客。但是，绝大多数的顾客却不会把不好的服务经历告诉企业，而是选择更换服务商。因此，当服务失误出现后，一定要主动向顾客征询意见，弄清楚服务失误和顾客不满的真实原因，同时了解顾客对于服务补救的期望水平。

3. 发现服务补救的需要

服务失误可能发生在任何时间、地点。服务企业应通过对服务过程、人力资源、服务系统和顾客需要进行详尽分析，以发现服务失误高发地带，并采取有效措施加以预防。

4. 迅速实施服务补救方案

服务补救越慢，顾客的不满程度越高，坏口碑传播得越快。因此，企业应该制定正式的授权机制，使一线员工具有服务补救的权力和能力，迅速地进行服务补救。

5. 让顾客知情的进程通报

顾客都希望看到企业承认服务失误，并随时了解企业为解决服务问题的进展状况。如果不能清楚地得到相关信息，顾客会产生疑惑或新的不满。因此，服务补救过程要使顾客一直处于知情状态。

6. 总结经验教训，进行员工培训

在这个步骤中实际包含了三个方面的内容：①培训员工发现服务失误，明确个人在服务补救中的职责和行为；②事后分析服务失误及其深层原因，完善服务补救制度和系统；③对员工再培训，了解新规定，统一此次服务补救的认识与做法。

13.2.3　服务补救原则

任何服务企业都不可能 100%避免服务失误，但是衡量一个服务企业服务水平的主要因素要看企业服务失误的概率和能否有效进行服务补救，企业是否将服务补救纳入服务流程管理之中，成为服务规则与程序的一部分。

服务企业建立有效的服务补救系统，需要遵循以下服务补救的基本原则。

1. 服务补救遵循的总体原则

服务补救专家史蒂夫·布朗和史蒂夫·塔克斯总结出顾客在投诉后期望获得公平的待遇。服务补救的公平原则包括三个公平性维度：结果公平，过程公平和互动公平。也就是说，服务补救要做到这三个公平，顾客才能够满意。

1）　结果公平

顾客希望结果或赔偿能与其不满意水平相匹配。这种赔偿可能是货币赔偿、正式道歉、未来优惠服务、折价、修理或更换等多种形式，顾客希望有多种补偿形式的选择权。同时希望与其他相同经历的顾客的赔偿结果一致。

2）　过程公平

除公平赔偿外，顾客还希望抱怨处理过程的政策、规定和时限的公平性。具体来说，顾客希望很容易进入投诉过程，问题被快速处理，最好是服务接触的第一个人负责。公平过程的特点是清晰、快速、无争吵。问题处理缓慢、拖延、不方便会让顾客感受到不公平，进一步增加不满情绪。

3）　互动公平

当出现服务失误后，顾客除希望服务补救结果公平、过程公平外，还希望被有礼貌地、细心地和诚实地对待。如果顾客感到企业或员工对于顾客的不良遭遇漠不关心或者觉得无关紧要时，顾客会感受到强烈的不公平感。这种形式的公平会支配其他两种公平形式。

服务补救最终的效果是要让顾客对服务企业补救结果的满意：补救程序公平；补救过程便利、及时、透明；服务者诚恳、充满感情。

2. 服务补救实施应遵循的具体原则

一个有效的服务补救策略，应当在补救时机、补救态度、补救尺度和补救措施等顾客看重的各个维度都有上乘表现，顾客才会重新满意。

总之，服务补救应该建立在顾客导向基础上。具体来说，服务补救应该遵循以下具体原则：

(1) 主动承担服务失误或失败的责任。发现并解决服务质量问题是企业方的天职。不要企图把服务失误的责任推到顾客身上，即使事实上的确如此。

(2) 给予顾客充分表达意见的机会，诚恳倾听顾客意见。要特别关注服务失误对顾客造成的精神伤害，尽力安抚。顾客遇到服务失误后，会产生焦虑、挫折感等不良情绪。

(3) 服务补救的处理方式与程序简捷有效，必须消除推诿与扯皮现象。

(4) 服务补救的过程应该让顾客时刻了解进展情况，尤其是在不能马上解决问题的时候。

(5) 要主动解决服务失误，不要等顾客要求才被动解决，问题解决要迅速有效。

(6) 出现服务失误，要立即对顾客做出赔偿决定。赔偿额度不要顾虑此次服务成本，以顾客高度满意为基准。

(7) 道歉是必要的，但远远不够，还必须对顾客损失做出公平赔偿，并且要超额补偿。从顾客角度通俗的解读是，顾客认为服务失误不仅造成利益损失，也是一种精神伤害，服务方应该道歉；顾客在服务失误中的损失得到赔偿理所应当，但顾客在这个过程中还意外地承担了时间、精力、风险等不应该承担的无形成本，所以应该得到超值补偿。

(8) 要建立有效的服务补救系统，授权员工一定的权限以及时解决服务失误。在这个系统中，得到授权的一线员工和相关管理者的作用举足轻重。

(9) 顾客抱怨处理部门和负责抱怨处理的管理人员通常会对服务补救起到阻碍作用。因此，有必要任命一个专门负责服务补救的经理来负责服务补救系统的高效运行。

13.2.4　顾客预期的服务补救行为

一项服务失误的补救方案是否成功的前提条件主要有两项：一是是否准确而全面地掌握了顾客对于服务补救的期望；二是方案是否全面包括并实施了顾客预期的补救行为。实质上，顾客的预期补救行为与企业应该采取的补救行为措施是同一个问题，就像是一枚硬币的正反面。

学者们对服务失误出现后顾客期望的企业行为以及企业的实际补救行为进行了全面总结，如表 13-1 所示。

表 13-1　服务失误后顾客的期望与企业补救行为

顾客期望的行为	企业如何进行补救
诚恳道歉	服务失误人员亲自道歉，即使失误并非由企业造成(仅仅道歉远远不够)
合理赔偿	由一线员工现场及时对顾客做出合理赔偿决定
善待顾客	真诚对待那些遭受服务失误的顾客，主要安抚顾客情绪

续表

顾客期望的行为	企业如何进行补救
超值补偿	送给顾客认为有价值且超出损失的东西(有些情况下合理补偿也可以起到这种作用)
严格兑现补救承诺	一线员工对服务补救中所做出的所有承诺严格兑现(服务补救进程中的不利消息比没有消息要好)

13.2.5 服务补救方式

格罗鲁斯等人根据服务补救的不同时机选择,把服务补救区分为以下三种方式:管理式服务补救、防御性服务补救和弹性服务补救。不同的服务补救方式将对顾客感知服务质量产生重要的不同影响。

1. 管理式服务补救

这是一种服务商被动的服务补救方式,主要由顾客来推动补救进程。服务商大多以尽快解决服务抱怨问题为基本目标,同时会较多地考虑企业补救成本等因素。

2. 防御式服务补救

这是一种服务商主动的服务补救方式。服务补救流程作为一个独立环节被纳入服务流程管理范围,但是顾客的情感问题仍然未得到充分关注。

3. 弹性服务补救

这是一种超前服务补救方式,服务补救成为服务主流程不可分割的一个组成部分。服务提供商会在出现服务失误时立即着手解决问题,并关注到顾客的情感伤害,可能提供多种超值的服务补救方案以供顾客选择。

根据前面介绍的服务补救原则,最佳的补救方式应该是弹性服务补救。这种服务补救方式不仅可以较好地解决服务失误问题,还可以重新赢得顾客满意甚至是惊喜。

13.2.6 服务补救具体方法

学者们提出了服务补救的四种具体方法:逐件处理法、系统响应法、早期干预法和替代品服务补救法。

1. 逐件处理法

这种逐一事件分别处理的方法强调顾客的投诉各不相同,方法容易执行且成本较低,但具有随意性。最固执或最好斗顾客可能会得到比一般人更满意的服务补救措施。这种随意性可能会带来不公平的补救结果。

2．系统响应法

服务提供方使用统一规定来处理顾客投诉。它比逐件处理法更加可靠，只要服务响应规定能够不断完善和更新，就能够提供及时的、一致性的服务补救响应。

3．早期干预法

这项方法仅适用于部分服务失误项目，它试图在服务失误实际影响到顾客之前就进行干预和解决服务流程问题。例如网店购物的顾客在收到货物前，网店就错发货这一问题向顾客提出补救方案。这就是典型的早期干预法。

4．替代品服务补救法

这种方法是通过提供替代品服务进行补救，从而利用竞争对手的错误去赢得顾客。例如一家经济型酒店在住客满员后，将顾客介绍到附近竞争者处。如果竞争对手提供了及时、优质服务，顾客会很满意这家酒店的这种替代服务。如果竞争对手服务不如人意，顾客可能对竞争对手产生糟糕的认知。

13.2.7　服务"补救悖论"

一些顾客或许有过这样的服务经历：在接受服务过程中出现服务失误，令其大为不满，但服务人员立即响应，提供了高水平的服务补救，从而使顾客感到高度满意，更加愿意再次光顾消费。这种现象是服务管理者期望的成功服务补救的理想结果。

基于这种情形，人们把一个开始不满意的顾客在经历了优质的服务补救之后可能会更加满意、更加忠诚的观点称之为"补救悖论"。该观点导致了一些学者或服务机构主张第一次服务故意设计缺陷的"阴谋论"，但很少有证据来支持补救悖论。

我们从多项相关研究中可以得出关于服务补救"悖论"的基本认知：

(1) 修复服务失误，重新提供一次服务，对于服务企业而言成本高昂。

(2) 鼓励服务失误，企业需要承担巨大的道德风险，而且并不能确保二次服务顾客会更加满意。

(3) 服务"补救悖论"的发生有多项条件共同约束，这些条件需要遵循以下顾客认知顺序：顾客认为服务失误并不严重；顾客之前没有服务失误的经历；顾客认为服务失误的原因是偶然的；顾客认为企业对于失误原因控制能力很弱。

(4) "第一次就把事情做对"是服务企业最好、最安全的策略。

13.3　服务质量管理规划与原则

13.3.1　服务质量管理规划

服务企业为了不断改进自己的服务质量，采用恰当的服务策略来应对日趋激烈的市场竞争，需要从战略的高度确立自己的服务战略，进行系统性的服务质量管理规划。具体来说，服务质量管理规划应该包括如下 7 个子计划。

1. 服务概念的界定

服务概念的界定是企业服务产品设计、服务流程设计的前提，是服务质量管理流程的逻辑起点。

2. 顾客期望管理计划

服务质量高低由顾客服务期望与服务实际感受决定，那么，顾客预期也应该纳入企业质量管理范畴之内，尤其是企业的外部营销宣传部分直接影响顾客的服务预期水平。

3. 服务结果管理计划

企业要特别关注所提供服务是否满足了顾客的要求，是否与企业最初所界定的服务概念相吻合。

4. 内部营销计划

服务人员的满意度是他们提供和传递优质服务的基础和前提，持续而有效的内部营销可以有效提高员工满意度，这是服务质量管理规划的重要内容。

5. 有形环境和有形资源管理计划

服务辅助设施设备以及服务环境也是影响服务质量的重要因素。因此，企业必须将有形设施设备、技术平台、计算机服务系统以及服务环境与空间设计等内容纳入服务质量管理计划之中。

6. 信息技术管理计划

网络服务方式已经成为现代人利用服务的重要方式，服务企业应该利用自身优势建立高效便捷、能够满足顾客需要的信息技术系统。

7. 顾客参与管理计划

明示服务流程指南，对顾客进行适当培训等以使顾客获得满意服务，重点解决顾客对服务流程一无所知以及排队现象等问题。

13.3.2 服务质量管理基本准则

在服务战略实施过程中，为保证其服务质量，服务企业必须遵循一些基本准则。为了强调绝大多数服务组织顾客关系管理的共性，克里斯廷·格罗鲁斯等学者提出了服务质量管理的6项基本准则：通则、需求分析、质量控制、市场营销、技术和组织支持。

1. 第一准则：通则

"人，而不是其他要素，使得企业与顾客之间能够保持良好而且持续的互动关系。员工应当是咨询师，要想顾客之所想，以顾客期望的方式进行工作。企业如果能够做到这一点，顾客关系就可以得到强化，利润也会源源不断。"

2. 第二准则：需求分析

"通过与顾客互动进行服务生产的一线员工应当有效地对顾客活动、流程、需求、价值及期望等进行分析，这种分析必须在服务生产与消费过程中即时进行。"

3. 第三准则：质量控制

"服务企业一线员工必须在服务生产过程中，通过与顾客的互动，实时地对服务质量进行监控。"

4. 第四准则：市场营销

"与顾客接触的那些服务生产人员，同时也必须是服务营销人员。"

5. 第五准则：技术

"技术、系统和有形要素，影响组织对员工的支持度，并进而影响员工为顾客提供一流服务的能力和愿望，其结果是顾客感知服务质量的下降和企业资源的浪费。"

6. 第六准则：组织支持

"组织结构和管理者的支持、清晰界定的服务概念应当对员工服务行为起到激励和支持作用，以促使员工为顾客提供良好的服务。"

以上准则只是一种原则性的指导意见，服务企业和服务管理者应该根据具体情况加以灵活运用，以便提升服务质量和提高服务管理水平。

本 章 小 结

(1) 顾客面对服务失误，并不一定进行投诉或抱怨，可能会从以下三种行动中选择其一：采取某种形式的公开行动；采取某种形式的私人行为；不采取任何行动。

(2) 顾客抱怨的主要目的：获得退款或补偿；泄愤；希望帮助改善服务质量；利他主义。抱怨者可以划分为 4 种类型：消极者；发言者；发怒者；积极分子。

(3) 企业内部的服务补救基本程序如下：①计算服务失误的成本；②主动征求顾客意见；③发现服务补救的需要；④迅速实施服务补救方案；⑤让顾客知情的进程通报；⑥总结经验教训，进行员工培训。

(4) 服务补救的总体原则——公平原则，包括三个公平性维度：结果公平、过程公平和互动公平。也就是说，服务补救要做到这三个公平，顾客才能够满意。

服务补救实施应该遵循的具体原则：①主动承担服务失误或失败的责任。②给予顾客充分表达意见的机会，诚恳倾听顾客意见。③服务补救的处理方式与程序简捷有效，必须消除推诿与扯皮现象。④服务补救的过程应该让顾客时刻了解进展情况，尤其是不能马上解决问题的时候。⑤要主动解决服务失误，不要等顾客要求才被动解决，问题解决要迅速有效。⑥出现服务失误，要立即对顾客做出赔偿决定。⑦道歉是必要的，但远远不够，还必须对顾客损失做出公平赔偿，并且要超额补偿。⑧要建立有效的服务补救系统，授权员工一定的权限以及时解决服务失误。⑨顾客抱怨处理部门和负责抱怨处理的管理人员通常会对服务补救起到阻碍作用。

(5) 服务失误后，顾客期望服务企业能够采取以下组合行为，以消除不满情绪：诚恳向顾客道歉，得到合理赔偿，关注顾客受到的精神伤害，超值补偿顾客，企业严格兑现补救承诺。

(6) 格罗鲁斯等人根据服务补救的不同时机选择，把服务补救区分为以下三种方式：管理式服务补救、防御性服务补救和弹性服务补救。不同的服务补救方式将对顾客感知服务质量产生重要的不同影响。

(7) 学者们提出了服务补救的四种具体方法：逐件处理法、系统响应法、早期干预法和替代品服务补救法。

(8) 人们把一个开始不满意的顾客在经历了优质的服务补救之后可能会更加满意、更加忠诚的观点称之为"补救悖论"。但"第一次就把事情做对"仍然是服务企业最好、最安全的策略。

(9) 服务质量管理规划应该包括如下 7 个子计划：服务概念的界定；顾客期望管理计划；服务结果管理计划；内部营销计划；有形环境和有形资源管理计划；信息技术管理计划；顾客参与管理计划。

(10) 为了强调绝大多数服务组织顾客关系管理的共性，克里斯廷·格罗鲁斯等学者提出了服务管理的 6 项基本准则：通则、需求分析、质量控制、市场营销、技术和组织支持。

案例实训课堂

星巴克服务补救失败的代价

1995 年 4 月，吉里米·多罗森花 299 美元从伯克利的一家星巴克买了一台咖啡机，回家后发现这台咖啡机有问题，于是，他带着咖啡机到星巴克去维修。由于维修需要时间，星巴克就借给他另一台咖啡机使用，那台有问题的咖啡机留在星巴克进行维修。多罗森是星巴克的忠诚客户，很喜欢星巴克的咖啡机，刚好有一个朋友不久要再婚，而这位朋友之前得了癌症，顽强地与病魔战斗了很久才得以康复，再婚将是她新生活的开始，多罗森想送她一台咖啡机作为再婚的礼物。

大约两周后，他到星巴克换回那台维修好的咖啡机，他看到一款 410 型号的咖啡机很好，于是就决定买这种咖啡机送给将要再婚的那位朋友。可是，星巴克的服务员告诉他，他看好的这台咖啡机已经被人预定了，星巴克没有现货，如果他要买的话，需要等几天才行。

过了几天，多罗森去取货时发现，咖啡机的包装好像是被打开后又重新用胶纸粘上的。星巴克的服务员说，由于咖啡机是从欧洲运输过来的，所以包装看上去有点损坏，但是咖啡机一定是原装的，没有人动过。多罗森让服务员另外换一台咖啡机，但是服务员说，现在店里只有这一台了。多罗森相信了星巴克服务员的话，买了这台咖啡机。每一台咖啡机都配送 1/2 磅的咖啡，当多罗森向收银员索要配送的咖啡时，收银员说，没有免费配送的咖啡给他。多罗森说他买的咖啡机应该得到配送的 1/2 磅的免费咖啡，但收银员就是不给他，让他感觉到很不舒服，此后，抱怨渐渐在心底里积累。

朋友收到这份结婚礼物后发现，咖啡机没有说明书，而且有些地方还生了锈。她的朋友以为他是买了一台二手的咖啡机。这让多罗森十分没有面子，明明是花了 189 美元买的新咖啡机，可得到的却是一台二手的咖啡机，他的形象在朋友面前严重地受到损害。多罗森越想越气愤，前后他买了两台星巴克的咖啡机都是坏的，这都是星巴克惹的祸。于是，他又来到星巴克找到店里的经理投诉。经理说，他可以退货。但是多罗森认为退货于事无补，由于星巴克的过错，他已经受到了精神上的损害。

多罗森来到星巴克位于旧金山的地区总部进行第二次投诉，但在旧金山没有得到满意的答复。

多罗森给星巴克位于西雅图的总部打电话开始第三次投诉，多罗森提出：一、星巴克应该给他朋友一封道歉信；二、用星巴克目前价值 2459 美元最顶级的咖啡机换回原来那台生锈的 410 型咖啡机，作为对他造成精神损害的一种补偿。不过，星巴克总部负责客户关系的主管没有答应多罗森的要求，认为这种要求有点离谱。他告诉多罗森：一、发送一台价值 269 美元的新咖啡机换回多罗森最早买的那台价值 299 美元的咖啡机；二、给他的那位新娘子朋友写一封道歉信；三、发送一台价值 269 美元的咖啡机换回生锈的价值 189 美元的 410 型号咖啡机。多罗森对这位客户关系主管提出的解决方案表示不满，坚持星巴克要用一台价值 2459 美元的咖啡机来补偿由于星巴克的过错给他以及朋友带来的损害。

谈了两次，星巴克依旧不答应多罗森提出的解决方案。

多罗森气愤到了极点，他向星巴克发出最后的通牒，两个小时的最后期限，要么是星巴克提供一台 2459 美元的咖啡机，要么他就要将他所遭受的损害公之于众，并且在《华尔街日报》刊登广告，征集其他对于星巴克不满的客户，共同与星巴克战斗。但是，最后的通牒遭到星巴克的那位客户关系主管的断然拒绝。

对于星巴克这样一个大公司而言，多罗森这样要求并不是太过分的，本来可以在这个阶段熄灭的抱怨的火焰却燃成了熊熊的烈火。

1995 年 5 月 5 日，多罗森首次在《华尔街日报》西海岸版上刊登广告："你在星巴克遇到什么问题了吗？你并不孤单，有兴趣吗？我们谈谈。"

紧接着，5 月 10 日，多罗森第二次在《华尔街日报》西海岸版上刊登广告。广告像一记耳光，重重地打到了星巴克的脸上。当星巴克的高层意识到问题严重性的时候，已经晚了。

星巴克告诉多罗森，他们正在按照多罗森的要求准备道歉信和顶级咖啡机，很快就会送到多罗森那位朋友的家中。多罗森回答说，星巴克提供的补偿太少了，也太晚了。多罗森决定提高赌注，他要求星巴克在《华尔街日报》西海岸版上刊登一个整版广告，承认自己明明知道，但仍旧用二手的咖啡机充当新的咖啡机在卖，他希望广告上有星巴克董事会主席的亲笔签名，不仅如此，多罗森还要求他要审核广告的最终内容。星巴克又一次拒绝了他。

于是，多罗森分别于 5 月 19 日和 5 月 23 日继续在《华尔街日报》西海岸版上刊登广告。

连续四轮的广告花去了多罗森将近 4000 美元，显然，现在的多罗森已经不是在为了钱在和星巴克战斗了。

星巴克陷入了严重的困境。

而多罗森却成为媒体的宠儿，新闻和脱口秀节目让多罗森一夜之间成为名人。多罗森成为美国人民心目中敢于捍卫消费者权益的英雄。随着多罗森越来越有名，他向星巴克提出的要求就越来越苛刻，他要求星巴克为一个出走儿童中心提供资金的帮助。星巴克拒绝了。

多罗森办了一个网站 starbucked.com，至今网站仍然在运行。多罗森还应邀到一些大学去发表演讲，讲述他与星巴克战斗的故事。

1999 年 4 月，多罗森出版了他的书《平衡》(Middlefork)。

上面引述的案例已经是多年前的事情，现在的星巴克已经吸取了当年的教训。舒尔茨提出了一句非常精妙的总结："零售就是细节"(Retail is detail)。在星巴克内部，每个店员都会得到一本《绿围裙计划》，指导店员他们应做的事情。

（资料来源：李宝(北大纵横企业管理咨询公司). 世界经理人网站，

http://www.ceconline.com/sales_marketing/ma/8800063563/01/?

trackingCode=cellphone_fast_login。文字与原文有个别改动.)

思考讨论题：

1. 阅读案例，分析星巴克在出现服务失误后有几次可以有效补救的机会。

2. 在这次服务事件中，星巴克违背了哪些服务补救的基本原则？

3. 假如你是星巴克的高级经理，请你制定一个有效的服务补救计划方案。

分析要点：

1. 服务失误后，要以最快的速度制定有效的服务补救方案并加以实施。

2. 服务失误中的顾客不仅遭受了物质损害，更重要的是受到了精神伤害。这是理解顾客为什么要不计成本与星巴克战斗的根本原因所在。

思 考 题

一、基本概念题

顾客抱怨　服务补救　服务悖论

二、思考题

1. 为什么许多顾客面对服务失败不会抱怨或投诉？

2. 服务补救总体公平原则包含了哪几个维度？

3. 简述实施服务补救应遵循的具体原则。

4. 举例说明管理式服务补救、防御性服务补救和弹性服务补救的差异及优劣所在。

5. 服务补救悖论在实际服务管理中为什么不可行？

5. 简述服务质量管理规划包括哪些子计划，其基本内容是什么。

6. 选择服务质量管理 6 项准则其中一项，谈一谈你个人的理解。

参 考 文 献

[1] (美)菲利普·科特勒,凯文·莱恩·凯勒文. 营销管理(中国版)[M]. 13 版. 北京:中国人民大学出版社,2009.

[2] (美)克里斯托弗·洛夫洛克,约亨·沃茨. 服务营销(全球版)[M]. 7 版. 北京:机械工业出版社,2016.

[3] (芬兰)克里斯廷·格罗鲁斯. 服务管理与营销[M]. 3 版. 北京:电子工业出版社,2009.

[4] (美)瓦拉瑞尔·A. 泽丝曼尔,玛丽·乔·比特纳,德韦恩·D. 格兰姆勒. 服务营销(原书第 6 版)[M]. 北京:机械工业出版社,2015.

[5] (美)詹姆斯·A. 菲茨西蒙斯,莫娜·J. 菲茨西蒙斯. 服务管理:运作、战略与信息技术(原书第 5 版)[M]. 北京:机械工业出版社,2007.

[6] (美)马克·戴维斯,贾内尔·海内克. 服务管理——利用技术创造价值[M]. 北京:人民邮电出版社,2006.

[7] (美)理查德·诺曼. 服务管理:服务企业的战略与领导[M]. 3 版. 北京:中国人民大学出版社,2006.

[8] 蔺雷,吴贵生. 服务管理 [M]. 北京:清华大学出版社,2008.

[9] 王永贵. 服务营销与管理[M]. 天津:南开大学出版社,2009.

[10] 郑锐洪. 服务营销:理论、方法与案例[M]. 北京:机械工业出版社,2016.

[11] 徐晖,王睿智. 服务营销[M]. 北京:中国人民大学出版社,2015.

[12] 张立章. 卓越服务与营销学习手册[M]. 北京:清华大学出版社,2014.

[13] 邵兵家,钱丽萍,伍颖,于同奎. 客户关系管理[M]. 北京:清华大学出版社,2010.

[14] (美)莱昂·G. 希夫曼,莱斯利·拉扎尔·卡努克. 消费者行为学[M]. 9 版. 北京:清华大学出版社,2009.

[15] 张新瑞,尚会英,刘莉,张立章. 市场营销管理[M]. 北京:北京交通大学出版社,2005.

[16] 韦福祥. 服务质量评价与管理[M]. 北京:人民邮电出版社,2005.